教育部人文社会科学研究规划基金项目成果（12YJA880166）
辽宁省教育科学“十二五”规划2013年度重大决策咨询课题成果（GJ1
辽宁省教育科学“十二五”规划2015年度一般课题成果（JG15CB167）
辽宁省教育科学“十二五”规划2012年度一般课题成果（JG12CB111）

XUE QIAN TI YU JIAO XUE YAN JIU

学前体育教学研究

张　颖◎著

中国出版集团
中 译 出 版 社

图书在版编目(CIP)数据

学前体育教学研究 / 张颖著. —北京 ：中译出版
社，2015.12
ISBN 978－7－5001－4483－0

Ⅰ.①学… Ⅱ.①张… Ⅲ.①体育教育－教学研究－
学前教育 Ⅳ.①G613.7

中国版本图书馆 CIP 数据核字(2015)第 287295 号

出版发行 / 中译出版社
地　　址 / 北京市西城区车公庄大街甲 4 号物华大厦六层
电　　话 / (010)68357328　　68359813
邮　　编 / 100044
传　　真 / (010)68357870
电子邮箱 / book@ctph. com. cn
网　　址 / http://www. ctph. com. cn

责任编辑 / 于建军
封面设计 / 人文在线

排　　版 / 人文在线
印　　刷 / 北京天正元印务有限公司
经　　销 / 新华书店

规　　格 / 710mm×1000mm　1/16
印　　张 / 19
字　　数 / 351 千字
版　　次 / 2016 年 1 月第一版
印　　次 / 2016 年 1 月第一次

ISBN 978－7－5001－4483－0　　　　　　**定价**:56.00 元

中　译　出　版　社

前言

学前教育是人生教育之始，是人生的起步教育，是基础教育的基石。学前教育是国民教育体系的重要组成部分，其中学前体育教育对于幼儿的身体成长尤为重要。众所周知，幼儿时期是身体发育的黄金时期，而身体健康则是全面发展的根基，体育教学在幼儿成长发育过程中起着非常重要的作用。可是，笔者发现对于幼儿身体成长规律的研究，对于学前体育教学的研究却人数寥寥，并且不成系统，只是少量文章散见于报刊杂志和互联网上。鉴于此，笔者在体育教学实践中萌生了研究幼儿体育教学的欲望，并且斗胆向这一领域发起了冲击。笔者自知学识浅薄，理论功底不深，恐难胜任和取得令人满意的效果，但笔者还是愿意在学前体育教学的道路上尝试探索，甘当拓荒者培一锹土。

拙作是在笔者硕士论文基础上修改而成的。笔者在十三年体育教学和科学研究的实践中，面对人们对幼儿身体健康成长期盼值不断提升的状况，亲自到多所幼儿园实地调研，集中座谈，发放问卷，对学前体育教学规律进行艰难的探索，对今后学前体育教学的走向有了较为深刻的分析和认识，进而促成此书。

本书分为理论篇和实践篇。理论篇包括绪论、教学目标、原则、方法、模式、评价等内容，对学前体育教学进行了理论层面的探讨；实践篇主要就教师素质的提升，课程内容的生态化，教学环境的优化，教学管理的科学化，家庭教育的新探索，幼儿体育权利的保障，课程资源整合与创新等问题，提出了自己的看法和主张。尽管“始生之物，其形必丑”，但笔者还是倾尽所能写成此书。本书特点有三：第一，注重科学性，力求准确表达学前体育教学的相关概念，阐明幼儿身心发展的规律；第二，突出时代性，注意吸收当代幼儿体育教学方面的最新成果；第三，增强实践性，书中阐述的道理和选取的资料，力求贴近幼儿实际，具有可行性和操作性。

笔者在写作过程中，参阅并借鉴了大量学者的研究成果，尤其是充分引用了体育教学方面的研究成果。因为笔者深知，只有站在巨人的肩膀上才能看得远一些，只有在继承别人研究成果的基础上才能有所前进。笔者怀着这种理念，开始了学前体育教学研究的探索之旅。伟大先哲马克思曾指出："在科学的道路上没有平坦的大路可走，只有在崎岖小路的攀登上不畏劳苦的人，才有希望到达光辉的顶点。"所以，今后我要在探索的道路上继续不断前进，为学前体育教学研究略尽绵薄之力，力争为读者奉献精品。

目录
Contents

理论篇

实践篇

理　论　篇

第一章　学前体育教学概论

第一节　学前体育教学历史寻踪

一、学前体育教学在我国古代的发展

幼儿期是人的一生中最为重要的一个时期，是身体发育成长、知识摄取和积累的黄金时期。重视幼儿教育是人类生存发展的一个不可忽视的课题，因此，学前教育显得尤为重要。学前教育古已有之，早在原始社会就已经出现了幼儿教育的雏形。

（一）原始社会的学前教育

众所周知，“原始社会是人类历史发展的第一个阶段，是文明社会的前身，也是人类教育产生和发展的历史起点”。[①] 有研究认为，原始社会大致分为三个时期：前氏族时期；母系氏族时期；父系氏族时期。这三个时期是先后相继的。原始社会初期，生产力水平极端低下，原始人共同劳动生产，他们以狩猎和打鱼为主。随着时间的推移，他们发展畜牧业和种植业，从使用石器向使用金属工具过渡，社会的发展客观上需要分工产生，游牧部落和农业部落逐渐分离，人们也由刚开始的群婚制向一夫一妻制过渡。幼儿教育开始出现并得到了一定程度的发展。幼儿教育的内容主要是生产劳动、社会知识及道德规范的教育，除此之外，还进行宗教、艺术、科学知识等的教育。教育的方法，主要采取观察与模仿、长辈讲授与示范等。原始社会幼儿教育具有以下特点：第一，教育平等。原始社会实行生产资料公有制，劳动产品共同占有，人们平等地劳动。所以对儿童实行公有公育，人人享有平等的教育权。第二，学用结合。原始社会生产力水平十分低下，劳动形式单一。主要是打猎、捕鱼、种植农作物等，

① 周彩、杨汉麟：《外国学前教育史》，北京师范大学出版社2012年版，第3页。

儿童主要是模仿和学习成人的劳动等动作，为适应人类生存和发展以及生产和生活的需要，学以致用比较明显。第三，形式简单。原始社会是人类发展的初级阶段，幼儿教育的内容比较粗陋，教育的形式比较单一，没有专门的教育机构，是比较典型的粗放型教育。

（二）奴隶社会的学前教学

奴隶社会是人类社会发展的第二个阶段。原始社会末期，随着社会生产力的发展，产品出现了剩余，从而产生了贫富分化和私有制，原先共同分配和共同劳动的关系被破坏，被阶级社会所取代。在奴隶社会里奴隶主占据着统治地位，支配着奴隶们创造的财富。奴隶主垄断着受教育的权利。因而，儿童学前教育也仅在奴隶主贵族的家庭中实施。在奴隶社会里随着家庭的普遍出现，原始社会儿童社会公育已经消失，代之的是家庭承担着教育学前儿童的任务。奴隶社会的最高统治者对学前教育尤为重视，在朝廷内设有专门的人，对贵族子弟进行学前教育。在奴隶社会里，对学前教育与学校教育有了较明确的年龄划分，并注意制定相应的学前教育计划。可见，奴隶社会是奴隶主层次的子女受教育，而奴隶子女受教育的权利被剥夺，是少数人受教育，具有明显的不平等性。

（三）封建社会的学前教育

中国奴隶社会解体后，封建社会的大幕拉开，经历了众多的封建王朝，长达二千多年，孙中山领导的资产阶级大革命结束了封建王朝在中国的统治。在漫长的封建社会里，随着一次次农民的大起义，不断地进行着改朝换代，历史的巨轮不断地推动着生产力向前发展。封建社会的学前教育也在向前发展。封建社会是以农业和手工业为主要方式的小生产，最基本的生产单位就是家庭。因而，学前教育基本上是在家庭中进行的，即便是那些在私塾、书馆上学的儿童，家庭教育仍是不可缺少的补充，何况许多私塾、书馆本身就是家族所办，是扩大的家庭教育。封建社会里家庭教育之所以发达，主要是由当时家庭所处的特殊的经济、政治和社会地位所决定。在封建社会里学前家庭教育的目的是为培养封建社会需要的统治人才服务的。当时，从家庭的角度看，培养孩子长大成才，是为了光宗耀祖；从国家的角度看，是为了修身、齐家、治国、平天下。封建社会里学前家庭教育的内容比较丰富，涵盖了德、智、体诸方面，出现了许多为幼儿编写的教材，这些教材多数渗透着儒家的思想。可以说是封建社会的出现，打破了过去奴隶主垄断幼儿教育的局面，使幼儿教育进入普通平民家庭。在封建社会里，学前家庭教育的内容主要包括思想品德、生活常规、文化知识、身体保健等方面的教育。具体讲，思想品德教育主要是使儿童形成初步的道德观念，养成良好的行为习惯，这些是靠灌输孝悌忠君等思想实现的。生活常规教育首先是对儿童进行合乎礼仪的姿态训练，其次是对幼儿进行尊老敬长的礼仪常规训练，要求幼儿对长者必须谦恭礼让，不可恣意妄行，还要养成日常生活中的卫生习惯。幼儿不仅要注意个人卫生习惯的养成，还要为家庭的环境卫生做一些力所能及的“洒扫”小事，这无疑对儿童养成勤劳的习性大有裨益。封建社会家庭十分重视让幼儿学习文化知识，在“万般皆下品，唯有读书高”思想支配下，让儿童学习儒家的经典，如听解“四书”，学习一些名诗、名赋、格言等。在封建社会里，家庭学前教育中把强身健体也摆上了重要位置。婴儿出生后就强调要注重身体保健工作，幼儿时期主张通过游戏加强其身体的锻炼。主要让幼儿玩拔河、跳绳、放风筝、踢毽子等游戏。

回顾从原始社会到封建社会的历史，我们发现，学前体育教育真正的萌芽始于封建社会，并且是在家庭学前教育中实现的。但跟近代学前教育相比还远为逊色，只是开了学前教育的先河而已。

二、学前体育教学在我国近代的发展

1840 年爆发鸦片战争，帝国主义利用坚船利炮，轰开了封建帝王统治下中国的大门，使中国逐渐沦为半殖民地半封建社会。战争的失败和外国资本主义的入侵，使当时中国的政治制度和经济制度受到了极大的冲击，使广大人民群众陷入水深火热之中。这时中国自给自足的自然经济基础受到了前所未有的破坏，城市手工业和农民家庭手工业逐步解体。同时，又给中国资本主义生产的发展造成了某些客观条件，破产的城市手工业者和贫困的农民涌向工厂，形成了庞大的劳动力市场，于是一部分商人、地主和官僚开始投资新式工业。19 世纪下半叶，出现了“洋务运动”，这是一场挽救清朝延缓覆灭的自救运动。清廷洋务派官员“师夷长技以自强”，在全国开展了工业运动，在“求富”口号下，增加民用工业，主张学习西方列强的工业技术和商业模式，利用官办、官督商办等模式发展近代工业，以获得强大的军事装备，增强国力，维护清廷统治。在当时，中国一部分先进分子已经认识到传统的儒家思想抵不过洋枪大炮，必须求强求富，先后在中国建立了制造枪炮、船舰和弹药的工厂和一些民用企业。这些近代企业，使中国社会出现了一批产业工人，不少劳动妇女走进工厂参加大工业的生产劳动。民族资本最初投资的缫丝厂、纺织厂，主要是招收女工，在这种情况下，学前教育只有家庭承担已不适应，于是提出了建立学前教育机构的要求。

（一）清末的学前教育

鸦片战争失败后，一部分比较开明的官僚知识分子对清政府的腐朽统治深为不满，主张改革教育。他们对当时学术界教育界盛行的空谈人性、崇尚空疏的"宋学"和专事考据的"汉学"提出批评，提出"经世致用"的新学风，提出学西学，设立新式学堂，改革科举制度，并设计了新教育体系。关于幼儿教育方面，主要有如下主张。

1. 要重视儿童教育

19 世纪 90 年代，中国资产阶级维新派认为，中国社会要从落后的封建社会向资本主义转化，关键在教育，应该把教育作为改造社会的前提。梁启超提出"欲行天下之事，开中国之新世界，莫亟于教育"[①]，并且认识到，一个国家强弱的关键，要看国民的智慧，才智之民多则国强，才智之民少则国弱。中国之所以弱，是因为人才缺乏，人才缺乏的原因是教育不发达。要改变这一现状，必须从孩童抓起。他曾说："春秋万法托于始，几何万象起于点，人生百年，立于幼学。"[②] 强调要重视学龄前儿童的教育工作，把它作为国家安危存亡的大事来抓。

2. 要促进学前教育科学化

学前教育能否抓出成效，在于从儿童实际出发，认识和掌握儿童生理和心理活动的规律，认识到这一点，抓学前教育就会收到明显的成效。1902 年，梁启超在《教育政策私议》一文中把人的学习历程分为四个时期，其中把 5 岁以下的儿童视为家庭教育期或幼稚园期，亦称幼儿期。我们姑且不论这种分法是否合理，但主张儿童受教育应该有次序，按照不同年龄阶段的心理特点而实施教育，则是一个不小的进步，应该说，比照以往，科学成分更多一些。

3. 要把学前教育纳入教育体系

鸦片战争失败后，当时中国的有识之士主张改革政治、经济制度和文化教育，提出废科举、兴学校，建立资本主义教育制度。康有为曾建议清廷"远法德，近采日本，以定学制"[③]。主张在全国各地大办学校。康有为在所著《大同书》中专门论述了他所理想的教育体系，其中提到要设人本院。"儿童未出生之前至出生后半年内，其母进入本院，接受胎教"。同时要设育婴院，"婴儿在人本院 3 至 6 月，断乳后，进育婴院，接受学龄前教育，至五六岁"。此外，还要

① 梁启超、康有为：《戊戌变法》（第四册），神州国光社 1953 年版，第 9 页。

② 梁启超：《论幼学》，《饮冰室合集》第一册，中华书局出版社 1989 年版。

③ 梁启超、康有为：《请开学校折》，《戊戌变法》（第三册），神州国光社 1953 年版，第 213 页。

设小学院、中学院、大学院等，这里就不一一详细介绍了。值得一提的是他把学前教育纳入教育体系，并且将胎教也视为学前教育的必经阶段。学前教育地位的确定，这是有史以来第一次，是个不小的进步。

清末学前教育中关于体育方面也有论述，康有为提出：要“养儿体，乐儿魂，开儿智”，把学前体育教育摆到了重要的位置。当时中国开设的蒙养院课程中就有游戏等体育内容。这说明体育作为幼儿成长的基础地位被人们逐渐认可。

（二）中华民国时期的学前体育教学

以孙中山为首的资产阶级革命派，1911 年于武昌举行武装起义，建立了中华民国，推翻了清王朝，结束了中国长达两千多年的封建君主专制，使中国社会发生了划时代的历史变革。南京临时政府在对政治、经济进行变革的同时，也进行了教育变革。1912 年 1 月 9 日成立了教育部，著名的教育家蔡元培出任教育总长，上任伊始就发布了教育改革令。根据命令，初等小学可以男女同校，废止了清朝颁行的教科书，取消了小学读经科，加强了手工课、体操课及珠算课等。将蒙养院更名为蒙养园，强调教学要适应儿童身心发展的特点，要求所讲授的内容必须适合儿童发展的水平，要使教育适应生产和生活的需要。辛亥革命后的七年中，先后发生了以袁世凯、张勋、段祺瑞为首的三次复古运动，每次复古，尊孔读经就重复一次。因而，北洋军阀政府统治时期，学前教育没有实质性的进步。1919 年的“五四”新文化运动，使中国的教育出现了转机，进入一个新的发展时期。在教育上进行了改革，主要是废除尊孔读经，提倡民主科学的新教育，争取男女平等的教育权。学校采用国语和白话文。大学改制。确定幼稚园制度，即小学下设幼稚园，幼稚园招收六岁以下儿童。就学前教育来说，幼稚园在学制上确立了独立的地位，是个明显的进步，是新学制的一大贡献。

从 1911 年辛亥革命产生中华民国到中华人民共和国宣告成立，近 40 年间，比较有声望的儿童教育家们创办了一批幼稚园，进行学前教育本土化、中国化、科学化的艰辛探索，在中国学前教育发展史上留下了光辉的一页。陈鹤琴是五四运动以后，中国学前教育研究和实验的典型代表，他建立起南京鼓楼幼稚园，并进行了全面实验，在学前体育教学方面，他要求儿童要有游戏运动的技能，要学会多种游戏，从而使儿童四肢、大脑、身心更加健康，协调性更强。把游戏摆到幼儿活动的重要位置是由于他发现儿童有游戏心。他说：“儿童好游戏是天然的倾向，近世教育利用这种活泼的动作，以发展儿童之个性与造就社会之良好分子。”[①] 可以毫不夸张地说，陈鹤琴对儿童游戏心理的研究达到了前所未

---

① 陈鹤琴：《儿童心理之研究》，文集上卷，上海书店出版社 1996 年版，第 180 页。

有的高度。但由于蒋介石独裁统治、倒行逆施和日本帝国主义的疯狂侵略，中华大地战乱不已，幼儿教育并没有太大的发展，真正的发展则是在中华人民共和国诞生之后。

（三）新中国成立后学前教育的发展

1949 年 10 月 1 日，中华人民共和国宣告成立，在中国共产党领导下，结束了半殖民地半封建社会，消除了长期战乱带给中国人民的苦难，把中国引领上社会主义康庄大道。学前教育总的看是得到了长足的发展。具体讲，从建国时到 1956 年底，我国没收了官僚资本，进行了一化三改，国民经济得到了迅速的发展，学前教育得到了较快的发展。1951 年 10 月 1 日中央人民政府政务院命令颁布《关于改革学制的决定》，其中包括幼儿教育。实施幼儿教育的组织为幼儿园，收 3—7 岁的幼儿，使他们的身心在入小学前获得健全的发育。在 1951 年颁布的学制中，幼儿教育被列入学制体系之中，成为小学教育的基础。还规定，幼儿园应在有条件的城市首先建立，然后逐步推广。新中国成立后，确定了公办和民办并举的发展方针，依靠群众动员社会各方面力量，采取多种形式举办幼儿园，逐步解决广大人民群众的需要，有力地促进了我国幼儿教育事业的发展。1957 年开始到 1961 年，我国在左倾思想的影响下，经济领域出现了冒进倾向，幼儿教育同时出现了大起大落。经过 1962 年、1963 年两年的调整，1964 年到 1966 年，幼儿园重新开始了稳步回升。1966 年至 1976 年十年动乱期间，我国的幼儿教育遭受到空前的劫难与摧残。幼儿教育的理论与实践被全盘否定，对幼儿园体育工作的科学内容全部加以抛弃。幼儿园中不进行智育教育，更改德育内容，将美育砍掉，将玩具、教具与儿童读物视为禁物烧毁或封禁，甚至将一批优秀的幼儿教师和园长 ，扣上走资本主义道路当权派和反动学术权威的帽子进行人身攻击、批判斗争，取消全国幼儿师范学校。总之，在十年动乱中，农村幼儿园几乎解体，城市幼儿园已失去调控，幼儿园各项工作失去常态，教育质量急剧下降。1976 年 10 月粉碎“四人帮”，结束了十年动乱的局面，党的十一届三中全会的成功召开，使我国学前教育得到了拨乱反正，进入改革开放的新时期。1979 年经中共中央和国务院批准，教育部等多部门联合召开了全国托幼工作会议。这是新中国成立以来托幼工作空前受到重视的一次会议。会议就五个问题提出了指导性意见，分别是关于加强托幼工作的统一领导和分工合作问题；关于积极解决托幼工作的经费和保教人员工资、劳动保护、福利待遇问题；关于“两条腿”走路的方针，恢复、发展、整顿、提高各类托幼组织的问题；关于建立一支又红又专的保教队伍问题及努力提高保教质量问题。会后，中共中央国务院批转了《全国托幼工作会议纪要》，发至全国各地贯彻执行。1987 年 10 月国务院批准召开了全国幼儿教育工作会议，确定了我国幼儿教育的发展方针，指导思想、师资培训、加强领导与管理等问题。会议明确提出幼儿教育是社会主义教育事业的重要组成部分，是基础教育的预备阶段，同时又是满足广大人民群众需要的一项福利事业。会后，我国的幼教事业呈现了一派新气象。进入 21 世纪以来，在中国特色社会主义理论指引下，全国的幼儿教育事业得到了快速发展，科学化程度不断提高。首先是人们对幼教事业认识在原来基础上向前发展了一大步，儿童发展的优先权与儿童主体地位得到了确立。其次是制定了幼儿园工作法规与教学纲要，规范了全国城市和乡村幼儿教育的重大问题，使幼儿教育有章可循和教育工作更加规范化科学化。再则，编写了适合儿童身心特点的幼儿园教材及幼儿园教师的培训教材，使教材在思想性、科学性、趣味性、稳定性上得到了明显的体现。最后重要的是加强了对幼儿教育工作的领导，健全了各级幼教管理机构，有效地保证了幼儿教育的可持续发展。由于党和各级政府对幼教工作认识高，措施有力，我国幼儿教育事业欣欣向荣，蒸蒸日上，彰显出勃勃生机。

总的看，建国以后，尤其是改革开放以来，幼儿体育教育得到了长足的发展，“体、智、德、美全面和谐发展”，其中体育排在首位的理念得到了人们普遍认可，“游戏是幼儿的基本活动”的主张逐步转化为现实，“促进幼儿身体正常发育和机能的协调发展，培养幼儿参加体育活动的兴趣”，增强幼儿体质的工作，正在稳步进行，学前体育教育的内容不断地得到了细化、深化、全面化，在我国取得了有史以来最火最喜人的成就。

回首中国学前教育发展的历史，我们发现，学前教育是随着历史一步步前行，不断走向完善的。然而，真正的学前教育的出现，则是百余年来的事情。20 世纪初在我国出现了第一个教育机构，百余年来幼儿教育上我们先是照抄日本，接着是模仿美国，然后是学习苏联。近年来是全方位引进世界各国先进幼儿教育思想和作法，有启发有教训，只有把外来的同我国实际国情相结合，走本土化、中国化、科学化之路才能成功。我国幼儿教育事业在坎坷的道路上前行，走出了螺旋式上升之路。学前体育教学的发展亦是如此，这就是历史给予我们的启示。

第二节　学前体育教学的基本内容

我国的学前教学基本上是在幼儿园进行的，搞好学前幼儿的教学活动关系到幼儿的成长、发育和知识积累，关系到幼儿社会化和创新能力的提高，关系到幼儿身心的全面发展。因此，高度重视幼儿的教学活动尤为重要。

一、学前教学应促使儿童获得全面发展

对儿童发展的认识，是学前教育探索的主题。长期以来，在这个问题上一直争论不休。事实上儿童既是教育的对象，同时又是教育的出发点和归宿。我们要关注幼儿发展的整体性，这是因为儿童作为一个生命体，是一个不断成长发展的整合体[①]。它的发展有多方面的需求，不仅有生理的，也有心理的；不仅有物质的，也有精神的；不仅有行为的，也有认识的。所以儿童的发展是个整体的发展，而不是独立的、孤立的某一方面单一的发展。在教学活动中，必须把儿童作为整个人来考虑，而不能来肢解它，不能用分解组合的方式来进行。要将知、情、意、行的教育贯穿其中，融会贯通，使儿童在体力、智力、道德、审美意识、敏感性、精神价值等品质方面达到整合的发展、和谐的发展。基于此，要求学前对幼儿的教学活动，在内容上要体现全面性，要满足儿童身心全面发展的需要。课程的内容要切合幼儿的实际。有研究认为，学前这一时期是幼儿心理发展的"胚胎期"，正处于心理发展的关键期和敏感期。由于幼儿受生理和年龄的限制，其注意还是以无意注意为主，其思维还是具体形象性思维，还不是逻辑思维，也就是说，只能凭借具体的事物或表象进行思维，对事物的了解与成人相比还是低水平的，这就决定了给予幼儿的教学内容，必须是浅显的、形象的、感受性的内容为主，难度不能太高，内容不能太深，容量不能过大。否则，不利于幼儿的成长发育，甚至有损于幼儿的身心健康。另外，学前教育内容要具有发展性。这是因为，一方面时代在发展，社会在前进，科学技术高歌猛进、互联网遍布全球，新事物层出不穷。学前课程的内容不应该静止不变，要跟上时代的步伐，反映时代的需要。另一方面，从幼儿自身发育看，幼儿随着时间的推移，生理和心理正在不断走向成熟，儿童的发展是个动态过程，因而课程内容和选择要与儿童身心发展的顺序相平行，遵循由近及远、由简到繁、由易到难、由直观到抽象的顺序进行为宜。教学的过程也应该是教师和幼儿平等地交往和对话的过程。对方要互相尊重人格，教师要采取幼儿易于接受的方法进行教学，使幼儿在充满欢乐的气氛中获取知识。

二、学前体育教学的基本内容

学前教学要达到的目的，是使幼儿人格获得全面的发展，使幼儿体、智、

① 王春燕：《中国学前课程百年发展与变革的历史研究》，教育科学出版社 2004 年版，第 270 页。

德、美诸方面都得到令人满意的提升。众所周知，身体的发展是心理发展的前提和基础，没有健康的身体，心理发展就会不健全，就会产生缺失。没有健康的身体，其他方面的发展就会没有坚实的地基，就是无从谈起 ，幼儿时期是长身体的关键时期，是生理发展、心理发展非常重要的不可逾越的阶段。我国心理学家李惠桐在儿童心理学研究中发现，动作和动作技能的掌握对婴幼儿心理发展有重要意义，对婴幼儿智力发展和个性形成也有很大关系。一定数量的动作技能的掌握可以帮助儿童及早摆脱对成人过多的依赖，学会独立自主的活动，开拓眼界，增长知识。动作技能又是儿童与儿童之间交往的工具，动作技能发展较好的儿童容易受到同伴的欢迎和好评。由此可见，在学前期重视儿童动作和技能的发展是十分必要的。当代著名的学前教育家 黄全愈认为，“玩是孩子的天性，是发现自我的桥梁，是情感发育的实践基地，是走向社会的训练场，是道德养成的摇篮，是认识世界的工具[①]”。玩对于孩子来讲并不是可有可无的，缺少玩孩子无法完成社会化，人格也将不健全，孩子的思维和动作终生将不协调，这里所说的孩子是指学前期的幼儿。玩则是掌握动作技能和锻炼身体的代名词，在这里我们看到的玩、游戏，进行动作训练等都是幼儿园体育活动、体育课的内容。在此，简略谈一下当前我国幼儿园体育教学的基本内容，大致包括四个方面：①走、跑、跳、投、钻、爬、攀、平衡等身体基本技能的练习；②基本体操的练习；③轻器械类的活动；④游戏。这些学前体育教学内容不是凭空想象出来的，是依据幼儿的身心特点和发展目标，科学地筛选出来的，是根据学前幼儿发展需要和现有教学条件和教学环境确定下来的，是直到目前来说最为合理的正确的选择。

第三节　学前体育教学的重要性与迫切性

学前体育教学活动是幼儿园全部活动的重要组成部分，从某种意义上讲，也可以称为中心环节。幼儿体育健身能否有效地搞起来，主要就在于体育教学是否抓到了实处，是否充分地认识到它的重要性，只有认识到位，行动才能到位。

一、学前体育教学的重要性

《幼儿园动作规程》提出，幼儿教育的目标是要培养“体、智、德、美全面

---

① 黄全愈：《孩子就是孩子——现代教育在美国》，中国人民大学出版社 2010 年版，第 251 页。

发展的接班人”，其中“体”是基础和根本。2001年9月颁布的“幼儿园教学指导纲要《试行》”指出：幼儿园的教育内容，其中最基础、最重要的是“健康”，并且还进一步指出，体育是促进幼儿全面发展的重要手段，开展丰富多彩的体育活动，用幼儿感兴趣的方式发展基本动作，培养幼儿良好的意志品质、个性品质，使他们在快乐的童年生活中获得有益于身心发展的经验。可见，体育教学活动对幼儿的茁壮成长是多么的重要。

1. 体育教学活动能有效地促进幼儿身体的成长

有研究认为，幼儿在儿童阶段各项生理活动速度很快，新陈代谢比较旺盛，但身体发育还不成熟，对外界环境的适应能力以及对疾病的抵抗能力都还很弱，适当的体育锻炼可以增强幼儿的体质，提高免疫力。具体讲，幼儿的骨骼硬度较小，但弹性很大，可塑性比较强，因而通过体育教学活动使幼儿掌握各种基本动作和基本技能，能使骨骼增长、增粗、钙化速度加快，形成良好的身体姿态；幼儿期间肌肉的发育还不平衡，大肌肉群发育得早，小肌肉群发育还很不完善，而且肌肉的力量差，这个时期体育锻炼可以增强幼儿的肌肉力量，提高抗疲劳能力。这个时期跑、跳已经很熟练，但手的动作还略显笨拙，一些细微的动作还不能精确完成，体育锻炼能促使幼儿手脚灵活；幼儿期心肺功能比成人差，幼儿的心肺体积比例大，心脏的收缩力差，适当的运动强度可以提高其肺活量，提高呼吸黏膜的抗菌、耐寒能力；幼儿进行体育锻炼能很好地促进脑部血液循环，促进脑细胞的发育，使大脑更灵活。总而言之，学前体育教学活动充分开展，能使幼儿身体得到很好的锻炼，对幼儿的全面发展具有不可忽视的作用。

2. 体育教学活动能有效地促进幼儿智力的发育

幼儿园开展体育教学活动的做法，是近百年来各国幼儿教育机构的成功经验，日本、美国、苏联都注重在幼儿教育中设置体育课程。旧中国从设立蒙养园、幼稚园开始就把游戏课摆到一定的位置上。新中国成立后，幼儿园体育课的内容更加丰富，包括基本动作训练、体操训练、游戏活动等多种。体育教学持久不间断地在幼儿园中开展。使幼儿增强体力的同时，智力也获得了快速的发展，幼儿进行体育活动可以改善脑的营养供应，促进脑的发育，从而为智力发展提供更好的物质基础。体育锻炼对幼儿智力发展直接促进作用很是明显，如幼儿在排队、爬高、投包、踢球、跳上、跳下等一系列体育活动中，有助于幼儿识别和理解上下、前后、左右、高低、远近、先后、快慢等概念，从而能提高他们认识周围事物的能力，对发展幼儿的观察力、注意力、思维力、想象力、记忆力有明显的效果。

3. 体育教学活动能有效地促进幼儿优良品德的形成

幼儿优良品德的形成是通过幼儿园全部活动实现的，体育教学活动对有效地促进幼儿优良道德品质的形成具有不可替代的作用。幼儿阶段开始时，由于幼儿思维能力和发育程度都很差，对优秀品德的标准和内涵知之不多，基本上是处于迷茫状态。通过幼儿园的体育教学活动，在教师的教育、启发和示范下，参加游戏等体育活动逐渐了解到遵守纪律、互相帮助、团结友爱、热爱祖国、热爱劳动、机智勇敢、尊老爱幼等道德规范。在体育活动中懂得了什么是道德的，什么是不道德的，什么是应该做的，什么是不应该做的，从而培养良好的思想品质。如游戏“乘火车”，乘客较多，这时扮售票员的幼儿自己就不能坐下，还要提醒乘客给老年人和抱小孩的让座，扮司机的幼儿要遵守交通规则，文明行车。幼儿在此游戏中模仿成人去关心他人，尊敬长者，使尊老爱幼的思想在幼儿心中萌芽。通过游戏等体育活动，可以培养幼儿的优良品德，纠正不良的行为习惯。

4. 体育教学活动能有效地促进幼儿树立正确审美观念

爱美之心，人皆有之。审美观的培养要从幼儿抓起，要把体育教学活动变成对幼儿美育教育的最好手段和形式。幼儿时期幼儿对问题的判断能力较弱，对世界上存在的真、善、美，假 、恶、丑分辨能力还不强，有的幼儿甚至还分不清楚。有人认为，在幼儿中进行舞蹈训练可以培养美感。舞蹈是一种动态性的非语言文字的人体文化，通过学习舞蹈动作，可以让幼儿感受到人体美等。有人认为在幼儿中开展游戏活动，对幼儿审美观念的形成很有益处。例如，体育游戏“狼和小羊”，教幼儿懂得狼是凶恶的动物，要尽量躲开它。通过游戏活动分辨善恶、美丑。一言以蔽之，要通过体育教学在幼儿中的开展，使幼儿培养美感，进而提高欣赏美、鉴赏美、创造美的能力，进一步陶冶幼儿的情操，净化幼儿的心灵。

以上可见，幼儿生理、心理的成熟，体、智、德、美诸方面和谐发展，有赖于身体锻炼的坚持，加强学前体育教学对幼儿身心成长发育无疑是一剂难得的良药。幼儿的茁壮成长，对于我国生产力的发展。经济的繁荣，社会的进步，民族的兴盛，中华的崛起具有十分重要的作用。幼儿体育教学的重要性我们要看到，对于它的迫切性更应有清醒的认识。

二、学前体育教学的迫切性

我国幼儿教育事业在建国以来得到长足的发展，亿万幼儿愉快生活，健康成长，呈现出稳健向上的趋势。但是事物的发展是不平衡的，在幼儿健康方面目前依然存在很多问题，有的还很突出，已经迫在眉睫，到了不解决不行的地步。

（一）幼儿健康现状

1. 病态者增多

进入21世纪后，我国的科学技术得到了快速发展，社会生产力得到了空前的解放，社会财富大量涌流和增加，取得了举世瞩目的成就，我国已经成为世界第二大经济体，人们的生活得到了实实在在的改善和提高。科技的进步和生活水平的提高，使很多幼儿吃的过好，造成营养过剩，出现了肥胖症。互联网的普及，很多幼儿学会了使用电脑和手机，迷恋于上网玩游戏，造成眼睛近视人数日益增多。有的年轻父母整天忙于工作，把孩子托付给家人或他人，无暇顾及孩子的成长发育，造成幼儿营养失调，甚至出现体弱多病的情况。

2. 参加体育锻炼者减少

现在的幼儿多数是独生子女，父母溺爱幼儿已经成为普遍现象，很少让孩子晚上出去找小朋友玩游戏活动，参加体育锻炼的幼儿逐日减少。有的家长受“万般皆下品，唯有读书高”世俗偏见的影响，重智育、轻体育，把幼儿从园里接回家里后，不是看图识字，就是做数学计算题，唯独就是不让幼儿进行体育锻炼，每天体育活动的时间得不到保证，逐渐变短，久而久之，造成幼儿体质下降。

3. 幼儿体育教学出现偏失

幼儿园体育教学上存在不可忽视的问题，概括起来就是，重基本动作练习，轻身体素质培养；重教师课前设计，轻幼儿主动参与；重花样形式翻新，轻活动目标的落实，造成幼儿体育活动达不到上级的要求。有调查显示，幼儿体质下降已经形成趋势，状况令人担忧。

（二）体质下降的危害

幼儿体质的逐年下滑，已经引起关注幼儿教育的有识之士的忧虑。幼儿身体状态不佳，直接影响到幼儿的健康发育，幼儿如果体弱多病，家庭就很难幸福，父母经常带着孩子上医院，势必影响到幼儿父母的精力、工作情绪和质量。已故中华人民共和国名誉主席、全国人民代表大会常务委员会副委员长宋庆龄，一生关心幼儿教育事业，教育幼儿要锻炼好身体，她认为幼儿从小练得健壮、灵活，将来才能吃苦耐劳，挑得起重担。“孩子将来要去攀高山、涉大海、深入地层、飞向宇宙，这绝不是一个体弱多病的人办得到的”[①]。我认为如果幼儿弱不禁风，体弱多病，将直接影响到中华民族的崛起和屹立于世界民族之林的进程，中华民族复兴的中国梦就很难实现，经济社会可持续发展将大打折扣。

（三）提高幼儿身体素质需规范体育教学工作

“教育兴则中国兴，少年强则中国强”，幼儿是国家至宝，是民族的延续，祖国的未来，社会主义中国的明天，幼儿身体健康是国运昌盛的表现。幼儿身体健壮的秘诀在于锻炼。在幼儿园参与体育活动则是其基本形式，幼儿参加基本动作训练、体操训练、轻器械训练和游戏活动，必须有教师指导也就是要通过体育教学来完成。体育教学要把幼儿素质培养放在重要位置上，要采用师生平等对话式教学模式，要强化体育教学，要使幼儿体育运动量适宜，只有这样幼儿才能高兴参加，快乐参与，健身强身，从而肩负起未来建设祖国光荣而艰巨的历史使命。

① 何晓夏：《简明中国学前教育史》，北京师范大学出版社 2007 年版。

第二章　学前体育教学目标初探

学前体育教学研究的范围十分广泛，它包括幼儿体育教学所涉及的方方面面，其中教学目标、教学原则、教学方法、教学内容、教学环境、教师素质、教学管理、教学评价等都是它的重要要素。本章侧重论述一下学前体育教学的教学目标，因为它是体育教学指导思想的具体体现，是体育教师组织和进行体育教学活动的指南，也是评价体育教学质量标准的依据，所以要高度重视它。

第一节　学前体育教学目标的界定

在我国大、中、小学乃至幼儿园的体育教学中频繁地使用教学目标概念只是近些年的事，以前经常使用的是体育教学目的和体育教学任务。那么这三个概念之间是什么关系呢?

一、体育教学目标、目的、任务三者的关系

笔者认为，他们之间是既有区别又有联系的关系，所谓区别，是说这三个概念内涵是不一样的，体育教学目的是贯穿整个体育教学的指导思想，是对体育教学提出的概括性和总体性的要求，它把握着体育教学的进展方向；体育教学目标是指人们为达到体育教学的某个目的，在行动过程中设立的各个阶段预期成果以及最后的预期成果；体育教学任务是指为了完成体育教学目的，实现体育教学目标所应该做和必须做的工作。概念是本质属性的反映和体现，概念不同内涵则有区别。目前在我国通常所说的教学任务与现在所说的教学目标虽然都是同一范畴，但是又有某些区别：教学任务是以教师为主体，而教学目标是以学生为主体；教学任务比较笼统，分不出阶段和层次，教学目标对教学过程的阶段、深度、层次有明显的界定；教学任务缺乏量和质的规定性，而教学目标则可具体化和量化。教学目的和教学目标也有区别：教学目的的提出仅仅依据教学大纲和教材的要求，教学目标的制定除依据教学大纲和教材的要求之外，还要依据教学目标分类理论提供的参照系和本地的实际教学水平；从确定

教学目的和教学目标的主体看，教学目的是对教师要教什么的说明，着眼于教师的教，教学目标则是着眼学生学习的结果，是以学生为主体进行描述的。所谓联系是说这三个概念具有关联性。最终的教学目标是实现了体育教学目的的标志，体育教学任务是为实现体育教学目的和体育教学目标所应该做的实际工作和责任。可见，体育教学目标是一个上承体育教学目的，下启体育教学任务的中间环节。因此，我们要重视体育教学目标的研究。

二、学前体育教学目标的表述

教学目标是学校中一切教学活动的出发点和归宿，它指导和制约着学校的一切教学活动。毛振明给体育教学目标下了一个定义，他说："体育教学目标是依据体育教学目的而提出的预期成果。这个预期成果可分为阶段性成果和最终成果，阶段性成果是体育教学的阶段目标；阶段性成果的总和就是最终成果，即体育教学总目标。体育教学总目标是体育教学目的得以实现的标志。[①]"这是目前我国高等院校多数人认可的，比较准确的定义。幼儿教育是我国基础教育的重要组成部分，1996 年 3 月 9 日国家教委令第 25 号发布的《幼儿园工作规程》，明确规定了城乡幼儿园的教育目标，指出"幼儿园保育和教育的主要目标是促进幼儿身体正常发育和机能的协调发展，增强体质。培养良好的生活习惯、卫生习惯和参加体育活动的兴趣"。这是迄今为止我国对幼儿园教育目标的完整、准确的新表述，是全国幼儿园必须遵循的新要求。体育教学目标是体育教学中师生预期达到的教学结果和标准。幼儿体育教学目标包括以下内容：①增强体能，掌握和应用基本的体育与健康知识和运动技能。②增强体育活动的兴趣和爱好，形成坚持锻炼的习惯。③具有良好的心理素质，培养人际交往能力和合作精神。④初步形成健康的生活习惯。⑤形成积极进取、乐观开朗的生活态度。

三、学前体育教学目标的功能

学前体育教学目标对幼儿园体育教学活动所起的作用，主要有三种：指向作用、激励作用、标准作用。

1. 目标的指向作用

目标的指向作用是通过影响幼儿的注意而实现的。有了明确的目标，幼儿在活动中就会把注意集中到与目标有关的事情上，尽量排除无关刺激的干扰。一个合格的幼儿体育教师在对幼儿进行体育教学时，首先提出本节课明确的教

① 毛振明：《体育教学论》，高等教育出版社 2005 年版，第 16 页。

学目标，然后课堂上一切教学活动都围绕这一目标进行，结果很是理想，收到了事半功倍的效果。

2. 目标的激励作用

幼儿教师提出的教学目标要起到激励作用，必须使目标符合幼儿的内在需求，俗称符合幼儿口味。这样就会对幼儿的学习动机起良性推动作用，引起幼儿的学习兴趣，从而使幼儿学习的积极性得到充分调动，教学效果就会令人满意。体育教学目标能否起到激励作用，关键在于该目标要难易适度。过难容易使幼儿望而生畏，止步不前；过易对幼儿起不到激励作用，缺乏刺激力，效果不明显。只有目标“跳一跳能摘下”，既高于幼儿现在发展水平，又是幼儿有能力进行的体育活动，才能有效地促进幼儿的发展，从而调动他们上好体育课的积极性。

3. 目标的标准作用

教学目标确定之后，通过教学实践是否达到了既定的目标，就成了衡量教学效果的尺度。在教学效果的评价中，教学目标的标准作用是显而易见的。教学效果为评价教学目标的合理性提供了反馈信息，为在下一阶段的教学中对教学目标做出必要调整提供依据。

第二节　学前体育教学目标的结构分析

同世界上的任何事物一样，学前体育教学目标也有自己的结构，经过认真思考和研究，笔者认为学前体育教学目标的结构是由学前体育教学目标的外部特征和内部要素共同构成的。

一、学前体育教学目标的外部特征

学前体育教学目标的外部特征是属于学前体育教学目标以外的，但对学前体育教学目标内容具有规定性的那些特征及其标志。学前体育教学目标的外部特征主要有：目标的历史、目标的功能与特征、目标的着眼点等。

1. 学前体育教学目标的层次

首先，学前体育教学目标是由多个层次的目标组成。其中有：学前体育教学总目标（3—6 岁幼儿在幼儿园整个时间段体育教学所要达到的目标），小、中、大班体育教学目标，学年体育教学目标，学期体育教学目标，单元体育教学目标，课时体育教学目标。如图所示：

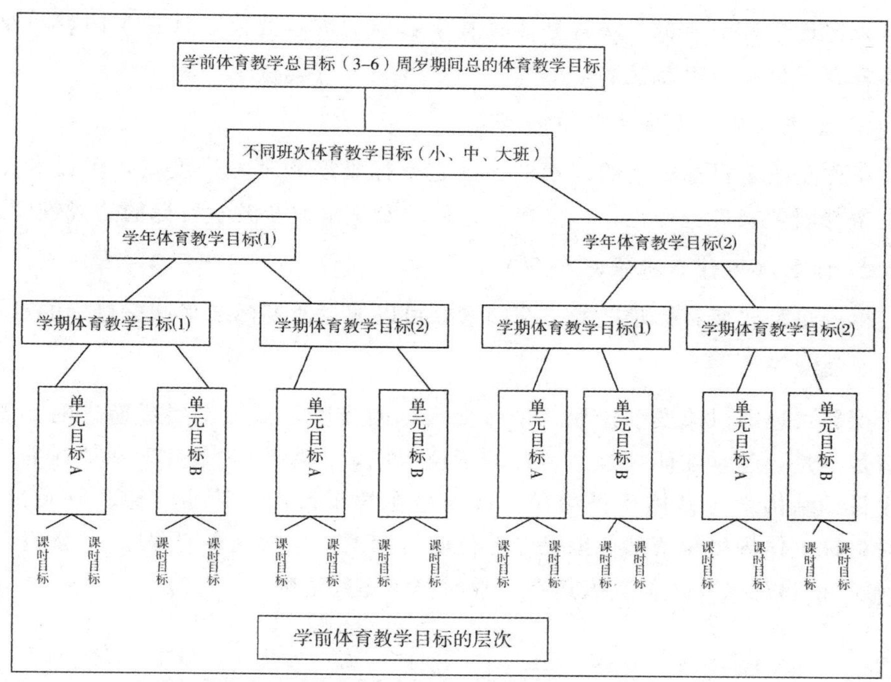

2. 学前体育教学目标的功能与特性

我们所说的学前体育教学目标的功能与特性，是指各个层次的学前体育教学目标都有其独特的“功能”和“特性”，就是“为什么要有这层目标。”“这层目标是干什么的”等层次目标的必要性与不可替代性。如果不明确各层目标的功能与特性，这层目标就会与其他层目标混淆，那么该如何考虑、如何制定、如何表述这个目标也就不清楚了。我们也可以把“目标的功能与特性”理解为“目标的定位”或“目标的个性”。

3. 学前体育教学目标的着眼点

各层次学前体育教学目标有着各自要解决的问题，因此各层的目标就有自己独自的“着眼点”，就是因为“围绕着什么事看目标”和“围绕着什么事写目标”的视角。因此，学前体育教学目标的“着眼点”也是形象地辨别体育教学目标功能的“观察点”。

二、学前体育教学目标的内部要素

学前体育教学目标有它的内容要素。那么，什么是体育教学目标的内部要素呢？美国著名体育教学论专家西登拓朴（sidientop）认为：具有指导性的体育教学目标应该包括“达成什么样的课题”“在什么条件下达成课题”“用什么标准来评价”三个内容，这就是体育教学目标的内容要素，这三个内容也是学前体育教学目标的内部要素。

1. 条件（在什么条件下达成课题）

条件是决定目标难度的因素。在规定目标难度和学习进度时，可以利用目标中条件因素来进行变化，可以根据条件的变化来改变教学目标的达成难度。

2. 标准（用什么标准来评价）

标准也是改变目标难度的一个因素，可以通过改变标准来调整目标的难度。

3. 课题

课题可以通过改变动作形式来改变目标的难度。目标是层层递进的，需要搞清楚的是，越是在体育教学目标的下位层次，“课题”“条件”和“标准”这三个目标结构就越是体现得明显，特别是在学年目标、学期目标、单元目标、课时目标上体现得很清晰。但是在上位的目标里，虽然也有“课题”“条件”和“标准”的目标结构，但其表述在多数时候不是很清晰。

第三节　学前体育教学目标的制订

一、学前体育教学目标的制订要做到两个结合

学前体育教学目标的确定和制订要做多方面的工作，其中主要做到两个结合。

1. 一般目标和具体目标相结合

一般目标和具体目标是共性和个性的关系，一般目标是依据“教学计划”和“教学大纲”提出的各门学科的具有普遍性的目标，而具体目标则是以一般目标为指导确定的更为具体的教学目标，是每门学科的教学目标。教学中的一般目标和具体目标是互相联系、互相支撑、互为因果的关系，没有具体目标，一般目标就失去了依托，从而成为镜中花、水中月、空中楼阁；没有一般目标，具体目标就缺乏统一的指导，从而变成一盘散沙。我们追求的结果是二者的有机结合，这样才能产生最佳的效应。

2. 集体目标和个人目标相结合

集体目标在这里是指对特定幼儿集体（如大、中、小班）的共同要求，是全体幼儿都应当达到的最基本的目标。集体目标是全面的，不应该过分偏重某些目标而忽视另一些目标。个人目标在集体目标的基础上，根据幼儿本人的原

有基础、志趣、能力和发展方向确定的适合幼儿个人特点的目标，这不仅仅表现在要求高低的差别上，而且表现在侧重点的不同上。无论个人目标偏重什么，都必须全面达到最基本的集体目标，也就是说集体目标和个人目标是统一的，不应该人为地加以割裂。

二、中外著名学者论教学目标

我们在这里简要地介绍一下中外著名的学者、教育家对教学目标的认识和研究成果，目的是让人们更全面、多视角地观察它，从而为制定更为全面、科学适宜的教学目标做好思想准备。

许多教育家和优秀教师都十分强调教学工作的明确目标性，认为这是提高教学质量的一个重要保证。在国外，教育家们对教学目标的研究相当重视。我们要吸收中外合理的研究成果。在中国，对教学目标的阐述一般是在“教学任务”的标题下进行的。例如，华中师大等五院校合编的《教育学》中提出，教学任务包括三条：第一，向学生传授文化科学基础知识和基本技能；第二，发展学生的认识能力和体力；第三，培养学生科学世界观和高尚的道德品质。这三条教学任务也就是对教学目标所做的初步分类。在国外，苏联1957年出版的达尼洛夫和叶希波夫编著的《教学论》中提出了三类教学目标：知识、技能和技巧。1983年巴班斯基主编的《教育学》中说教学必须执行三种职能：教养职能、教育职能和发展职能。这实际上是把教学目标分成三类：教养目标、教育目标和发展目标。其中，教养目标包括掌握知识、形成专业的和一般的学习技能和技巧；教育目标包括形成“道德的、劳动的、审美的和伦理的观念、观点和信念”；发展目标包括发展感性知觉、运动、智力、意志、情感、动机，一句话就是促进个性的发展。这本教材对教学目标所做的说明，是对战后四十多年来苏联教学论中这方面研究的总结和概括，基本上反映了赞科夫、艾利康宁、达维多夫、达尼洛夫、斯卡特金、巴班斯基等著名教育思想家的研究成果。

南斯拉夫学者鲍良克在《教学论》中对教学目标的论述也很有特色。他认为教学论是研究“教养”的规律的学科，而“教养”则包括知识和能力两个方面，是这两个方面的统一。接着他又把知识区分为记忆性知识、再认性知识、再现性知识，运用性知识、独创性或创造性知识；把能力区分为感觉和知觉能力、体力的或者实践的能力、表达能力、智慧能力。鲍良克对“教养”的分析，实际上也就是对教学目标所做的初步分类。①

明确提出教学目标分类课题的是美国教育家布卢姆1956年出版的《教育目

---

① 李秉德：《教学论》，人民教育出版社2001年版，第50页。

标分类学》(在英语中“教育目标”“教学目标”“课程目标”都是通用的)。

布卢姆和他的学生们认为，教学目标包括三个主要方面，按他们的说法称为“认知领域”“情感领域”和“技能领域”。其中认知目标包括知识、理解、运用、分析、综合、评价；情感目标包括接受、反应、形成价值观念、组织价值体系、形成价值情绪（意即渗透到个性心理中）；技能目标包括观察、模仿、练习、适应等。以上我们简单介绍一下中外教育专家、学者关于教学目标的研究成果，无论这些观点是否正确，但对于人们开启智力、扩大视野还是十分有益的，对于我们探讨教学目标可以称得上是珍贵的资料。

三、学前体育教学目标的制订

我国城乡幼儿园数量众多，呈现出多样化的发展态势。公办、民办等多种形式共存，异彩纷呈。幼儿是身体发育的重要时期，健康应该放在首位。所以学前体育教学目标都要结合幼儿身心发展规律和幼儿园实际情况合理地制订。幼儿园先要制订全园的体育教学目标，然后层层分解，制订各班次（小、中、大班）的体育教学目标，还要制订学年、学期体育教学目标，更要详细制订每章、每节课的教学目标，这样才能把学前体育教学的各项目标落到实处，取得比较理想的教学效果。

下面介绍一下某幼儿园（包括小、中、大班）体育游戏课一节课的教学目标。

1. 幼儿园小班一节体育课的教案

《小小送奶员》

（1）本节体育课的教学目标：

①让幼儿尝试走不同高度的桥，练习保持身体的平衡。

②让幼儿能按奶瓶上圈点的数量放到相应的筐中，培养乐于助人精神。

（2）本节体育课的材料准备：

①每人一个空果奶瓶，瓶上分别贴有数量为1—5的圆点标记，盛果奶瓶的筐5只，分别贴着1—5的圆点标记。

②高度不同的平衡木3个（10～30厘米)。《公鸡操》音乐CD。

（3）本节体育课的授课过程：

①热身活动。让幼儿做好准备，听着音乐做《公鸡操》。创设情境，让幼儿练习走不同高度的小桥。

②正式讲课。老师首先说，今天送奶员生病了，小朋友你们愿意帮助他吗？送奶时要过三座小桥，过桥时身体应该怎么办？接着，幼儿练习过小桥，教师在最高的小桥旁进行保护，鼓励幼儿勇敢向前走。(请个别幼儿进行示范，教师

介绍要领：两手伸平，眼看前方，慢慢向前走）然后，小小送奶员要经过小桥，在三座小桥中任选一座通过就可以。每次只送一瓶奶，看清奶瓶上的圆点标记，按照圆点数把奶瓶送到家（筐子）里。游戏全过程就是这样。老师讲完让一个小朋友先示范做一遍，然后其他小朋友跟着学。做游戏之前老师强调一下注意事项：幼儿过桥时要把奶瓶拿稳，送奶后要检查一下奶瓶送的对不对？瓶上的圆点和筐上的圆点是否一致？

③放松活动。游戏做完后，幼儿互相拉拉手、拍拍肩，结束。

2. 幼儿园中班一节体育课的教案

《跳圈比赛》

（1）教学目标：

①锻炼幼儿踝关节的灵活性。

②在活动中体验游戏的快乐，培养幼儿锻炼的兴趣和活泼开朗的性格及团队精神。

（2）材料准备：

选择一块比赛场地；五个圈。

（3）授课过程：

①热身活动

教师带领幼儿抖抖手脚，练习原地立定跳跃。

②教师讲课

老师：今天我们玩的游戏叫跳圈比赛。要求跳圈时双脚同时落地。四个组同时进行。每组先是一个小朋友跳过去，然后就跑回来。另一个小朋友就接上去，跟第一个小朋友一样做相同的动作。以此类推，每个小朋友到终点后就把手举起来，看谁跑在最前面。比赛结束后，大家看一下哪组得了第一，小朋友要为胜利者鼓掌喝彩。最后，老师提出比赛的注意事项：玩这个游戏时请小朋友们不要大声喊叫，不要互相推来推去，要注意安全。

③放松活动。游戏课程结束后，老师同小朋友们一起做放松身体的舒展活动。

3. 幼儿园大班一节体育课的教案

《快乐的搬运工》

（1）教学目标：

发展幼儿身体平衡和协调能力；锻炼幼儿的跑、跳能力和手动作的灵活性；使幼儿懂得要尊重别人的劳动成果，珍惜每一粒粮食。

（2）课前准备：

草帽每人一顶，草绳每人一根，麦秆四堆。小推车四辆，《庆丰收》音乐磁带。

（3）授课过程：

①热身运动。小朋友们听音乐跳草帽舞，活动活动身体。

②教师讲课。老师说，夏天来了，麦子成熟了，农民伯伯把麦子割下来堆成堆，我们去帮农民伯伯把麦子捆好，运回来好吗？天气非常热，小朋友要戴好草帽，接着游戏开始。幼儿分成四组，每组一辆小车，每个幼儿一根草绳，站到起跑线之后，第一名幼儿带着草绳推着小车沿规定的麦畦快速走到麦堆，用草绳把麦子捆好，放到小推车上，原路返回。到起点后，卸下麦子，第二名幼儿继续进行。在规定的时间内看哪组幼儿运的麦子多，多者为胜。

③放松运动。老师说，小朋友真能干，把农民伯伯割的麦子运了回来。小朋友你们看农民伯伯辛苦不辛苦？我们应该怎么做呢？（请幼儿自由发言）老师继续总结说，我们要尊重农民伯伯的辛勤劳动，不浪费粮食，珍惜每一粒粮食好不好？然后放《庆丰收》音乐，幼儿拿着草帽，自由表演草帽舞。

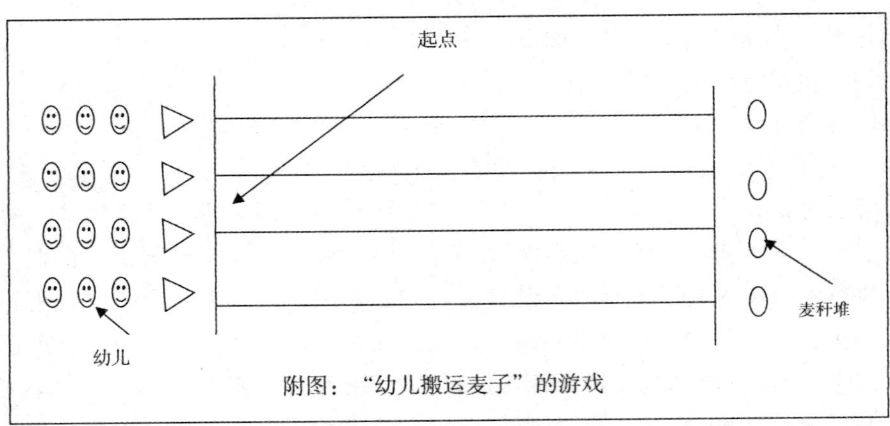

附图：“幼儿搬运麦子”的游戏

从幼儿园大、中、小班体育课（一节）的教案中我们发现，每节课都有明确的教学目标，而且教学目标是根据幼儿年龄及身心发展的规律制订的，可操作性很强，非常切合实际，适用。从大、中、小班的教学目标中我们发现教学目标随幼儿的年龄而变化，年龄小的幼儿班（小班）教学目标规定得比较简单，到中班难度就又加大一点，到大班时教学目标难度更大，并且一堂课要实现多个目标（实际上是多样性的统一），教学目标具有递进性。从小、中、大班所玩游戏：《小小送奶员》《跳圈比赛》《快乐的搬运工》看，游戏是从易到难，由简单到复杂，符合事物运动发展的规律。教学目标制订贴近幼儿、贴近实际才能取得最佳的教学效果。

第三章　学前体育教学原则探析

教学原则在整个教学活动中占有十分重要的地位，要想顺利地开展教学工作，除认清教学规律外，还应该研究和掌握教学过程中应遵循的一系列教学原则。教学原则作为教学工作的基本要求，它体现了教学规律，因而对教学工作具有指导性作用。在整个教学活动中，它既是教学活动的出发点，又是教学过程的调节器。它在一定程度上决定着教学内容的安排和教学方法的选择。所以，学习和掌握教学原则，能使我们按教学内在固有的规律办事，提高教学质量。如若不按教学原则组织教学，则会降低教学的效果。高度重视教学原则的研究和运用，是我们搞好21世纪新形势下教育的必然要求，是我们教学工作再上新台阶的坚定基础。

第一节　中外名人眼中的教学原则

回顾历史是为了更好地走今后的路，吸取以往的经验教训是为了以后少走弯路。教学活动出现以后，教学原则必然相伴而生。无论是古今的华夏大地，还是过去和现在的世界各国，曾先后出现了众多的教育专家和学者，他们孜孜不倦地对教学活动进行着多视觉的探讨和研究，有很多观点是闪闪发光的，都是以往教学工作中总结出的真知灼见，对以后的教学工作具有重要的指导作用。现将有关教学原则方面的论述简略介绍一、二以飨读者。

一、中国古代和当代对教学原则的探讨

中国在原始社会后期，随着生产的发展，教育的萌芽开始出现，并且得到了初步发展，奴隶社会出现后，奴隶主为了维护自己的统治地位，给自己的子女提供了受教育的机会，教育在一定范围内得到了一定规模的发展。我国春秋战国时期涌现出很多思想家、教育家。这一时期最杰出的教育家是孔子，他一生尤其是晚年长期从事教育工作，教了大量学生。后来有人说，“孔有三千徒弟子，七十二位大贤人”，我们姑且不论孔子对当时社会有多大贡献，但他培养了

一批统治阶级所需要的人才，这是不争的事实。孔子在长期的教学实践中概括出了“学思结合”“学而时习”“因材施教”等教学原则，对中华民族的教育事业产生了重大而不可忽视的影响。古代还有人在教育上提倡“豫”的教育原则，《礼记·学记》中记载说：“禁于未发之‘豫’，豫即预防，也就是说，应该将不良的思想行为杜绝在没有萌发之前。也就是俗称“水不来，先筑坝”。实际上是强调早期教育的重要性是预防性教育原则。古代中国的教育家还提出量资循序的教学原则。《礼记·学记》中记载：“幼者听而弗文，学不躐等也。”① 意思是对于年幼者来说，可以让他们听教师讲课，而不必提问。因为他们尚缺乏必要的思考能力，就是说学习不能超越等级次序，不能拔苗助长。换句话讲，幼儿教育要和其身心发展的规律相适应，不可超越阶段。

二、国外长期以来对教学原则的研究成果

世界上许多国家自古以来就产生了很多致力于教育研究的学者和专家，他们对教学诸要素有深入和独到的见解，为世界教育文化的繁荣做出了重大贡献。昆体良是古代罗马著名的教育家（约 35—95 年），他大约从公元 70 年开始主持罗马国立拉丁语雄辩术学校，在那里工作达 20 年之久，对教育颇有研究，是西方教学论的奠基人。他精辟地论述了因材施教的原则，指出对受教育者的统一要求必须和照顾他们的个别差异相结合。首先需要了解学生的能力和天赋素质，然后应当从两方面入手贯彻因材施教的原则：第一，针对学生不同的性格采取不同的教育方法，长善救失；第二，教师要善于使每个人在他最有才能的方面得到进步，扬长避短。对于智力较弱的学生应做些迁就，对天赋素质较好的学生则要严格训练，以期将他们培养成真正的雄辩家。昆体良还奠定了教学中量力性原则的思想基础。他认为，应防止学生负担过重，因为超出学生智力之上的东西是不能进入学生头脑的，正如紧口瓶子不能容忍一下子大量流进的液体，却能为慢慢地甚至一滴一滴灌进的液体所填满。昆体良能在当时提出这些教学原则堪比中国的孔夫子，可以说是一个了不起的人物。夸美纽斯（1592－1670）是 17 世纪捷克的教育家，他的《大教育论》奠定了现代教育的基本框架，是教育学从综合性的知识领域分化出来成为一门独立学科的起点。夸美纽斯本人则被誉为“教育科学真正的奠基人”和“教育史上的哥白尼”。他一生有很多著述，对教育有深入的研究和独到的见解。他说，鸟儿在春天繁殖，园丁在春天种植，人类教育也应加以仿效，从“人生的春天”即儿童时期开始教育，只有这样，才合理且有效，提出了儿童教育要从早开始的思想。他还提出“教育适

---

① 何晓夏：《简明中国学前教育史》，北京师范大学出版社 2009 年版，第 45 页。

应自然原则”或称之为自然适应性，他认为自然适应性是指要遵循自然界的秩序，这个自然界不仅包含大自然界，同时也包括人类社会，揭示了教育原则的根基在于遵循自然界秩序的深刻哲理。

苏联曾是世界上第一个社会主义国家，在列宁的领导下，推翻了沙皇的反动统治，建立了社会主义制度，走上了社会主义道路，各项事业都得到了前所未有的大发展，苏联的教育事业也呈现了前所未有的辉煌，出现了众多著名的，在世界上颇具影响的教育家和学者，苏联教育家凯洛夫（1893－1973）就是杰出的一位。他一生在教育上很有建树，提出了直观性原则，自觉性与积极性原则，巩固性原则，系统性与连贯性原则，通俗性与可接受性原则，这些教学原则对教学工作具有一定的指导意义。20 世纪 70 年代，巴班斯基从四个方面提出了九个教学原则：从教学目的来说，有教学的方向性原则；从教学内容来说，有教学同共产主义建设的实际相联系的原则、科学性原则、系统性原则、可接受性原则；从选择教学形式和方法来说，有全班教学、小组教学和分别教学合理结合原则，口头教学、直接教学、实践教学，再造性教学和探索性教学以及其他教学方法合理结合的原则；从分析教学效果来说，有教学的教养效果和教育效果统一的原则。可以看出巴班斯基对教学原则是有研究深度的，还有很多国外知名教育家在此方面有过探索，在此就不一一介绍了。

上述可见，随着科学技术的发展和人们对教学规律的认识不断深入和全面，教学原则将会不断得到发展和完善。我们绝不可将教学原则看成是一成不变的僵化的教条，它应该是个开放的系统，我们应该用动态的观点看待它。

第二节　学前体育教学原则提出的缘由

在研究学前体育教学原则之前，我们应该先了解一下什么是教学原则，什么是体育教学原则。只有这样系统地观察，才能搞清楚教学原则的内涵和实质，才有利于指导教学工作的顺利开展，使教学工作取得最佳的效果。

一、教学原则的表述

何谓教学原则？所谓教学原则是根据一定的教学目的、任务，遵循教学过程的规律而制定的对教学的基本要求，是指导教学活动的一般原理。①

① 李秉德：《教学论》，人民教育出版社 2001 年版，第 72 页。

1. 教学原则提出的依据

教学原则不是任何人随意提出的，而是有一定的客观依据的。首先教学原则的提出是教学经验的概括和总结。人们在长期从事教学实践的过程中，不断探索出一些成功的经验和失败的教训。对于这些成功经验或失败的教训，反复认识，不断深化，由感性认识上升为理性认识，经过概括抽象，归纳和演绎，对教学规律有所感悟有所认识，从而制定了教学原则，如我国古代教育著作《学记》总结出“教学相长“的教学原则，这是前人长期从事教育教学活动的经验总结，它来自教学，又指导教学。其次教学原则是教学规律的反映。教学原则虽然是人们主观制定的，却反映了教学过程的客观规律。我们认为，只要人类社会存在，教学工作就得继续，那么只要有教学工作，就存在着教学工作的规律。人们就应该依据客观存在的教学规律制订教学原则，用以指导教学工作。就是说研究和制订教学原则，必须深刻认识和透彻了解教学规律，只有这样提出和阐明的教学原则，才有科学依据，对教学实践工作才能有指导作用。第三，教学原则受到教学目的的制约。教学原则是教学规律的反映，任何一个教学原则或教学原则体系的提出，必须服从于一定的教育目的。反之，一定的教育目的必然影响着教学原则的制定，制约着教学原则的贯彻。

2. 教学原则的本质和特点

教学原则的本质属性是一种规范性知识，换言之，是一种策略性知识。它以一定的教学基本理论为指导，从整体和局部，过程和阶段的结合上规范和指导教学活动，给教学活动的方向、内容、任务、方法、评价等方面提供有效性策略。

教学原则的主要特点有三：第一，继承性与发展性。教学原则是一定历史阶段的产物，并随着社会历史的进步而发展，有些教学原则历经千百年而不衰，如因材施教原则、循序渐进原则保持着历史的继承性。第二，全面性与系统性。教学原则不仅关注教学过程各要素、各阶段、各环节，也关注着教与学双方的协调统一，更关注学生的全面发展，体现着全面性和系统性。第三，实用性和有效性。教学原则在从古至今的教学活动中发挥着重要作用，这已经被几千年来的教学实践所证实，教学原则的有效性已经被和正在被世界各国所普遍认可。

二、体育教学原则简述

体育是教育众多科目中的重要一科，它是教育的重要组成部分，体育教学是整个教学工作的不可分割的一部分。那么，什么是体育教学原则呢？“体育教学原则是实施体育教学的最基本要求，是保持体育教学性质的最基本因素，是

判断体育教学质量的基本标准。[①]”体育教学原则具有三层含义：第一，体育教学原则是众多体育教学要求中的那些最基本的内容；第二，体育教学原则的这些要求是最具有体育教学特征的那些性质；第三，实施体育教学时首先必须遵循这些要求，如果不能遵循这些原则中的任何一条就不能称为好的体育教学，甚至不能称为体育教学。

把握住体育教学的特点，才能合理制定体育教学原则。体育教学特点有四条：第一，体育教学活动主要在身体活动中进行，掌握运动技能是体育教学的主要任务，而运动技能的学习主要是在身体活动的过程中进行的，学生只有通过大量的身体活动进行练习，才能更好地掌握运动技能，因此身体活动性是体育教学的最主要特点。第二，体育教学具有锻炼学生身体的目的性。体育教学作为学校体育的主要环节，还担负着锻炼学生身体并增强学生体质的任务，这是与其他学科的不同之处，也是体育学科与其他学科的本质区别之一。第三，教学经常在相对自由的集体活动中展开。体育教学是围绕着运动技能的传授来展开的，运动技能一般需要开阔的空间进行。因此，体育教学在人际交流和合作方面与其他在教室中进行学习的其他学科有很大不同之处。第四，体育教学组织更加复杂。体育教学多数时候是在体育场馆进行，教学环境开放，空间较大，因而需要实施控制的因素很多，教师要根据学生的性别、年龄、身体条件、运动技能以及季节气候、体育场馆、运动器材等各种不同情况来选择教学方法和组织教学。因此，体育教学比其他在室内教学的科目更为复杂。对上述体育教学的特点要有明确的认识，因为它是合理制定体育教学原则的重要因素。只有对体育教学特点认识得全面深刻，教师才能更好地把握体育教学规律，进而构建出科学的切合实际的体育教学原则体系。

体育教学原则的作用。体育教学原则对于体育教师和体育教学来说，具有重要的作用。首先它是更加明确的教学要求，也可以说，体育教学原则是对体育教学工作的最基本要求，是教师进行体育教学不能破掉的底线；其次，体育教学原则是进行教学的动作思路，体育教学涉及的教学工作很多，有对体育教学内容的选择与安排，有对学生的调动与管理，有对教学条件的准备与优化，有对教学情景的组织与设计等，方方面面，千头万绪，教师只要把教学原则牢记在心，就会有明确的工作思路，就能有效地提高教学质量。此外，体育教学原则还是观察体育教学的视角。我们可以用各个体育教学原则作为视角，观察和评价体育教学的合理性。体育教学原则还是评价体育教学的标准。因此，我们认为体育教学原则在体育教学工作中具有十分重要的不可替代的作用。

---

① 毛振明：《体育教学论》，高等教育出版社2005年版，第84页。

三、学前体育教学原则的内涵

学前体育教学是整个教学工作的重要组成部分，是以游戏为主要特征的教学活动。它是面对一群天真烂漫的幼儿而进行的身体活动为主的教学活动，是具有启蒙性质的基础教育的内容之一。学前体育教学原则不仅要遵循一般教学原则进行教学，还要有一些具有自己特殊性的原则指导幼儿的身体锻炼工作，只有如此，才能搞好幼儿园体育教学工作。但是到目前为止，尚未发现比较科学的、权威的学前体育教学原则出现在幼儿园广大体育教师面前。笔者经认真思考，深入研究认为，学前体育教学原则是指幼儿教师在对幼儿实施体育教学时应遵循的基本要求，是根据一定的教学目的任务和教学规律，指导教学活动的一般原理。这一原则在教学理论中占有十分重要的地位，对幼儿园体育教学具有重要的指导作用，我们要在理解的基础上掌握它、运用它。在贯彻学前体育教学原则时要充分尊重幼儿的人格尊严和合法权益，要通过贯彻学前体育教学原则促进幼儿整体得到发展，这个发展不是片面的发展，是所有学前幼儿的发展，同时也是协调的发展，是重视个别差异的发展，这也是贯彻幼儿体育教学原则之前要充分关注的问题。那么，幼儿园中需要有哪些基本体育教学原则呢？

第三节　学前体育教学原则知多少

在建设有中国特色社会主义的实践中，我国城乡广大幼儿园体育教师在继承以往有效教学原则的基础上，创新了学前体育教学，总结出一些有明显效果的教学原则。当前幼儿园体育教师经常贯彻和执行的体育教学原则有：身体全面发展原则；直观性原则；游戏性原则；启发创造原则；因材施教原则；适量性原则等。

一、身体全面发展原则

人的身体是一个完整的有机体，有着十分复杂的各种器官和组织，有八大系统，如骨骼系统、神经系统，肠胃消化系统、泌尿系统等。幼儿是人生中一个重要阶段，幼儿时期是身体发育最快的时期。贯彻身体全面协调发展原则，要求教师在体育教学中使身体的各个部位、各个器官、各个系统的机能协调运转，和谐发展，各项身体素质指标和基本活动能力得到全面发展和提高，使幼儿身体各个部位得到全面锻炼。贯彻身体全面发展原则要注意以下三点：1. 制定体育年度或学期计划进度时，应注意各类教材的合理搭配，尽量做到全面锻炼，不可只锻炼身体某一部分，避免身体畸形发展。2. 在安排每节课的时候，在选择游戏或基本体操等内容时，应注意身体各个部位都尽量得到锻炼，从而使身体得到正常发育。3. 要激发幼儿对各种游戏的兴趣和不同运动形式的爱好，使他们的身心得到全面发展。

二、直观性原则

幼儿时期尚处于启蒙阶段，理性思维还不成熟，所以要通过各种形式的感知，丰富幼儿的感性认识和直接经验，使幼儿获得丰富的表象，从而使幼儿顺利正确地掌握学习内容，发展幼儿的观察能力和思维能力，使他们更快地掌握体育活动的要领，提高锻炼身体的质量。

三、游戏性原则

幼儿天性好玩，游戏是幼儿活动的基本形式。这是因为幼儿涉世不深，对千姿百态的物质世界充满了好奇，并且幼年时期是身体发育最快的时期，这就决定了其好动的特性，而游戏则能满足幼儿好动好奇的心理，所以幼儿对游戏活动充满了感情。坚持游戏性原则，就是指体育教师在教学过程中，在组织幼儿进行体育锻炼时，让幼儿充分体验到游戏和体育活动对其心理、生理带来的愉快的感受，使他们更加爱玩游戏和进行体育活动。

四、启发创造原则

启发创造原则是实施素质教育的时代要求，当今社会发展的趋势，要求幼儿园加强培养幼儿的创新思维，以适应瞬息万变的社会发展的要求，将来成人后敢想敢干，为社会创造财富。在体育教学中贯彻启发创造原则，就是要激发幼儿的学习动机，使他们初步树立起创新意识，培养他们的思维能力。

五、因材施教原则

《幼儿园教育指导纲要》指出："幼儿园应充分照顾幼儿的个体差异，为每一个幼儿提供发挥潜能的机会，促使他们在已有水平上得到应有的发展。"众所周知，世界上的事物具有多样性，就是一棵树上也不会有两片完全相同的树叶，那么，幼儿个体都是有差异的，是各不相同的，有的个子高一些，有的矮一些，有的反应快一些，有的慢一些，有的勤奋一些，有的懒惰一些，这是因为每个幼儿的发展受遗传和生长环境等因素的影响，同一年龄段的幼儿身心发展表现出极大的差异性。因此学前体育教学必须充分考虑这些个体的差异，坚持因材施教的原则，争取使每个幼儿都得到平等的教育和充分的发展。贯彻因材施教的原则首先要深入细致地研究和了解幼儿，并清楚幼儿的身体条件、兴趣爱好和运动技能等方面存在的个体差异，并对这些个体差异进行全面的分析，在此基础上考虑区别对待的对策。其次，要正确看待和引导幼儿正确对待身边个体差异较大的儿童。第三，要采取有效的形式创造因材施教的条件。最后，采取各种有效的教学方法进行因材施教。只有这样全体幼儿才能都得到公平对待和健康成长。

六、适量性原则

对幼儿园幼儿进行体育教学时，要考虑幼儿最佳运动量。因为这一时期幼儿是长身体时期，身心发育速度比较快。如果对幼儿进行高强度的体育训练或做难度较大的体操时，幼儿的骨骼、肌肉容易拉伤，对以后的成长发育十分不利。辩证唯物主义告诉人们，世界上任何事物的发展变化都存在适度问题，过度就要朝事物相反的方向发展。因此，对幼儿进行体育教学一定要贯彻适量性原则，从而使幼儿得到正常发育和健康成长。

第四章　学前体育教学方法考究

方法从某种意义上讲，是完成任务的手段。要过大河应该有桥或船，过河在这里就是任务，用桥或船过河就是手段，教学也是同理。教学要上档次，要高质量，必须采取好的教学方法才可能达到。没有好的教学方法，教学要取得好的效果只能是空谈，可见方法的重要性。那么，什么是教学方法呢？

第一节　教学方法内涵

教学方法是教学的基本要素之一，是整个教学活动的重要组成部分，它直接关系到教学工作的成败，关系到教学效率的高低，教学方法是否得当，将直接决定教学任务完成的好坏，是教学工作的关键环节。教学实践反复证明，教师如果不能科学地选择和使用教学方法，会导致师生精力消耗大，教学效果差，会给工作造成不应有的损失。因此，教育工作者要高度关注这个问题。

一、教学方法的内涵

关于教学方法的定义，众说纷纭，有人说："教学方法是教师为了完成教学任务，实现教学目的，在教学过程中所采用的一系列方法措施。"[①] 有人认为："教学方法是教师和学生为完成教学任务，实现教学目的采用的工作方式或手段。"[②] 还有人认为："教学方法是为完成教学任务而采用的方法。它包括教师教的方法和学生学的方法，是教师引导学生掌握知识技能，获得身心发展而共同活动的方法。"[③] 笔者认为，这些给教学方法所下的定义是站在不同角度得出的不同结论，应该说都含有合理的一面，都含有科学的成分，但都不够全面和准确。随着现代社会的进步和科学技术的发展，人们的认识水平也在不断深化，

① 关甦霞：《教学论教程》，陕西师大出版社1987年版，第196页。

② 彭永渭：《教学论新编》，辽宁教育出版社1986年版，第139页。

③ 王道俊、王汉澜：《教育学》，人民教育出版社1989年版，第244—245页。

教学理论和实践也在不断深入和变化，对教学方法的认识也比以往深刻得多，教学活动也出现了一些新的特点：教学活动呈现出双边性特点，教学活动是教和学的有机结合，它要求教师要主动地教，同时学生要自觉地学。实际上教和学是一对矛盾，在一定条件下二者是统一的，是相互联系、相互作用的双边活动。另外教的方法和学的方法要相适应。在教学方法运用过程中，一方面教师教的方法制约着学生学的方法，教师认真讲授、演示、操作，学生要虚心听讲、观察和思考，教师讲课需要学生配合。另一方面，学生学习的方法影响着教师教的方法，学生学的方法要与教师教的方法要相协调、相统一，二者相辅相成，互为条件，缺一不可。据上，我认为李秉德主编的《教学论》所下的定义比较客观、准确，他说“教学方法，是在教学过程中，教师和学生为实现教学目的，完成教学任务而采取的教与学相互作用的活动方式的总称”[①]。

二、教学方法的发展历史

人类社会出现以后，教育开始进入人们的生活，教学方法也随之产生。教学方法的产生与发展，受着多种因素的影响，各个时代的教学方法除了继承前人行之有效的方法之外，都有一些反映时代特征的教学方法。

奴隶社会。教育有了一定程度的发展，但是普通的奴隶只有劳动的权利，根本没有受教育的权力，谁受教育呢？是奴隶主贵族的子弟享受着读书受教育的权力，由于受到当时生产力发展水平的局限，教学方法以注入式为主。

封建社会。封建帝王、达官贵人、商贾巨富的子女享受着受教育的特殊待遇，封建社会发展教育的主要目的是为当时的统治者培养人才。但是，封建社会的学校依然是教师讲课满堂灌，学生死记硬背，是注入式的教学方法占据主导地位，这种方法脱离实际，让学生死记硬背，偏重于学生的机械记忆，是当时封建社会生产力比较低下、科技文化不发达、教学内容以读经书为主要特点的集中反映。

资本主义社会。资本主义生产方式出现以后，生产力以前所未有的速度向前发展，科学技术的水平也大大提高。学校课程中吸收了大量自然科学知识和科学技术方面的知识，教学内容较之以往明显丰富，客观上要求改进教学方法，加快教学速度，提高教学效率。对以前遗留的教学方法进行了加工改造，又充实和增加了一些新的教学方法，比如演示法、实验法等等。这些教学方法的采用不仅有助于学生接触实际，而且有利于发展他们的智能、体能，这无疑是教学方法发展史上的一大进步。

---

① 李秉德：《教学论》，人民教育出版社 2001 年版，第 183 页。

当代社会。当今许多国家发展很快，从整体上看生产和科学技术迅猛发展，知识呈现爆炸式增长，网络遍布全球，3D打印技术正在被广泛采用。这必然对教学提出了新的更高的要求，要求教学不仅要满足学生对知识的需求，而且还要培养独立自学的能力，培养创新能力。国内外对此进行了许多有益的探索，搞了大量的实验和改革，提出了一系列新的教学方法。这必将促进教学为生产服务的步伐呈加快的趋势，使教学方法向更高层次、更科学的方向发展。

从教学方法的发展历史我们感到，教学方法不是一成不变的，是随着教学条件和教学内在要求不断变化发展的，也就是说，教学目的、教学任务、教学内容、时代要求和生产力发展水平，是影响教学方法发展的直接原因。但是教学方法一旦形成之后，又具有相对独立性，对教学目的、教学内容起着很大的反作用。同时教学方法又具有相对稳定性。我们应该采取积极态度，对以往教学方法中科学的成分加以继承，对其糟粕加以摒弃，要本着虔诚的心态，对世界各国教育方法中实用且优秀的部分，吸收过来，加以改造提高，为中国特色社会主义教育事业服务。

第二节　体育教学方法生成原因

体育教学方法是教学方法的一个重要分支，是体育教学的重要组成部分，是研究体育教学中教和学的方法和取得良好效果的手段。

一、体育教学方法的内涵

毛振明为体育教学方法下了一个较为科学的定义，他指出："体育教学方法是体育教学过程中，教师与学生为实现体育教学目标和完成体育教学任务而有计划地采用的，可以产生教与学相互作用的，具有技术性的教学活动。体育教学方法主要包括教学策略、教学技术和教学手段三个主要的层次。"①

体育教学方法是有层次的，经研究认为体育教学方法大致分为三个层次，第一，教学策略层次。教学策略是体育教学方法的"上位"层次，是传统定义中的教学方法的组合，也是教学方法的组合设计的层面，是教师运用多种手法和手段的组合进行教学的行为方式，也叫教学方式。教学策略亦是教学方略，主要体现在对单元和课的设计上。例如，发现式教学法就是一种广义的教学方法，它是由许多中层次的教学方法组合起来的，如其中的提问法、组织讨论法

① 毛振明：《体育教学论》，高等教育出版社2005年版，第130页。

等多种教学方法。第二，教学方法的层次。这是教学方法的中位层次，也称为教学技术，它基本等同于传统意义上的教学方法。教学方法是教师运用一种主要的手法进行教学的行为方式。如提问法，就是为了实现某个教学方式而采用的具体的教法，是运用提问和解答的方法来实现一个教学方式，这个层次的教学方法主要体现在课中的某一个教学步骤上。第三，“教学手段”的层次。这是教学方法的“下位”的层次，也叫教学工具，是传统意义上教学方法的组成部分，它是教师运用一种主要的手段进行教学的行为方式，如提问教学方法中的挂图使用，就是主要运用挂图来实现某个教学方法的完成的手法。这种教学方法主要体现在课中的某一个教学步骤中更为具体的教学环节（场景）上。

二、体育教学方法的发展前景

1. 体育教学方法发展的原因

体育教学方法为何能向前发展呢？因为体育教学方法本身是体育教学技术，技术本身就有发展的内在要求。人类社会不断发展，生产力不断前行，生产力构成要素中的生产工具随着时间的推移在不断改善，那么科学技术就会发生革命性变革。作为体育教学技术，也要随着科学技术的发展、体育教学内容的发展、体育教学理论的发展、学生体能和智力的发展，而不断向前发展的。

2. 体育教学方法的发展趋势

在世界上体育教学已经有 200 余年的历史，在中国近代体育教学也有 100 多年的时间。体育作为一个独立的学科已经由幼稚走向成熟，其教学方法也在不断地得到完善和发展。体育教学方法已从运动训练法和师徒式的传教方法中发展成为有自己特色的教法体系，而且正随着科学技术的发展以及教育学、心理学领域的新发展出现一种新的趋势，这个新趋势、新走向可以概括为四化，即现代化、心理学化、民主化和个性化。

（1）体育教学方法的现代化

体育教学方法的现代化同整个教学方法的现代化一样，其主要表现在教学设备现代化。近年来，把录像、电视、电脑等媒介引进到体育课堂，把学生的视野扩展到体育课堂之外，为学生展示了他们在体育课堂中无法感觉和体验到的东西。现在是计算机辅助教学，各种教学的课件把体育教学带到一个新的感知空间。可以预测体育教学方法现代化的空间是无限的。

（2）体育教学方法的心理学化

从一定意义上讲学习本身就是一个心理过程，而且体育知识的学习和体育技能的提高更是一个复杂的心理过程。因而对体育教学方法影响最大的基础学科也是心理学和体育心理学。随着心理学研究的日益深入，体育心理学和运动心理学已经不再停留在对教学实践进行心理学分析的层面，而是用心理学研究的成果去指导体育教学方法改革创新的实践上去。随着脑科学的发展，心理学将会给体育教学方法的改进与创新提供更多的理论支持。

（3）体育教学方法的民主化

在人类社会不断走向民主的今天，学生需要人格和尊严，教学民主能有效地调动学生学习的积极性，使学生心情放松、愉悦、开心，学习效率因心情愉快而得到提高。随着以体育实践能力为培养目标的确立，要求学生自主地探究性学习。因此，民主和谐的体育教学方法成为必然选择，近年来出现的小群体教学方法、快乐体育教学法等就显现了民主化教学方法的趋势。

（4）体育教学方法的个性化

重视个性化是体育教学方法发展的一个重大进步。传统的以班级教学为主体的模式强调了教师的中心作用，具有很强的统一性。由于体育的学习效果在很多时候与身材的高矮和身体素质的优劣有很密切的关系，所以更需要针对学生的个体差异进行教学。从这个意义上讲，个性化教学方法的改革就有了重要的现实意义。实际上教学方法个性化，也是以学生为主体的思想和因材施教教学原则的重要体现。

创新是人类进步源源不断的动力，是社会进步的必然选择。可以断言体育教学方法将随着人类社会的不断前进而更加丰富和新颖，更加符合体育教学的发展规律，并不断地绽放异彩。

第三节　学前体育教学方法简述

以上我们用了两节的文字描述了教学方法和体育教学方法，这是不是多余的文字呢？笔者认为这是十分必要的，因为只有了解教学方法的内涵和发展历史，才能对什么是教学方法有个明确的印象和看清楚它的发展轨迹。在此基础上我们又进一步探究了体育教学方法的层次与发展趋势，对体育领域的教学方法的功能与发展走向有了深刻的了解和正确的判断，这为进一步研究学前体育教学方法扫清了道路，奠定了基础，指明了方向。

一、学前体育教学方法概述

学前教育是基础教育的重要组成部分。学前体育教育是对幼儿实行教育的重要内容之一。学前体育教学主要是幼儿园体育教师按照《幼儿园教育指导纲要》和《幼儿园工作规程》的要求对幼儿实施的旨在锻炼身体和提高体能的体育活动。主要形式和内容是游戏、基本体操和跑、跳等基本动作。学前体育教学方法的运用是为了尽快地将体育课的基本要求让幼儿在最短的时间内掌握住，使其身心更加健康更快地成长发育。教学方法是指为达到某种目的而采取的手段和行为方式，好的教学方法会让教师的教和学生的学由复杂变简单，由难以掌握变得很快且牢固地掌握，并且幼儿的学习自觉性得到提升，学习效率明显强于以往，教学效果得到幼儿、家长甚至社会的普遍认可，就是说，好的教学方法可取得事半功倍的效果。不好的教学方法，会使幼儿对学习产生厌倦感，教师尽管很卖力气讲课就是效果不理想。可见，学前体育教学得不得法，效果大不一样，因而我们要认真探寻学前体育教学方法。那么，什么是学前体育教学方法呢？笔者认为“学前体育教学方法是指幼儿园体育教师在教学过程中，为达到体育教学目标，完成体育教学任务而采取的行之有效的方法和手段，是教和学相互作用的技术性教学活动”。这一定义告诉人们教学方法实质上是为达到一定目的所采用的行之有效的方法和手段及措施。学前体育教学方法采用得是否恰当，主要看教学效果，看幼儿对体育教学的反响，反响好，一般来讲教学方法就比较符合实际情况。否则，就是脱离实际，即使再好的“教学方法”也只好是束之高阁，不能采用。

二、外国名人论幼儿教学方法

幼儿教育是人类社会的共同课题，具有世界性。现仅介绍两位外国著名教育家对幼儿教学方法的看法，或许对我们的研究能够提供有益的启迪。

一位是蒙台梭利（1870—1952），她是意大利历史上第一位获得医学博士学位的女性，也是一位杰出的幼儿教育家，被誉为“幼儿教育之母”。她一生对生物学、哲学、教育学、人类学、精神学、病理学、心理学等学科广泛涉猎，知识非常渊博。1907 年在罗马创建了第一所儿童之家，招收了 50 多名 3～6 岁的儿童，开始了教育实践，系统地对儿童进行观察、实验和研究。蒙台梭利主张要给幼儿充分的自由，在这个基础上对幼儿进行细致、耐心地观察，了解幼儿的内在需要，然后给幼儿发展提供必要的条件，满足幼儿们的需求，从而使幼儿更好地发展。她要求教师一定要掌握科学的教学方法。“教学时，要做到语言简洁、精炼，不涉及无关的信息，这样孩子才不会受到不必要的干扰、影响，传授知识要由简单到复杂循序渐进。孩子觉得学起来容易，积极性就会提高。同时，简单的知识打牢了基础，学复杂的内容才能变得轻松”。[①] 她认为教师学

① 蒙谨、李宗徽：《蒙台梭利教育法》，知识出版社 2013 年版，第 122 页。

会了这些科学的教学方法，就能帮助孩子更好地成长、提高。

另一位是杜威先生。杜威（1859－1952）是美国著名的哲学家和教育家，他的教育理论对美国乃至全世界的教育都产生了深远的影响，他认为“好的教学必须唤起思维”，这也是其教学方法的一个根本性的指导思想，他主张根据儿童本性的发展来进行教学。首先，是对儿童的兴趣不断地予以同情的观察，才能进入儿童的生活里面，才知道他要做什么，他认为对儿童的兴趣“既不予以放位，也不予以压抑”[①]。根据这一主张，他进一步探讨了幼儿的教学方法问题。他指出“特别需要注意的问题是要抓住儿童的自然冲动和本能，利用它们使儿童的理解力和判断力提到更高的水平，使之养成更有效率的习惯；使他的自觉性得以扩大和加深，对行动能力的控制得以增长。如果不能达成这种结果，游戏就会成为单纯的娱乐，而不能导致有教育意义的生长”。他提倡在幼儿园教学中运用模仿和暗示的方法，效果会比较理想。他把教学过程看作一个有机联系的整体，方法就是安排教材。杜威是实用主义的代表人物，他关于教育的研究是非常透彻的，其中有很多闪光的思想，值得我们借鉴和吸纳，从而为我国的幼儿教学增加营养和开启便捷之门。

三、学前体育教学方法的应用

目前，我国城乡广大幼儿园的体育教师在教学实践中，创造了很多教学方法，有的方法在很多幼儿园得到采用，实践证明行之有效。在推广过程中赢得了好评，经受住了时间的检验，是比较成功的。下面简要介绍四个学前体育教学方法。

1. 差异教学法

幼儿由于年龄不同，体力、智力上存在着比较明显的差异，这是不争的事实。所以，在组织幼儿上体育课时，我们根据他们年龄的不同区别对待，按年龄施教，分成小班、中班和大班。具体讲，小班的幼儿体力比较弱，协调性能差，平衡能力较弱，活动不自如。年龄较小的幼儿喜欢模仿，对游戏中的动作、角色、情节很是感兴趣。因此，他们学的游戏要情节简单些，角色少一些，动作难度小一些。中班的幼儿比小班的年龄要大一两岁，别看只大一两岁，对于幼儿来说，变化是很大的。中班幼儿的协调性比较灵活，平衡能力和独立活动能力有很大提高，空间知觉也明显增强，能辨别方向。所以，他们喜欢有情节、有角色，具有追逐性的游戏，游戏中的动作、角色、情节比小班复杂。大班的幼儿年龄相比而言是最大的，身体结实、精力充沛，协调性强，灵活自如，能

---

① 周采、杨汉麟：《外国学前教育史》，北京师范大学出版社2012年版，第215页。

熟练地掌握各项基本动作。开始具有组织和控制注意力的能力，具有一定的责任感，喜欢有胜负结果的游戏，游戏难度加大，情节和角色之间的关系更为复杂。按年龄大小分班玩游戏，符合幼儿生长发育的规律，对幼儿心理生理的成熟大有好处，实践表明教学效果比较理想。

2. 演示教学法

幼儿模仿力强，在搞体育教学时，教师可采用演示教学法，此法符合幼儿具体形象性思维的特点，幼儿易学，教师易教，效果颇佳。首先，教师对所讲的体育活动内容进行演示，按要求做好示范，姿势要正确，动作要轻松优美。示范位置应根据幼儿的队形、动作的性质而定，方向可根据动作的结构要求，采用正面、侧面、背面示范或镜面示范。一般来说，走、跑、跳、投等基本动作练习均可进行前三种示范，而镜面示范则一般用于徒手操和轻器械操。

3. 情境教学法

著名教育家陶行知曾说过：“教学艺术就是在设法引起学生的兴趣，有了兴趣就肯定全力用脑去做事情。”幼儿活泼好动，思维活跃，但是注意力易分散，重复动作的练习会使他们产生厌倦情绪，故而教学就会很难进行下去。如果教师把体育教学内容设计为一个较完整的故事，在动人的情境中完成教学任务。教师也可以把教学内容用游戏创设情境，将身体的动作及规则等融入其中，让幼儿在轻松愉快的游戏中，掌握基本动作要领，从而达到锻炼身体的目的，完成教学任务。教师还可以把动物的声、形如马奔、兔跳、鸟飞等设为情境，让幼儿进而达到入境动情、寓教于乐，从而达到教学目的。据上，笔者认为情境教学法就是指在体育教学活动中，教师根据幼儿的身心特点，运用故事、游戏、仿生等形式创设情境进而引导幼儿在愉悦的环境中进行锻炼的方法。该方法是利用外界的环境及情境，促使幼儿的身体器官产生感应，产生愉快感，完成体育教学的方法，适用于各班次的幼儿体育教学。

4. 主动探索法

主动探索法是指幼儿在体育教师的指导下，利用现有的教学条件或情境自觉地主动地探索，从而不断发现和了解问题，培养独立思考能力的一种教学方法。此法的理论依据是教育家们的有关论述。德国教育家第斯多惠曾形象地指出：“一个真正的教师指点给他的学生的，不是已投入了千百年劳动的现成大厦，而是促使他们去做砌砖的动作，同他们一起来建造大厦，教他们建筑。”皮亚杰的“建构论”认为，儿童是天生的主动积极学习者，他们不是被动地接受外在信息，而是根据先前认知结构主动地、有选择地知觉外在信息，在与环境的相互作用中发展并建构自己的认知结构。”幼儿好奇心强，从自身来说有主动探索的内在要求，教育的发展、社会的进步、科技的飞跃、外界的因素促使幼儿要掌握创新能力。因而，主动探索法有认真研究、积极推广之必要。

总之，城乡广大幼儿园体育教师在体育教学实践中，总结和创造出了许多教学方法，这些教学方法只有在一定条件下，才能很好地发挥作用和产生上佳的效果。所以，我们要勇于探索，勇于实践，要结合实际情况选择教学方法。这些实际主要是教学目的、教学任务、教学内容、学生实际状况、教师本身（爱好）条件等，只有紧密结合实际选择适宜的教学方法，教学效果才能满足园里领导、教师、幼儿和家长的要求。

第五章　论学前体育教学模式

我国关于教学模式的探讨已经开展多年，在理论层面上许多问题已经开始逐渐理清，对概念的含义和模式的结构认识也逐渐趋向一致。但是在实践的层面上，对教学模式的研究则在看法上没有得到统一。许多学者按照自己的不同理解，甚至是个人的想象去进行教学模式的探索，于是出现了各把各的号，各吹各的调的局面，不同教学模式不断出现，这里面既有比较科学的，也有禁不起推敲的。笔者在经过认真查阅资料的基础上，在教学实践中根据自己的研究提出看法和主张，供学前教学工作者参考。

第一节　体育教学模式概述

欲知学前体育教学模式的基本情况，必须先要搞清楚体育教学模式的内涵、属性、特点和作用及有关问题。因为学前体育教学是体育教学的一个组成部分，是部分和整体、局部和全局的关系，只有大致了解整体的基本情况，才能对组成部分——学前体育教学有更深入的研究。所以，我们就从体育教学模式开始探讨。

一、体育教学模式含义

什么是模式？模式即样式的意思。比如我国在改革开放中涌现出了很多经济方面的模式。温州模式、苏南模式、深圳模式、长三角模式等等各领风骚，对经济的发展起到了积极的作用。那么，体育教学模式也是同理，体育教学模式就是有特色的体育教学过程中所呈现出来的模子和样式。如果我们把体育教学过程比作“路径”的话，那么各种体育教学模式就是为实现体育教学目标的不同路径，有的可能是捷径，有的可能是曲径，不管怎么说，总的目标是一致的，只不过有的路径省时省力，有的路径费时费力而已。毛振明指出：“体育教学模式是在某种体育教学思想和理论指导下建立起来的体育教学的程序，它包括相对稳定的教学过程结构和相应的教学方法体系，主要

体现在体育教学单元和教学课的设计和实施上[①]”。按照毛振明同志的想法，体育教学模式概念应由三个基本的要素组成，即教学指导思想、教学过程结构、相应的教法体系。这三者是什么关系呢？他认为，教学过程结构是支撑教学模式的“骨架”，教学方法体系是填充教学过程的“肌肉”，而教学指导思想则是包含在骨骼与肌肉中，并起到协调和指挥作用的“神经”。骨架、肌肉、神经构成了一个完整体育教学模式的基本形态。可以说，任何一个体育教学模式都是根据特定的体育教学思想和理论指导而提出来的。体育教学模式的主体是教学过程和相应的教学方法。各个体育教学模式的不同，主要反映在其教学过程的结构的不同设计。教学模式的空间定义主要是教学单元，其次是教学课。

二、体育教学模式的发展历史

在人类社会发展过程中，自从出现了体育教学以后，人们实际上就在自觉或不自觉地按照一定的模式进行着体育教学。可能有的模式只是雏型，有的还没有定型。随着时间的推移，人们开始把这个问题逐步搞清楚。美国学者，也是教育者乔伊斯和韦尔在《教学模式化》中认为，教学模式是构成课程和课业选择教材，揭示教师活动的一种范型和计划。苏联学者维果茨基、赞科夫、达维多夫等在教学问题上颇有研究。特别值得提出的是达维多夫的贡献。达维多夫基于维果茨基的心理发展理论，通过多年的理论研究和实践尝试建立了“旨在发展学生的理论思维与创造性，个性的现代发展性教学模式”，他的研究成果受到世界各国学者的关注，也为我们今天的研究提供了许多宝贵的启示。新中国成立以后，全国各族人民在党的领导下积极医治战争的创伤，百废待兴。当时的苏联是世界上第一个也是社会主义阵营里面积最大的社会主义国家，在教育方面不仅先走了一步，而且取得了很多经验，有不少研究成果可以说是对人类做出了很大的贡献。因而，我国把目光转向苏联，引进了苏联的教育理论，将整个体育教学过程分为感知、理解、巩固、运用四个基本阶段。这个教学过程反映在体育课上就是以掌握运动技能的顺序为主线设计的体育课堂教学秩序，即开始阶段（课堂常规、准备活动、专项准备活动等）→基本部分（技能练习和课堂练习等）→结束部分（放松练习和讲评）的教学程序，被称为“三段制”教学秩序。这个教学程序比较能够发挥教师的教学作用，也有利于比较系统的运动技术传授和运动技能习得，并且有利于学生在掌握技能的同

① 毛振明：《体育教学论》，高等教育出版社2012年版，第117页。

时得到相应的身体锻炼。因此，这种模式从我国建国之初到“文化大革命”结束这一时期一直在中华大地占据主导地位，成为惯例性的教学秩序，我们把这种模式称为传统的体育教学模式。

二十世纪七十年代末八十年代初，全国兴起了真理标准的大讨论热潮，人们的思想异常活跃，中国的体育教学思想、体育教学方法和体育教学过程的研究也进入了活跃期，最终形成了体育教学模式研究的热潮。随着教育改革和学校体育改革的不断深化，在体育教学第一线，体育教学模式的探讨与研究成为最热的研究课题，广大体育教师依据各种新的体育教学思想和体育教学理论，结合面前的体育教学问题，不断寻求新的体育教程和体育教法，对各种有特色的教学模式进行思考、构思、实验和理论总结，各种教学模式的研究成果报告不断涌现，形势很是喜人。

三、体育教学模式研究的现实意义

可行的体育教学模式的出现，极大的利好于体育教育工作。我们认为探讨和研究体育教学模式具有十分重要的现实意义，应该给予重视。具体讲主要有三点：

1. 有利于推动体育教学的深入改革

当前我国的改革工作正在涉入深水区，在充满荆棘的道路上艰难前行。体育教学改革也在不断克服困难中推进，不仅要改革教学体制、教学方法 ，也要改革教学内容、教学管理、教学模式等，使教学质量、教学效果在现有基础上再上新的台阶，使体育教学以崭新的面貌呈现在广大师生面前、家长面前、人民群众面前。现在体育教学目标已经明确，就是要为终身体育打基础，但在教学内容、教材课程、模式方法等方面都存在亟待改革和深化的问题。而体育教学模式的研究则是与教学思想、教学内容、教材编排以及教学方法密切相关的。还涉及教学设计和教学方略等问题。体育教学模式的改革、完善和创新，有助于优化教学过程结构和教学方法体系，对提高教学质量明显有效。因此，我们认为优化体育教学模式和教学的改革目标是一致的，采用新的体育教学模式有利于推动体育教学改革的深入。

2. 有利于使教学问题进一步简化

辩证唯物主义告诉人们，世界上的事物是复杂的，但在纷繁复杂的矛盾中，必定有一种是起主要作用的矛盾，事物的性质是由主要矛盾的主要方面决定的。这就要求抓主要矛盾，抓矛盾的主要方面。模式的研究是现代科学方法论中一种很重要的方法，它的特点是，排除事物次要的非本质的部分，抓住事物的主要的、本质的部分进行研究。因此，体育教学模式的研究，可以简化复杂的体育教学过程，将体育教学中的重要因素突出出来，便于我们对体育教学过程进行概括观察、总结和模仿。

3. 有利于体育理论与教学实践相统一

体育教学模式的研究涉及的教学因素非常多，非常广泛，不仅包括体育教学指导思想，而且还包括体育教学过程结构和教学方法体系等。从体育教学理论层面来看，体育教学模式可以从动态上把握体育教学过程的本质和规律。从体育教学实践层面上看，体育教学模式既是体育教学过程理论体系的具体化，又是体育教学实际经验的系统总结。它在理论和实践之间架起了桥梁，使抽象的理论变成了可操作的行为，易于人们理解和应用。理论指导实践，实践受理论指引。只有理论和实践相统一，才能搞好体育教学工作。

总之，体育教学模式的研究既是理论问题，又是实践问题。第一线体育教师肩负着授课的光荣而艰巨的任务，实际上，日常的教学工作就是对体育教学的设计。而教学模式的实质也就是对体育教学过程的设计，二者相契合、相一致，这是理论和实践的统一。笔者认为，对体育教学模式的研究是体育教师最需要、最可行并且最能与日常教学相结合的工作，深入进行这项研究对于丰富体育教学理论，对于指导教学实践意义重大，要坚持进行下去。

第二节　体育教学模式的结构、性质和特点

一、体育教学模式的结构

世界上的任何物质都是客观存在的。从物理学角度讲，物质是有结构的。比如硫酸（H_2SO_4）是由氢元素、硫元素和氧元素按一定比例构成的，这实质上就是它的结构。那么，体育教学模式是由什么构成的呢？简单来讲是由三个基本元素构成的，即教学指导思想、教学过程和教学方法。这三者的关系可形象地表述为：教学指导思想是内含在教学过程结构与教学方法体系中，并起到协调和指挥作用的“神经”，体现了教学模式的理论性；教学过程结构是支撑教学模式的“骨架”，体现了教学模式的稳定性；教学方法体系是填充教学过程的“肌肉”，体现了体育教学模式的直观性和可操作性。可用下图表示：

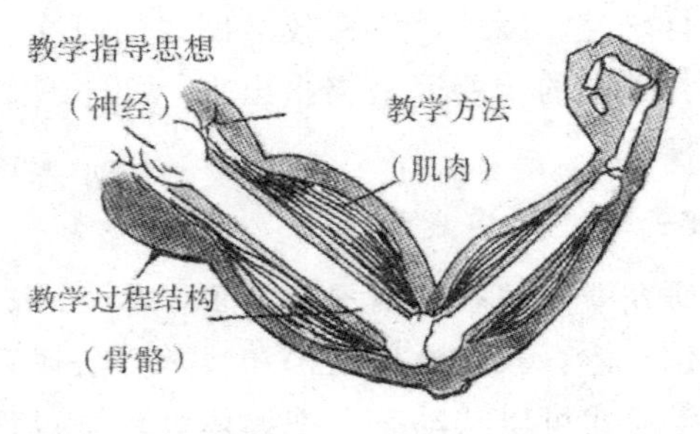

体育教学模式的基本结构

举一例来说明之，建立一个“探索发现式教学模式”。这个教学模式的指导思想是通过一定办法“启发”学生发现问题、思考问题，发展学生的认知能力。这一指导思想决定着这个体育教学模式的性质、研究方法，起着指导的作用；接着根据这一思想，建立一个“让学生发现问题、解决问题的教学过程结构”。它的教学过程可表述为设定问题—提出假设—验证学习—集体讨论—提出答案的教学过程，该过程应是单元的过程，由相应的课来组成；教学方法体系，如设问的方法、提示的方法、提供思考线索的方法、组织学生进行验证问题等方法。用这些相应的教学方法来充填和丰满整个教学过程。至此，这个教学模式就基本建成了。

二、体育教学模式的性质

从一定意义上来讲，体育教学模式是按照一定的体育教学理论或教学思想设计，具有相应结构和功能的体育教学理论或教学活动模型。它主要包括教学指导思想、教学目标、教学条件、操作程序、教学方法和师生组合等因素。体育教学模式的基本属性主要有理论性、稳定性、直观性、规律性、完整性等等。

1. 理论性

所谓理论性是指任何一个比较成熟的体育教学模式都要反映某种体育教学指导思想，都是一种体现了某个教学过程理论的教学程序。一般来说成熟的教学模式都要经过严密的逻辑推导和理论论证而设计出来的，都具有浓厚的理论色彩。以明确的教学指导思想为基础的教学模式，都具有比较牢固的理论根基，从而保障了体育教学模式的科学性、先进性、可行性和效能性。所以，我们认为理论性是体育教学模式的一个重要性质。

2. 稳定性

一个体育教学模式的确立，实际上是一个新型的体育教学过程结构的确立，既然是结构，一般来说，结构本身是比较牢固的，因而也是稳定的。体育教学模式具有结构的特性，所以具有稳定性。就是说体育教学模式无论在什么时候运用，其基本的程序和主要环节都不应有太大的变化。当然根据学生的实际情况和教学条件的变化做些微调还是允许的，而且是可能的。如果某个教学模式因不同人、不同时间运用出现了大的变化，说明这个教学模式还没有真正成熟和建立起来。

3. 直观性

众所周知，一个体育教学模式的建立，都要经过教师精心设计，实施都要学生积极予以配合。任何一种体育教学模式都是客观存在的，都是摸得到看得见的，也就是说靠人们感觉就可以发现，可以感知到。从一定意义上说，直观性含有可操作性和可重复性的意思。经研究得知直观性是体育教学模式的性质之一。

4. 规律性

规律是指客观事物固有的，可重复出现的现象（或东西）。体育教学模式是人们在教学过程中设计出来并建立的，是在教学实践中创造出来的，是在教育实践中总结出来的成功教育程序和教学方法，在一定条件下是可以按其固有的程序进行教学活动的，其效果是可知的。这是由于具有规律性，是可以重复使用的，在运用的效果上不会出现大的变化。所以，每一个体育教学模式在不同省市、不同学校是可以反复使用的，其效果基本上是一致的。

5. 完整性

这里所讲的完整性是说体育教学模式有着自己完整的结构和程序。具体讲，它包括相对稳定的教学过程结构和相应的教学方法体系，而不是支离破碎、临时拼凑而成的，这些结构和程序一般情况下是不可轻易改变的，要保持稳定性和完整性，然后才可能被人们采用并推广到体育教学活动中去。没有完整性就谈不上体育教学模式了，就失去了模仿的现实可能性。

三、体育教学模式的特点

体育教学模式是指在一定教学思想或教学理论指导下，建立起来的较为稳定的体育教学活动结构和活动程序。体育教学模式有很多特点，主要有五点：

1. 整体性

体育教学模式是由三个基本要素组成的：教学指导思想、教学过程结构和相应的教学方法体系，是三者的有机结合。可以说体育教学模式是一定的教学思想和教学理论在教学过程中的反映，体现了教学思想、教学目标、教学方法、教学条件和评价方法相互联系的教学过程的结构。体育教学模式从教学指导思想提出到评价环节结束，有多个环节和完整的过程，充分体现了它的整体性特点。

2. 固定性

所谓固定性是说相对的固定而不是绝对的固定，换言之，亦就是指的稳定性，是说体育模式具有稳定性的特点。大家知道，一种模式的出现，不是没有理由的，而是有着深厚的理论底蕴和现实的需要。那么，体育教学模式的产生也不是偶然出现的教学现象，而是大量体育教学活动的理论概括和高度抽象，并且是经过反复的验证、反复的修改而确立起来的，具有真理性认识的特征，现实教学需要进行推广使用，这样就必须具有相对的稳定性，或者叫作固定性。如果今天确定，明天改变，朝令夕改，人们就会无所适从，那就不具备体育教学模式的基本要求。

3. 科学性

体育教学模式在构建的时候，要以某种科学的教育理论为指导，要遵循学生的认识规律、运动技能形成规律、运动负荷规律、情感体验规律、交往规律等，并且经过逻辑演绎推演出一种符合体育教学过程结构的体育教学模式。再则，体育教学模式是应教学实践的需要而产生的，具有深厚的根基，然后经过严密的教学实验进行验证可行才称得上是模式，同时也说明体育教学模式只有是科学的，才能站住脚，并推广下去。

4. 实践性

实践性是指体育教学模式来源于实践，又对教学活动的过程有重大的指导作用。大家知道，体育教学模式是设计组织和调控体育教学活动的一整套方法体系，是在特定条件下的一种表现形式，是一种比较成熟的理论形态，它是在多次体育教学实践中总结和概括出来的理性认识，是实践经验的高度抽象和升华，因而对体育教学实践具有较强的指导作用。同时体育教学模式本身也需要教学实践不断提供新的素材，进一步丰富它、完善它，从而使体育教学模式在指导体育教学活动中起到更大的促进作用。

5. 针对性

教学内容的丰富性和教学过程的复杂性决定了教学模式的多样式。要根据建立教学模式的指导思想来确定某种教学模式的功能和适用范围，使教学模式有很强的针对性。特定的教学模式可达到特定的教学效果，“万能模式”是不存在的。因此，要根据体育教学内容的具体需要和学生的实际状况，确定采取和选用何种体育教学模式更合身、更适当，切不可“不管什么病，一律吃仁丹”。如果有针对性地选用适当的体育教学模式，那么效果就会更佳、更理想。

第三节　学前体育教学模式的发展趋势

学前体育教学模式的含义是什么？学前体育教学模式的发展前景如何？学前体育教学模式主要有哪些？这些都是幼儿园体育教学涉及的现实问题，都是不可回避的。它将对幼儿园体育教学产生重大影响。笔者经了解，目前尚无这方面的系统研究，为了开展幼儿园体育教学工作，笔者做些探索性的研究，下面就是具体内容和看法。

一、学前体育教学模式内涵

学前体育教学模式是指在一定体育教学思想的指导下建立起来的学前体育教学程序和相关的教学方法体系，是教学思想、教学过程和教学方法的有机结合体。这个模式只适用于幼儿园体育教学，主要体现在幼儿园体育教学的设计和实施上。在学前体育教学模式的空间结构中，学前体育教学的指导思想处于支配和控制地位，对教学过程和教学方法具有导向作用，并且渗透和融于二者之中。例如，建立一个“模仿式体育教学模式”。这个教学模式特别适合于幼儿体育课堂上采用，这是由于幼儿时期身心需要发育，生活经验需要积累，并且经历远不如成人丰富，所以，求知欲旺盛，模仿力极强。这个阶段幼儿要在体育教师指导下，把健康放在第一位，进行运动基本技能的学习，练习走、跑、跳、钻、爬等动作，教师要先进行示范，接着幼儿进行模仿，通过示范模仿式教学活动，帮助幼儿掌握一些基本运动技能。

二、学前体育教学模式的发展趋势

随着我国改革的不断深化和全面推进，教育领域的改革热情高涨，幼儿体育教学呈现出欣欣向荣、万马奔腾的大好局面，更多的学前体育教学模式不断在创新中涌现出来，归纳起来大体上有以下四个发展特点和走势。

1. 由单一化转向多样化

世界本身就是多样化的世界，“万紫千红才是春”。具体的学前体育教学模式呈现出各有千秋的态势，这是学前体育教学兴旺发达的表现，令人欣慰。回首以往，过去的体育教学模式所提出的目标，一般较为单一，新课程依据现代社会发展需要和党的教育方针及素质教育的具体要求，结合幼儿身心发展的特点，在现课程的基础上，提出了新的课程目标体系，调动了幼儿参与体育活动的积极性，从而使他们愿意参与体育学习活动，极大地提高了教学效果。教学模式由原来传统式单纯掌握技能向多元化发展，适应幼儿全面发展的需要。

2. 由注重体能转向激发运动兴趣

在新课程理念的指导下，由注重体能、技能发展转向激发幼儿运动的兴趣。因为新课程标准强调要坚持“健康第一”的指导思想，重视激发和培养幼儿的运动兴趣，这就需要在体育教学中以幼儿为主体，充分发挥他们的体育学习积极性和学习潜能，使幼儿在快乐中运动，在运动中寻求兴趣和快乐，为终身体育奠定基础。

3. 由大单元模式结构转向小单元（或课内）模式结构

大单元教学时数较长不够科学，主要是违背了幼儿身心发展规律。幼儿一般来讲毅力较差，注意力只坚持不到半小时，如果采用大单元长时间教学，易使幼儿因疲劳而产生厌学现象。所以，转向小单元与课时内教学效果可能会更理想一些。这是由于小单元教学恰恰克服了大单元教学的短板，幼儿乐意接受，体育教学效果更乐观一些。因此，这是一个发展趋势，应予以重视。

4. 由单一教学转向多媒体技术教学

可以说，引入多媒体技术到学前体育教学中来，这是时代的一大进步。这是因为运用多媒体技术辅助教学可以大大优化体育教学环境，可提高幼儿的学习兴趣，从而促进幼儿主动学习体育知识。多媒体技术可以给幼儿提供声、光、电等各种信息，使课堂教学变得绚丽多彩，优化了教学氛围，使体育教师和幼儿之间的信息交流变得丰富而生动，不仅拓宽了幼儿求知领域，而且也拓宽了幼儿求知视野，发展了幼儿的形象思维，同时也有益于幼儿的抽象思维。运用多媒体技术，可以增加课堂的容量，增大信息密度，提高教学效果。教师可以在课堂教学中充分展示与本节课教学内容相关的各种信息、画面、影像、声音，能帮助幼儿掌握更多的前沿知识。运用多媒体技术还可以演示在示范中难以做到的动作。如在讲技术要领时，利用图形的移动、旋转、定格来演示运动的轨迹动作过程及身体部分的空间位置，幼儿可通过图形和动画的同步解说，慢速播放，生动、直观掌握基本技术的要点。加强理解，掌握正确的动作概念，迅速形成运动表象，达到视听结合、生动有趣、直观形象。教师可以很方便地根据需要，把不同的影视录像VCD及网上有关的视频、音频、图片等素材采集起来，把他们合理地加入课件中，应用于学前体育教学。笔者认为把多媒体技术融入学前体育教学模式中去，定能使教学效果倍增，这恐怕也是今后的一个发展趋势吧。

三、学前体育教学模式简介

学前体育教学模式主要是指幼儿园体育教学模式，由于幼儿年龄小，是个特殊的群体，同成年人相比有着不同的特点。因此，小学生、中学生、高中生、大学生采用的体育教学模式在幼儿中就基本上行不通。如果强硬实行，必然有损于幼儿的身心健康。在这里介绍几种幼儿园常用的体育教学模式，仅供参考。

1. 模仿式体育教学模式

模仿式体育教学模式是指幼儿在体育教师指导下，模仿教师的示范动作，进行运动基本技能的学习，教师传授体育知识的教学模式。这一模式的教育指导思想是以幼儿学习体育技术知识，提高体育技能为主要目标，在教学思想指引下，采取体育教师讲解基本知识后进行基本动作示范，然后幼儿模仿，反复进行多次，达到完全掌握为止。主要教学环节是讲解→示范→模仿→练习，环环互相连接、层层推进，使幼儿掌握住所要求的基本运动技能。该模式经常采用的方法有讲解法、演示法、练习法等。

2. 快乐式体育教学模式

这个模式全称为“快乐体育的‘目标学习’教学模式”。它是根据当前有的幼儿厌学体育的现状和为实现“终身体育、健康第一”的目标而提出来的。快乐体育依据的是游戏理论，主要是依据体育活动中体验运动乐趣的规律而设计的“目标学习”。该教学模式主要特点是让幼儿掌握运动技能和进行身体锻炼的同时，能够体验到运动和体育带来的乐趣，体验创新的乐趣。这样 2～3 个教学环节，使这些环节紧密连接，使幼儿在快乐中掌握体育基础知识和运动技能。这个模式经常采用的方法有讲解法、自主学习法、讨论法等。

3. 发现式体育教学模式

发现式体育教学模式产生的背景主要是实施素质教育和我国为建设科技强国而力挺创新，要求从儿童抓起，加快培养有创新思维的一代新人。这一模式主要是遵循体育教学中的认知规律。这个模式的教学指导思想是“培养幼儿的创造性思维”，其教学过程是：问题提出、验证性学习、归纳问题、得出结论，常用的教学方法有提问法、答疑法、验证法、练习法等。这个模式的教学内容最好取材于游戏中，因为游戏是幼儿的最爱，如拼图、摆积木等游戏对发展幼儿的创造性思维都有益处。

总而言之，在对幼儿进行体育教学的实践中，广大幼儿体育教师身体力行，创造了很多实用性强的学前体育教学模式，在这里就不一一介绍了。我们的愿望是要想方设法让幼儿对体育感兴趣，要让幼儿爱体育、爱运动，学前体育教学模式就会有用武之地，就会被幼儿接纳和喜欢。不然的话，再好的学前体育教学模式也会束之高阁。

第六章 学前体育教学评价

学前体育教学评价是幼儿园体育教学过程中必不可少的一个重要环节，没有它，体育教学活动就不能科学地向前发展，就不能顺利地进行。只有抓住这个环节，才能利用教学的反馈信息及时调整和改进教学工作，从而保证学前体育教学目标的实现。

第一节 学前体育教学诊断不可少

在谈及此问题之前，有必要先搞清楚什么是教学评价，因为学前体育教学是体育教学的一个重要组成部分，而体育教学是教学工作的一个分支，先把教学评价的内涵弄清楚，才能进行体育教学评价和学前体育教学评价，才能把这一问题深入地探讨下去。

一、教学评价

1. 评价

评价是人类普遍的行为，是人类社会中存在的普遍现象，就其本质属性来说，是对评价对象做出的价值判断。比如“这个儿童真活泼”，“这个小孩子很好学”，“这个游戏对儿童健康有益”，诸如此类的说法都是人们评价活动的体现。价值判断是评价活动的实质。评价的过程就是人们应用道德、审美、智能等方面的某种标准去衡量被评价的对象，从而在思想上评判出这一对象的价值，如是非、优劣、等级、层次等等。评价存在于人的一切有目的的活动之中，评价是人们达到目的不可缺少的活动，评价在人们的生活中占有重要的地位。

2. 教学评价

教学评价是对教学过程、教学结果所进行的价值判断。教学过程是指教师的教和学生的学相统一的双边活动过程。在这个过程中，教师要根据一定的教育目标，按照教学大纲的要求，制定和实施教学计划，进行学习指导，学生在教师的指导下，主动学习，达到预期的教学目标。教学评价的具体内容包括教学过程中教与学的方方面面。教学结果是指通过教学活动后，学生的学习态度、学习能力和学习成绩上的变化、发展和提高。教学结果评价也就是要评价学生学习后的这三个方面的变化，其中包括学生在个性心理方面的发展变化，即评价学生达到教学大纲中所规定的目标和要求的程度。可见，教学评价既是对教师教的态度、能力和效果做出的价值判断，也是对学生的学习态度、学习能力和学习成绩上的变化做出的价值判断。

3. 教学评价的作用

教学评价是改进教学、提高教学效果的有力手段。评价的主要作用不是证明，而是改进。反馈、调控、改进应是评价工作努力的方向，教学评价应主要关注对学生学习的诊断，致力于对学习过程的促进或形成。具体讲教学评价的作用有以下几个方面。

第一，诊断。有效率的教学主要取决于教师对学生的经验、能力、兴趣、动机和情感的了解，这种了解是提出现实的学习目标，并创造和调控学习情境去帮助学生达到既定目标的基础。通过在学期、学年或教程开始之前进行测验，教师可了解到某个学生在特定学科的特定阶段，它的知识、技能和能力已经达到的水平和存在的问题，分析造成学生学习有利或不利的原因，从而据此确定对该学生的具体教学措施，设计适合该学生课程的内容和目标。在学期、学年或课程讲授之前进行的诊断性测验，可以帮助教师和学校对学生分班予以适当的考虑和安置。

第二，反馈。学习受反馈推动是一条被教学实践反复证明的真理性认识，已经被人们普遍接受和公认，一般来说，肯定的评价会对学生的学习起鼓励作用，通过评价学生学习上的进步获得教师的承认，心理上得到满足，从而会强化其学习的积极性，否定的评价往往会使学生产生焦虑和不安。经实验和研究得到的结论是：焦虑适度可促进学习，焦虑过大则会影响学习的积极性。对教师来讲，经常进行的各类测验的结果表明，这可使他们及时获取有关教学过程各个方面实施情况的信息，发现自己工作中的薄弱环节，并根据获得的信息修正调整或改进教学工作。

第三，证明。对学生学习结果的评价，尤其是某一课程或某段教程结束之后进行的终结性评价，可以作为证明学生掌握程度、能力水平或学习水平的证据，是学生今后升级的基本依据。同时，对学生学习结果的评价，在某种程度上也可预测该生今后的潜力。

第四、教学。考试或测验本身是一种重要的学习过程，也是对教学效果的检验，笔者认为，教学过程中进行的各种测试其本身也可以看作是一种教学活动。一方面，考试或测验可促使学生在测验之前对教材内容进行复习、巩固、澄清和综合。另一方面，也可通过各种测试训练学生的基本技能，提高他们运动所学知识分析问题，解决问题的能力，并养成严谨认真负责的学习态度。

总之教学评价的上述功能决定了它在教学过程中的重要地位。没有评价这一环节，教学工作就很难顺利地进行下去。它是教学过程中不可或缺的重要环节和有机组成部分。可以说，作为一种系统活动的教学不可能不包括“评价”这一环节，正是由于有了评价这一环节，才使教学成为有结构、有系统、循环往复、周而复始的不断提高的可控过程。

二、体育教学评价

教学评价对教学活动有序开展起着十分重要的作用，那么体育教学评价无疑也会对体育教学工作的顺利开展起着不可低估的作用。什么是体育教学评价呢？毛振明指出：“体育教学评价是依据体育教学目标和体育教学原则，对体育的‘教’和‘学’的过程及其结果进行的价值判断和量评工作①。”这一简明的定义告诉人们它包括三层含义：其一，体育教学评价是依据体育教学目标和体育教学原则来进行的；其二，体育教学评价的对象是体育的“教”与“学”的过程和结果；其三，体育教学评价的工作内容是“价值判断”和量评工作。价值判断是定性的评价，主要是评价教学方向的正误，教学方法的恰当与否等；“量评工作”是定量性质的评价，主要是评价可以量化的学习效果，如身体素质的增长和技能掌握的数量等。

体育教学评价贯穿于教学目标的确定、内容的选择、组织的实施各个环节，目的是及时修正体育教学目标，解决体育教学中出现的问题以及实现体育教学资源的合理配置与组合，追求最佳的效果和目标的达成，是一项实践性与操作性较强的工作，必须给予足够的重视。

三、学前体育教学评价

1. 含义

学前体育教学评价是把幼儿园体育教学作为客观的认识对象，依据幼儿园体育教学目标和体育教学原则，在教学分析的基础上，对其进行相应的价值判断和量评工作。它主要包括对体育教师“教”的评价和对幼儿体育知识“学”

---

① 毛振明：《体育教学论》，高等教育出版社2005年版，第289页。

的评价两个方面。这一定义是笔者根据幼儿园体育教学实际以及幼儿园体育教学目标，教学原则的要求，反复推敲而提出来的，可供幼教工作者参考。实践告诉人们，只要充分认识到学前体育教学评价的重大意义，才能高度重视和认真进行学前体育教学评价这项工作。

2. 意义

幼儿园体育教学活动评价不仅用于确定教学效果和幼儿水平，而且在于激发和调动幼儿参与体育活动的积极性，引导教学的正确方向，不断提高体育教学质量，使幼儿得到个性的全面发展。在幼儿园体育教学活动中，教师应致力于让幼儿获得直接的成功经验，并对幼儿进行适当的评价和反馈，让幼儿体验体育活动的快乐，从而提升幼儿的自我效能感。幼儿园体育教学活动评价的意义在于它是教学评价的重要组成部分，是提高体育教学质量的重要方法，是教学管理的基本手段。具体来说有以下四点：第一，有利于树立以幼儿身心发展为目标的正确评价观。以往过于强调教师的主体性和权威性，主张教学以教师为中心，这种观念随着正确评价观的树立而逐渐舍弃。正确评价观改变了随意游戏化或过于使幼儿处于被动的单一的学习技能的状态，使身体锻炼和心理锻炼两者有机结合，让课程更好地为幼儿的发展服务。第二，幼儿园体育教学评估有助于教学中及时发现问题，克服不足。幼儿园体育教学活动整个系统中包括评价这一重要环节。评价能够使教师及时发现教学中存在的不足和问题，并寻找恰当的方法给予及时的解决，从而使幼儿体育教学活动更加合理和科学，并能够有力地推动幼儿园体育教学活动不断地得到发展和完善。第三，评价使幼儿主体地位得到确定和巩固。素质教育客观上要求幼儿成为教学过程的主体，要把体育教学活动纳入以幼儿为主体的视野，通过评价促使幼儿主体意识进一步形成，加强发散思维能力的培养，使幼儿逐步养成自主探索、自主锻炼的良好习惯。第四，评价多元性有助于幼儿全面发展。评价具有多元性的功能，作为幼儿发展目标的各项内容结构不同、价值观不同、角度不同，对教学过程和幼儿行为也会产生不同的结论，从不同视觉观察教学活动会得出不同的结论，但不同的结论会促使多元评价的产生，多元的评价对幼儿全面发展是大有好处的。最为明显的是有助于幼儿积极性的产生和创新能力的提升。

第二节　学前体育教学评价的结构和内容要知晓

一、学前体育教学评价的结构

世间任何事物都具有一定的结构。例如水是由水分子构成的，每个水分子都是由二个氢原子和一个氧原子结合而成的，那么氢元素、氧元素就是构成水的元素，H—O—H 就是它的结构式。同理学前体育教学评价的结构就是由四个基本要素构成的，即“为什么评价”“谁来评价”“评价什么”“怎么评价”。具体讲：

1. 为什么要进行评价？这实际上是在讲评价的目的。细分评价的目的有三：第一，评价幼儿参加体育活动的现时状态。主要是评定学习成绩的优劣，这是根据幼儿体育教学目标，对幼儿参加体育活动的状态进行的评价，在这种评价目的下，评价具有甄别性和评比性，评价是面向全体幼儿，评价指向体育学习的效果和学习的态度，也部分地指向幼儿的体育基础。这种评价的目的在学前体育教学评价中占有重要的地位甚至是主要地位。第二，评价幼儿参加体育活动的发展状态。这是根据学前体育教学大纲的要求，为发现和反馈学习中的问题进行的评价，它是为了弄清楚幼儿在运动技能进步方面存在的困难与症结，为帮助幼儿取得学习进步的探究式评价和解惑式评价，这种评价的目的具有一定的前瞻性，是面对全体幼儿的学习与发展，评价指向学生的学习困难与前进方向。这种评价的目的在学前体育教学评价中占有一定的位置，我们应予以充分的重视。第三，评价幼儿参与体育活动的自信度。这是根据教学的需要，为使幼儿发现自己的进步和进一步展示发展潜力而进行的评价，是为了帮助幼儿获得学习的成就感和自信，是面对全体幼儿自信心的评价。通过评价提升幼儿自信指数，激励幼儿更加努力地参与体育活动，进而达到身心全面发展的目的。

2. 谁来进行评价？

学前体育教学的双方是幼儿和其任课的体育教师，从这个意义上说任课教师就是学前体育教学评价的主体。除此之外，还有幼儿园的园长和负责教学工作的主任等。随着教育改革的深入进行，教育的开放度逐步增强，为了提高幼儿素质，幼儿园教育正在同家庭教育和社会教育结合在一起，这样，家长代表和社会代表也逐渐加入学前体育教学评价的行列。但是他们的评价与任课教师和幼儿对体育教学的评价相比，在客观性、准确性方面都有很大的差距，因此，只能作为一般参考。

笔者认为，教师是学前体育教学评价的主体。这是由于教师是履行教育教学职责的专业人员，是幼儿园体育教学活动的组织者，是教学活动的直接责任人，教师应该把握教学活动的方向，教师要对教学质量负责。所以，幼儿园体育教学评价一般来说都是由教师承担的。体育教学评价的客体，主要是幼儿和幼儿的学习。因为幼儿是体育教学活动的参加者，对其有着亲身的体验，所以幼儿对评价教师的教是有一定的发言权的。幼儿对学习也可以进行评价，一是自我评价，二是相互评价，但是这两种评价只能作为教师评价幼儿参加体育学习活动的参考，不能代替体育教师对幼儿的评价，这是由于幼儿的自我评价和相互评价的客观性难以得到保证。

3. 评价什么？

这是说评价的内容，幼儿园体育教学评价的目的是为了进一步提高教学质量，因此学前体育教学的评价内容就是“教师的教”和“幼儿的学”。那么再具体一点分析，先说评价教师教的情况，首先是备课（包括准备教案），其次是讲课，然后是课后辅导，在这里重点是对课堂的教学效果的评价。是否十分熟悉教材？是否口语教学？是否重点突出？是否采取了恰当的教学方法？课后辅导是否达到要求？诸如此类的问题都要搞清楚，再说评价幼儿的学的情况。评价学前体育教学的学，幼儿是核心对象。学前体育教学主要是让幼儿学到体育方面的知识和技能。教师在教学中留意幼儿的学习状态，观察他们在体育教学活动中的反应。主要是指主动性、参与程度，情绪表现等。要把这些及时准确地进行反馈，为下一步改善体育教学获得有价值的信息。在教学过程中要根据幼儿的需求，不断地调整教学计划，调整教学设计，从而达到提高教学质量的目的。

4. 怎么评价？评价幼儿园体育教学活动要按照一定的标准进行。同时要求幼儿园要从实际出发，采取一定的技术手段进行评价，比如对教师所教的体育课程进行评价，按评价的参照点来分，有相对评价、绝对评价和个人发展评价。相对评价是根据幼儿在集体里占据的相对位置进行的评价。绝对评价是根据教育目标达成度来进行评价。个人发展评价是评价幼儿的各种发展潜能和能力，通过前后比较掌握其进步的情况。对所教的体育课内容进行评价，实际上就是对幼儿学习的体育知识的评价。当前，课程评价主体多元是今后课程评价发展的一个趋势。评价中实施多元主体是有一定道理的。体育教师作为课程的直接实施者是课程评价的主体，这是不容质疑的，家长作为教师的合作者和教育的促进者，应该参与课程的评价。幼儿也是课程实施的参与者，也应当拥有课程评价的权利，况且幼儿还有自我评价。自我评价可以让幼儿看到自己的成长进步过程，这样就会激发幼儿进一步学习的热情兴趣和信心，促进其更加投入到学习活动中去。因此，我认为“怎么评价”应该是以体育教师为主，教师、幼儿、家长三结合式的评价。这个三结合式的评价能使评价进一步科学化、可行化，从而促进教学质量真正的提高。

评价要伴随整个教学过程进行，应该根据评价的目的与内容，综合采用观察、谈话、测验、调查等多种方式进行。

二、学前体育教学评价的内容

学前体育教学评价的内容主要包括两个方面，一个方面是体育教师的“教”，另一个方面是幼儿的“学”。教师的教在教学过程中起着主导的作用，因而，对教师的教学工作的评价是学前体育教学评价中的重要内容。其实对教师的教学工作进行评价包括的内容很多，其中最主要的是对教师教学态度的评价、教学能力的评价和教学效果的评价。这些方面体现在备课、讲课（上课）、课后（课外）辅导及幼儿体育成绩的评定等各个环节。例如，对教师课堂教学的评价就包括以下内容：第一，教学目标是否明确，是否全面，是否具体；第二，体育教学内容组织和安排是否合理；第三，教学方法运用是否恰当；第四，教学结构是否优化；第五，教学基本功是否扎实；第六，教学效果是否良好。以上是对体育教师课堂教学的评价所包含的主要内容。另一方面是幼儿的学，是指幼儿在体育教师的指导下，通过体育学习活动所获得各方面的成果，具体包括体育基本知识的掌握、智能的发展和个性心理品质的形成。下面是某市一所幼儿园体育教学活动评价内容和标准，它的教学目标评价标准是这样陈述的：

①目标明确、具体，适合幼儿实际；②在学习过程中，注重培养幼儿的创新意识；③注重幼儿全面发展和良好行为习惯的培养。

在教学内容评价方面包括以下要点：①内容正确，切合幼儿实际，具有挑战性；②教学难度、容量适度，利于幼儿长远发展；③注意知识的整合，注重综合性、趣味性、活动性，运动量适度。

在教学效果评价方面的标准是：①教师驾驭课堂能力强，恰当运动生成性资源，有较强的应变能力；②教师用普通话教学，教态亲切自然，语言简洁、准确、生动，操作、演示正确熟练；③课堂气氛民主和谐，张驰有度，收放自如；④注重学习习惯和学习兴趣的培养；⑤幼儿学习积极主动，参与率高，体育技能发展明显，目标达成度高。从以上内容看出这所幼儿园体育教学活动评价标准制定得比较科学，合理实用，值得广大幼教工作者认真研究和借鉴。为了便于对本节内容的梳理，下设一图示之。

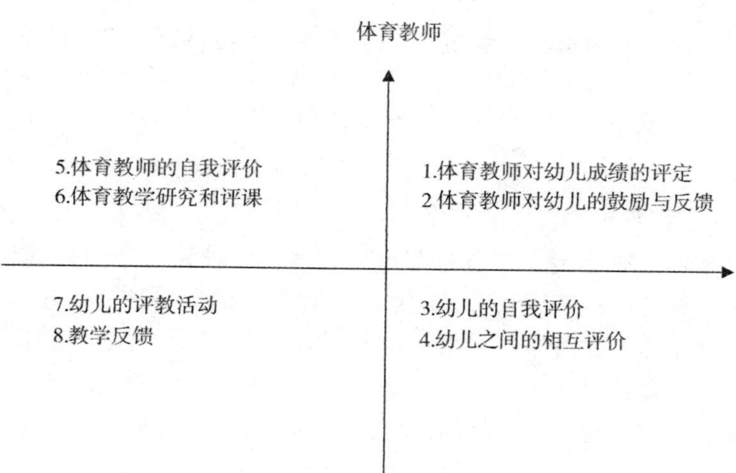

图 1　体育教学评价的结构和内容图

第三节　学前体育教学评价的方法应掌握

一、学前体育教学评价的基本原则

学前体育教学的实践告诉人们，学前体育教学评价方法（技术和手段）是一个重要的问题，同时也是一个难点问题，说它重要，就好比人要过大河，不搭桥或不准备船只就无法过去一样。因为学前体育教学评价的方法是实施科学的体育教学评价的基础，没有评价的方法就无法进行评价。说它是难点，是由于体育课程与其他学科相比有其特殊的地方，不仅要讲解，还要进行动作示范。幼儿不仅要听讲还要做动作的练习，难度较大，评价上不太好把握。尽管如此，我们还是要克服困难，利用科学的方法进行准确的评价。为了准确地进行学前体育教学评价，应该掌握学前体育教学评价的原则。学前体育教学实际就是幼儿园体育教学，二者是一致的。笔者认为，幼儿园体育教学评价的原则是根据幼儿园体育教学目标、教学规律以及体育教学评价的特点而提出的具有指导作用的基本要求，我认为应该遵循以下 5 项基本原则：

1. 幼儿体育教学评价的导向性原则

评价具有指挥定向的作用。导向性原则要求评价必须坚持正确的方向。在教学评价中对幼儿园的体育教师和幼儿提出一套评价指标，实际上是给他们提出具体的奋斗目标和要求，这些指标在教学活动中给教师和幼儿指挥定向。例如，在幼儿中试行和推广体操的一个分支——幼儿园体操，要求“对团体操活动产生好奇和兴趣，并掌握基础的动作要领和技术技能”是幼儿园体操教学的评价导向。

2. 幼儿体育教学评价的科学性原则

在幼儿园体育教学活动评价过程中，应该科学设计和合理安排评价标准，努力提高教学评价的科学化水平，防止教学评价中的盲目性、随意性和经验主义倾向。要从整体上提高评价理论与技术的科学性，要加强幼儿园体育教学评价实施者对评价理论与技术掌握的程度，促进体育教学评价的科学性，例如要了解体能训练的周期性和技能训练的递进性等。在评价过程中按事物发展的客观规律办事会收到事半功倍的效果。

3. 幼儿体育教学评价的全面性原则

全面性原则是指幼儿园体育教学活动评价时要对评价对象各方面做全面的了解、考察，不应特别突出或过于强调某一方面，不能只见树木，不见森林。幼儿园体育教学活动评价所包括的内容很多，不仅包括体育教学理论、技术技能、身体素质和智力发展，而且还要延伸到品德、个性、态度等非智力因素的发展，以及体育教师的教学行为、授课质量等诸多方面，因此，幼儿园体育评价不能以某一方面来评价整体，而应该用全面的观点来综合地进行评价。

4. 幼儿体育教学评价的可行性原则

可行性原则是指在幼儿园体育教学活动评价的设计与组织上从实际情况出发，各项评价指标是在现实条件下基本能达到的，因而是可以行得通的。根据可行性原则，评价方案设计要通俗易懂、简便易行。同时评价项目的多少及等级要合理，不能过于复杂。评价指标体系要从教学特点出发，经过教师和幼儿的共同努力是能够达到的，也就是说教学评价的各项要求要切实可行，从而促使和推动幼儿园体育教学活动质量的提高。例如，体育教师给幼儿上基本动作课，练习跑步，跑步的速度不宜超目标，不能规定得太高，也就是说不宜超过幼儿运动的生理极限，如果超过了目标，多数幼儿将无法达到，违背了可行性原则，事物的性质将向相反的方向转化，是不可取的。

5. 幼儿体育教学评价的激励性原则

激励性原则是指幼儿园体育教学活动评价促使评价对象形成良好的习惯，提高继续锻炼和参与体育活动的动机或期望，以达到终身体育的终极目标。贯彻激励性原则，首要的是教学评价过程及结果要客观、公正、准确。否则的话就会对评价对象起相反作用。要坚持从评价对象的实际出发，充分考虑客观条件，为评价对象提供活动的可能性空间，使评价对象愿意或欣然接受评价的结果。评价对象接受评价的程度越高激励作用就越大。

二、幼儿园体育教学活动评价的方法（技术与手段）

我们所说的有效性是指学前体育教学评价的方法是否有效，可以说“有效性”是体育教学活动评价的关键。做任何事情，只有知道了为什么要做、做些什么以及怎样去做，才谈得上做得有效。幼儿园的体育教学的实施同样如此。作为课程和教学活动的实施者，幼儿园体育教师只有知道了“为什么要教”“教些什么”以及“怎么去教”，才谈得上教得有效，才谈得上抓住了关键点。依据幼儿园体育教学活动评价的原则，并结合教学实际，笔者认为幼儿园体育教学活动评价的方法主要有以下四点。

1. 评价学前体育教学是否达到了教学目标的要求。教学目标在教学活动中的地位十分重要，它是教学的出发点和归宿，它的正确制定和达成，是衡量课程和教学活动优劣的主要尺度。我们要带着“教学目标是否清晰”“教学目标是否达成”这两个问题去品课、评课，看一看学前体育教学是否符合教学目标的要求，教学目标细分包括认知目标、技能目标和情感目标等。要看体育教师所授的课是否目标合理、清晰、明了，目标是否具有针对性和可操作性，每个教学环节的设计是否有层次性，目标的达成是否符合幼儿园课程标准和幼儿身心发展的需要，有没有遵循健康、全面、和谐、发展四大要素，如果达到了教学目标的要求，就是一堂成功的体育课。

2. 要看学前体育教学活动设计得是否科学。教师对学前体育教学活动设计和策划得是否周密、完整、科学，在一定程度上决定着教学效果的好坏，可以说优秀的教学设计是好的体育教学活动的基础。好的教学设计教案完整，难点找得准，重点抓得住，教学内容符合幼儿园课程标准的要求，符合幼儿身心发展的要求，各个环节环环相扣，有步骤、有措施，教学方法适应幼儿的口味。总的来说，教学设计的起码要求是科学、全面、可行，只有达到上述要求，才是符合标准的教学设计。

3. 对学前体育教学的评价主要是看授课的质量。体育教师的课堂教学是评价的重心，如果课堂教学是成功的、出色的，那么评价的等次基本上是优良的，符合要求的，这样的课就应该予以肯定。如果教师所授的课程达不到教学大纲的要求，幼儿也不满意，就是一堂失败的体育课。那么评价体育教师给幼儿所授的课是否合格，主要看什么呢？一般来讲，主要看教师的语言能力、组织能力、观察能力、延伸能力等。评课首先要看教师是否讲普通话，语言是否简明清晰，语速是否过快。由于教学对象是3～6岁的幼儿，语言的易懂性和趣味性也同样显得格外重要。其次，评课要看教师对教学动作、技能的熟练程度，特别是示范动作能否准确、到位，对于幼儿的后期发展至关重要。第三，评课要看教师是否有效抓住了幼儿的注意力，每个环节收放是否合理，主次是否分明，时间把握是否准确，能否发现幼儿注意力方面存在的问题。第四，评课要看教师的观察力，能否及时发现幼儿身心等方面的变化，能否做到全面观察与细微观察相结合，能否既把握住全体幼儿，又能兼顾个别幼儿的需求等。在这里重点讲一下如何听课与评课的问题。

听课、评课是教师在日常教学活动中经常性的不可缺少的教研活动，是促进教学观念更新、教学经验交流、教学方法探讨、教学艺术展示、教学水平提高的重要途径和主要手段。因此，听课、评课是教师研究课堂教学，提高业务能力最有效的途径。先谈一下听课。听课的教师要先做以下准备工作：熟悉教材，了解本节课编者的意图，弄清新旧知识的内在联系，熟知教学内容的重难点，要明确本节课的教学目标等，听课时要做好记录，在记录时要关注教学环节的设计，要关注重点突出难点突破，要关注教学方法与学习方法，要关注练习设计与知识拓展。听课后要整理好记录，做好课后分析，每听完一节体育课后要及时进行综合分析，找出这节课的特点和闪光点，总结出一些有规律性的认识，并针对这节课的实际情况提出一些建议性的意见与合理性的修改建议，与执教教师进行交流切磋，以达到互助互学的目的。然后谈一下评课。评课是对课堂教学效果的评价，以及对构成课堂教学过程各要素（教师、幼儿、教学内容、教学方法、教学环境等）作用的分析和评价，包括课堂上的教与学、讲与练、主导与主体、学知识与学做人、学知识与提高能力等方面，不光评价教师如何执教，还要看执教效果如何，其中最主要的是评价学生的学习方式和学习成效。听课人对执教者的评价主要采取的方法有互评、互议，学习同行优点，指出同行不足等，主要手段有：日常教学观摩、教学评议、教学课评优活动、教学研究活动、说课活动、教学总结等。

4. 对学前体育教学评价最有效的指标是幼儿的现状反映。幼儿园体育教学活动是以幼儿身心健康为主要指导思想的，要让幼儿在快乐中运动，在运动中快乐。幼儿是整个教学活动的主体，从他们在课中和课后的各方面状态可以客观评价出课堂的有效性。主要从情感状态和生理状态两个方面分析，整个教学活动中（课堂）幼儿是否保持着一个较高的兴趣度，运动中是否愉悦，心理是否得到了锻炼；整个课程的密度、强度是否合理，（可通过幼儿出汗量和脸部颜色评定），活动前后幼儿心率的高低是否正常等。如果各项指标和要求处于合理状态，那么这节体育课就是成功的，是比较理想的体育课。幼儿对教师的教学评价的方法大体上有评课、反馈、建议和要求，评价手段有学习上的对话、意见表、课中随时的提问和反馈等。

总之，幼儿园体育教学评价就是依据教学评价原则，对教师职业技能是否扎实、活动内容是否充实、幼儿技能学习是否平实、幼儿身心发展是否真实等问题进行综合性的评价。评价的方法：教师对幼儿的运动技能采用表扬、批评的方法进行评价。评价的手段，主要有口头指导、手势、眼神、技能小测验等。同行对学前体育教师评价的方法主要有互评、互议，学习同行优点，指出同行不足。评价的手段：日常教学观摩与评议、教学课评优活动、教学研究活动，说评活动、教学总结等。我们要在大力推进素质教育的今天，在坚持原有评价方法和手段的前提下，完善课程评价体系，不断创新评价的方法和手段，推动幼儿园体育教学蓬勃地向前发展。

实 践 篇

第七章 学前体育教师素质提升的思路

第一节 学前体育教师应具备的基本素质

幼儿园是幼儿学习和活动的重要场所，幼儿的快乐生活是在这里度过的。体育活动是幼儿在园中最重要、最基本的活动。体育教师在这里起到引导和传授锻炼身体方面知识的作用，需要体育教师具有较高的素质。那么，学前体育教师应该具备哪些素质呢？主要有思想政治素质、专业知识素质、文化知识素质、教育学知识素质。同时还要有五种能力，即理解和运用教材的能力；语言表达能力；观察和了解幼儿的能力；组织、管理和调控教学活动的能力；初步的科学研究的能力。下面详细介绍一下。

一、学前体育教师要具备四种素质

学前体育教师要具备多种素质，才能出色地完成教学任务。归纳起来主要有以下四种素质。

1. 思想政治素质

学前体育教师主要是指幼儿园里的体育教师。体育老师应具备较高的思想政治素质，旗帜鲜明地坚持四项基本原则（坚持中国共产党的领导，坚持社会主义道路，坚持马列主义毛泽东思想，坚持人民民主专政），因为四项基本原则是我们的立国之本。还要有辩证唯物主义和历史唯物主义的世界观，要有正确的人生观，要有强烈的事业心、克服困难的坚强意志以及高尚的情操和远大的理想，要同党中央在政治上保持一致。还要有高尚的道德，有人把道德素质概括为：献身教育，甘为人梯；热爱幼儿，诲人不倦；言传身教，为人师表；严谨治学，一丝不苟；锐意进取，博学多才；团结协作，互勉共进；尊重家长，密切配合。尽管这样概括不能算为精准，但也讲出了教师应具备的道德素质的核心内容。

2. 专业知识素质

教师的专业知识素质是指教师要掌握自己所教学科课程的专业知识，并且在数量和质量上都要达到较高的程度。教师扎实的专业知识是完成规定的教学任务的必备条件。教学中教师向学生传授的知识主要就是这种分门别类的专业知识。教师所掌握的专门知识同科学研究人员掌握的知识要求上有所不同。教师的专业知识有较强的系统性和层次性。教师的专业知识在深度和广度上要远远超出教学大纲的范围，同时，还要求教师要了解本学科发展的最新成就。这并不是要求教师像科学家那样在某一领域有专门的研究。有人说教师掌握的知识要广博，但不必深奥，是有一定道理的。

3. 文化知识素质

凡担任教师者，必须具有一定的文化知识素养，做幼儿园教师，按《幼儿园工作规程》第三十七条规定“幼儿园教师必须具有《教师资格条例》规定的幼儿园教师资格”，亦就是要具备幼儿师范学校（包括职业学校幼儿教育专业）毕业及其以上学历。学历是一个人学习经历的标志，也是一个人掌握文化知识达到某种层次的标志。因此，做教师工作具有一定文化知识素质是最起码的要求。文化知识囊括五千年悠久的中华文化，也包括世界各国古今的优秀文化，上至天文、下至地理，横贯古今，方方面面的文化都要了解一些，才能满足培育幼儿健康成长的需要。

4. 教育学知识素质

从事教育工作，担当教诲学生的任务，必然要掌握教育理论和基本知识，也就是说要对教育科学有所研究。教育是一门很高深的学问，看似简单实则深奥，是一门科学。幼儿体育教师要学习幼儿教育学、幼儿心理学和幼儿生理学，了解学生身心发展的规律，研究教育本身固有的规律，增强教学预见性，减少盲目性。只有掌握了教育科学知识，才能提高教学效果。

教师的综合素质还包括五种能力。首先，教师要有理解和运用教材的能力。教师理解和运用教材的能力，是教师的基本功，不能设想一个不能正确理解和掌握教材的人能教好课。教材是根据学科知识结构和幼儿认知特点而编写的。要认清教材的结构，要分析透教材的重点和难点，在此基础上将知识传授给幼儿。其次，教师要具有较强的语言表达能力。实践表明，无论是传授科学知识，发展智力，还是进行思想教育，这些都要借助语言来实现，教师的语言表达能力直接影响教学效果。教师的语言要采用标准语言。要简明准确，生动有趣，具有感染力。满嘴语病，词不达意是不允许的。教师讲课要力求口语化，要把课本和教案的语言转化为口头语言，如果教师讲课离不开课本而照本宣科，幼儿听起来就会觉得呆板、枯燥乏味。教师讲课要善于运用非语言进行，这主要是指用姿势助说话，面部表情和手势也能帮助表达某种意思，一个恰如其分的词语表达可给幼儿留下深刻的印象。教师的讲课不仅要求语音标准，语法正确，语音语调也要讲究，不能平铺直叙，而要抑扬顿挫，有悬念有高潮，要富于情感，这样才能引起幼儿共鸣，从而取得良好的教学效果。第三，观察和了解幼儿的能力。世界是多样性的世界，幼儿是差异化的幼儿。幼儿体育教师要细心、耐心观察和了解幼儿的个性特征和学习情况，不仅要根据幼儿的回答来判断他们对知识的掌握情况，更重要的是观察和了解他们掌握知识的过程，他们提出问题的思维的方式，解答问题的习惯等。只有这样才能找到他们学习中的困难所在，提出有效的教育措施，从而最大限度地使教学能够适应每个幼儿发展的特点，做到因材施教。第四，组织、管理和调控教学活动的能力。教师在教学活动中起主导作用，能够控制和调节教学过程中的各种因素和变量。教学计划的制定，教学活动的安排，教学方法的选择，教具的使用，都要做到周密安排，同时又要灵活运用，从而保证教学活动有条不紊地进行。在教学时，要随时观察幼儿的注意力、兴趣和学习积极性的变化，据此调节教学节奏和各个环节的变换，教育机智也是这种能力的表现，在课堂中随时有可能发生难以预料，又必须特殊处理的问题，教师要正确果断应对和处理偶发事件，不使教学中断或造成不良影响。第五，应具有初步的科研能力。教育科学研究不只是教育理论工作者的事情，教师也应该初步具备教育科研的能力。教师每天同幼儿打交道，几乎每天都要进行教学，在教学实践中有很多经验和体会，需要上升为理性认识，指导以后的教学工作。另外对教材、教法也会产生一些新的认识或者有些困惑，都需要探讨，研究上升到理论高度来认识，从而总结出带有规律性的东西，进一步指导教学实践活动。事实证明，没有科研教学就很难有起色、上台阶。所以，我们要高度重视教学科学研究工作，把它作为教师应具备的重要条件来对待。以上四种素质和五种能力融合到一起，就是教师应具备的综合素质。

第二节　学前体育教师的现状分析

党的十一届三中全会以来，我国实行以经济建设为中心和改革开放政策，加快步伐进行社会主义现代化建设，取得了举世瞩目的辉煌成就。在全国各项事业蓬勃发展的大背景下，我国城乡幼儿教育事业也取得了长足的发展，幼儿园体育教学工作不断取得新的成绩。幼儿园体育教师的结构正在朝着有利于幼教事业发展的方向得到改善，形式非常喜人。

一、学前体育教师的现状

国家统计局2014年2月24日发布的统计信息中第10项【教育·科学技术和文化的数据】中披露，2014年全国幼儿园在园幼儿3894万人。全国包括有执照的民办幼儿园大约近20万所，幼儿教师队伍阵容可观，体育教师人数众多。同改革开放以前相比，我国城乡广大幼儿园里体育教师主流是健康的。1978年以来，我国幼儿园体育教师的队伍在不断得到充实和扩大，学历层次不断得到提升。有人对我国东北地区某市幼儿园体育教师做了调查，1978年时为85人，到了2009年时就达到176人。1978年时中专以上学历的人数只有37人，到了2009年时已经达到135人。数据显示，体育教师队伍扩大迅速，学历层次提升幅度也是非常之大。学前体育教师的政治素质明显提升，业务素质跃上新台阶，能上课、上好课已经成为普遍的现象。体育教师中普通话得到了普及，教学科学研究能力不断得到加强。总的来看，幼儿园体育教师的整体综合素质在发生明显的变化，而且是朝好的方向变化，大幅度的改善和提高已是公认的事实。成绩的取得是我国政府重视幼儿教育事业，推行正确政策的结果，是广大幼儿体育教师自身不断努力，顽强拼搏所开的灿烂之花。世界是对立统一体，任何事物都是一分为二的，对幼儿体育教学既要看到成绩的一面，同时，又要看到不足的一面，并找出产生问题背后的原因，才能克服不足，堵塞漏洞，改善幼儿体育教学的现状，进一步提升幼儿体育教师的整体素质。由于我国幅员辽阔，疆土广大，幼儿园遍布城乡，发展很不均衡。目前，我国幼儿园是多种经济成分、多种生产资料所有制形式参与办园，有公办幼儿园（全民的、集体的），有民办幼儿园（民营企业办的、个体办的），还有其他经济组织办的。他们举办幼儿园的指导思想、目标、思路、措施等方面都存在差异，对学前体育教学的要求不尽相同，幼儿体育教师的素质也参差不齐。主要表现在，有的体育教师政治素质不强，对坚持四项基本原则表现淡漠，甚至只关心经济待遇，不问政治方向，也就是通常所说的“只知低头拉车，不知抬头看路”的类型。有的幼儿体育教师，很少讲职业道德，缺乏事业心和责任感，对幼儿的健康成长漠不关心，抱着不负责任的态度，听之任之，放任自流。有的幼儿体育教师业务素质很差，很难胜任本职工作。有少数教师平素很少阅读业务书籍，对幼儿心理学、幼儿生理学、幼儿教育学不屑一顾，把书放到一边，整天热衷于打麻将、玩电脑游戏，对幼儿身心发展规律不了解、不研究或只知道一二。对幼儿体育教学的理论知识、动作技巧只知皮毛，甚至若明若暗，处于模糊状态，这样以其昏昏，怎能使人昭昭？还有的幼儿体育教师语言表达能力极差，言不及义，有些动作要领讲得不清不透，幼儿根本听不懂，这样的体育教学效果能好吗？有的幼儿体育教师根本没有科研能力，连一篇有质量的教学方面的论文都写不出来，更谈不上公开发表。凡此种种，说明幼儿体育教师在素质上确实存在不容忽视的问题。

二、学前体育教师现状分析

学前体育教师现状是有喜有忧，喜忧参半。喜的是我国广大幼儿体育教师为了培养下一代和出色完成体育教学任务而忘我工作的精神，令人敬佩，值得宏扬；忧的是少数幼儿体育教师名不符实，有滥竽充数之嫌，这样的人进入教师队伍，只能降低教学质量，败坏幼儿体育教师的名声。近年来，幼儿体育教师思想政治素质明显提高、业务素质明显加强的根本原因在于幼儿园领导贯彻《幼儿园教育指导纲要》《幼儿园工作规程》和《幼儿园管理条例》及时，不走样，不打折扣，在于政治学习抓得紧，业务学习抓得实，幼儿体育教师综合素质提得快。幼儿体育教师在综合素质上存在一些问题是多种因素互相作用的结果。查其原因，既有制度层面的，也有领导层面的，还有教师自身造成的。总而言之，要改变现状必须找准问题形成的原因，然后对症下药，拿出解决问题的实际步骤和可行的方案，多管齐下，幼儿体育教师的整体素质就会提高，教学质量就会再上新的台阶。

第三节　学前体育教师提升素质的新举措

儿童是祖国的未来，民族的希望。我国现在幼儿园里的幼儿，将是 21 世纪社会主义建设事业的生力军。抓好幼儿的培养与教育关系到国家的前途和命运，这个问题显得尤为重要。那么在幼儿教育上起主导作用的无疑是幼儿园的教师，因为他们是幼儿所需知识的传授者，是幼儿的榜样，是幼儿的朋友和家长的“代理人”，还是处理人际关系的艺术家，具有十分特殊的地位。幼儿园的体育教师是幼儿体育教学的组织者，是幼儿游戏活动的策划者、引领者，担负着对幼儿进行体育教学的重担，因而要取得最佳的教学效果，必须提高学前体育教师的素质。

一、有效提高政治素质

思想政治素质是指一个教师的政治态度、思想道德品质和工作作风等。这里还可以细化为对四项基本原则的态度，思想意识、道德修养、职业道德表现、工作态度等多方面。提高幼儿园体育教师的思想政治素质，是实施素质教育关键的一环。幼儿体育教师必须热爱中国共产党、热爱社会主义，必须坚持四项基本原则，同党中央在政治上保持一致，这是最起码的要求，这一条不合格，就无法担任幼儿园体育教师，这是因为政治素质是教师最重要的素质，是衡量教师是否合格的重要标准。思想政治素质是教师的精神支柱，决定着教师的政治信念，制约着教师的道德规范，影响着教师的工作态度和工作热情。同时，思想政治素质还决定着其他方面的素质，影响着教师业务素质的发展方向，对幼儿的成长发育和正确思想意识的形成将起到十分重要的作用。如果体育教师没有较高的思想政治素质，就不可能把幼儿引导到符合国家要求的正确轨道上来，所以这个问题要提到原则的高度来认识。我们的幼儿体育教师要认真学习马克思主义哲学，要树立科学的世界观和坚持正确的方法论，提高认识世界和改造世界的能力。要提高执行党的路线、方针、政策的自觉性，要为实现中华复兴中国梦的伟大理想，脚踏实地地做好本职工作。要旗帜鲜明地坚持四项基本原则，树立爱国主义情感，做社会主义事业的主人翁，为人民幼儿体育教育事业开拓进取、建功立业，要向幼儿传播真理，帮助幼儿辨别真伪，在认识和发展真理的道路上前进。把祖国的前途命运同自己的本职工作紧密结合，在本职岗位上辛勤耕耘，为培养适应社会主义现代化建设所需要的人才做好最基础性的工作。要采取有力措施提高幼儿体育教师的政治素质。幼儿园的领导要给教师订阅报刊杂志，把党中央的声音及时传给他们。要利用网络、电视等媒体宣传党的路线、方针和政策。每周要安排一定时间组织政治理论学习，开阔他们的视野，使他们了解时事政治，提高政治理论水准。幼儿园领导要采取适当形式，表扬优秀的体育教师，树立样板，使他们学有目标，赶有榜样。对违反四项基本原则的言行进行批评，对个别教师中存在的不良道德行为要进行规劝、引导。对道德败坏者坚决清除出教师队伍，保持教师队伍的纯洁性。

二、要拥有广博的专业知识

幼儿体育教师不是世俗中只能带领小孩玩的大孩子头，不是只会玩没有知识、没有学问，“四肢发达，大脑平滑”的庸人。要求幼儿体育教师要有比较丰富的专业知识，不仅要懂幼儿心理学、生理学知识、体育教育学方面的知识，还要熟练掌握幼儿园体育教学与体育活动中涉及的体育知识，要掌握标准的走、跑、跳、钻、爬、攀登的基本动作技能，要掌握基本体操的动作要领，要掌握非器械体操的动作技能和技巧，要掌握游戏活动的要领．要能够指导课外体育活动。例如，教幼儿舞蹈要通晓幼儿舞蹈教学的基本理论和教学的技能技巧，同时，要具有舞蹈创编、表演、编排的能力。幼儿体育教师懂幼儿体育方面的知识要多，知识面要宽，对幼儿在体育锻炼和健康方面的求知和提问要做到有问必答，而且回答得要标准、正确，要适合幼儿口味，要口语化，对幼儿体育教学方面所涉及的知识点要了如指掌，要融汇贯通，举一反三。为此，幼儿园要定期为体育教师举行讲座，请专家、学者讲幼儿体育教学领域的最新动态，讲解幼儿心理学、生理学、卫生学方面的知识。进一步丰富幼儿体育教师的头脑，扩大知识面，要组织体育教师认真研究幼儿身心发展规律，研究幼儿体育活动的特点，为搞好体育教学奠定基础。幼儿园领导每学期都要请人介绍成功的教学经验，要组织园内体育观摩教学，从而更好地向教得好的教师学习，快速提高专业教师的业务水平。

三、要有一定的科研能力

幼儿体育教师虽然不是幼儿体育方面的科学研究者，不是专家，没有高深的理论，但也不是说幼儿体育教师就可以不掌握体育理论。因为理论是行动的先导，正确的理论对教学实践具有重要的指导意义。所以体育教师要学习理论、研究理论、掌握理论，要具备一定的科研能力。要善于总结实践经验，要善于把实践正确的做法、体会、经验上升到理论高度，用以指导以后的教学工作。一名体育教师如果没有科研能力，就不能很快提高自己的教学水平，也不能为推动幼儿体育教学整体能力的提高贡献力量，因此，城乡各级幼儿园的领导要高度重视和采取有效措施提高幼儿体育教师的科研能力和水平，要给每位幼儿体育教师制订科研规划，对在刊物上发表体育方面理论文章（包括调查报告）的体育教师给予表扬和奖励，对做出突出成绩的教师要重奖，要鼓励出书，出著作，从而使幼儿体育教学的质量得到大幅度的提高。

四、要有较强的语言表达能力

教学不仅要传授知识，同时也要普及普通话。全国语言统一，有利于经济政治的发展和文化交流。教师能讲一口标准的普通话，对提升教学水平无疑是非常有利的。教师讲课口齿清楚，语音抑扬顿挫，懂幼儿语言，能善于用手势助说话。幼儿体育教师如果能绘声绘色地讲课，幼儿喜欢，爱听，能引来孩子们敬佩的目光和由衷的感叹，能引起孩子们情感上的共鸣，让他们享受到语言美的艺术熏陶。要求幼儿体育教师能说一口标准的普通话，而且普通话的标准要达到国家一级乙等以上的水平。幼儿园要组织标准话的普及活动，平素要说普通话，上课要讲普通话，和幼儿交流思想要讲普通话，要定期开展标准普通话的比赛活动，要随时纠正语病和病话，开展演讲活动，把语言表达能力在现有基础上再提升一个档次。

五、要采取积极措施，提高幼儿体育教师的学历水平

学历不仅标志着一个人的学习经历，同时也代表着这个人的文化层次和专业知识水平。从一定意义上说，幼儿教师的学历层次决定着我国幼教事业的发展速度，幼教事业是我国基础教育的重要组成部分，没有一支高学历的幼教队伍，幼教的发展肯定会受影响。所以我们要采取积极措施，多渠道提高幼儿教师的学历水平。坚决杜绝没有幼儿教育文凭就上岗任教的情况发生，尤其是幼儿体育教师学历问题易被忽视和轻视，误以为没文凭、没学历也能带领幼儿玩，这个问题无关紧要，这是十分错误的。幼儿体育教学照样需要有专业知识的人才能教好，没有学历是不可思议的，是万万不可取的。所以，现在我国幼儿体育教师的学历应该采取有效措施，多渠道、多途径、多办法予以解决。幼儿园要有计划吸收和录入正规师范院校的毕业生，尤其是幼儿教育专业的毕业生，要充实新鲜血液，改善幼儿体育教师现有结构。对现有幼儿体育教师队伍进行改造，鼓励有条件的青年教师报考正规师范院校进行深造。对进入正规院校有困难的教师，要采取在职培训的办法，提高其知识和理论水平，也可以办短期培训班让他们得到学习和深造的机会，采取上述措施促进和保障幼儿体育教育事业不断得到发展。

总之，提高幼儿体育教师整体素质要多管齐下，各项措施要相互衔接，措施要具有可操作性，绝不能光说不做，或说到做不到，不可把有效措施束之高阁。我们相信，只要有效地改善体育教师队伍结构，创新教学方式，提高教学水平，增加经费投入，改善办学条件，提供和创造优美的教学环境，提高整体素质，幼儿体育教学一定会再上新台阶。

第八章　学前体育教学课程生态化构想

在教学领域，课程体系占据十分重要的地位。从某种意义上讲，课程体系在教学活动中占据核心位置。如果没有课程设置，没有教学内容，那么教学活动就没办法进行。所以，对教学活动中课程设置问题的思考与研究，是古今中外众多教育家最为关心，也是最费心思的问题之一。学前教育机构在我国从出现至今只有一百余年的历史，学前体育教学的时间不长，积累的经验也不多。对学前体育教学课程的设置的探索只是初始阶段，有必要给予关注。我们要弄清楚学前体育课程设置的走向和发展趋势，从而使课程设置更加科学，更加生态化。

第一节　学前体育课程的现状

一、课程概述

1. 课程的含义

“课程”一词在现代汉语中的习惯用法，“一般指学校里教学科目的总称，或者学生功课的进程”。[①] 在我国教育学中，一般认为课程就是有计划的系统的教学内容，是一系列教学科目的集合。具体一点讲，就是指“教学计划”“教学大纲”和“教科书”所规定和表述的那些教学内容。我们所说的课程，它不仅包括正规课程教学的内容，还包括学生课外学习的内容，课内课外的内容要有机统一于课程内容之中；课程所涵盖的知识，不能仅仅着眼于书本知识，还要把学生的各种实践活动所得的知识囊括其内。据上，“课程”一词应该这样表述比较科学且全面：“课程就是课堂教学、课外学习以及自学活动的内容、纲要和目标体系，是教学和学生各种规划及其过程。”课程是各科教学内容、课外学习活动和自学活动的集合，是一个完整的、系统的、复杂的体系，也可以叫作课

---

① 李秉德：《教学论》，人民教育出版社2005年版，第148页。

程体系。

2. 课程的特征

课程内容是教学活动的有机组成部分，是对受教育者进行教育的媒体。课程具有以下特征。

（1）具有教育性。从某种意义上讲，课程就是教学内容，或者说教学内容是课程的重要部分。为学生设置的课程一定要有教育性，这是我国教育目标、教育任务所决定的。有的课程内容不是直接起教育作用，而是潜移默化地起作用，不起任何教育作用的课程是不允许存在的，需要说明的是要起正面的教育作用，传递正能量。

（2）具有科学性。由于教学内容是在学校里进行的有目的、有计划的、系统的课程，客观上要求它要有很强的科学性，要传播真理的声音。课程的内容要向学生介绍不同领域的正确认识，“自然”课程要介绍改造自然界的成果，“社会”课程要介绍改造社会的成果，让学生了解改造自然界、人类社会的成功经验和最新成果，为学生将来建设祖国储备智慧，提高能力。

（3）具有系统性。“课程”定义表明本身就是一个大系统。比如一个省从行政角度看就是一个大系统，下面有市（子系统），市下面包括县，县下面有乡、镇，乡下面有村委会，镇下面有居委会。又比如“体育课程”就是一个大系统，下面包括很多子系统，篮球、足球、排球、武术、健美操、艺术体操、体育舞蹈、乒乓球、羽毛球等专业课程都是体育课程的组成部分，都是子系统。

（4）具有实践性。课程的内容是人们总结和概括出的以往改造自然、改造社会的经验，并且把它上升到理性认识高度，把它提炼出来编写成书籍，供学生学习用。理论指导实践，大凡“课程”都具有指导实践的特征。不能指导实践，不能改造自然、改造社会的理论再好，也是无用的理论，也是需要摒弃的。

二、体育课程的含义、特性、层次

1. 含义

体育课程也就是体育教学内容，“是依据体育教学的目标选择出来，根据学生发展需要和教学条件进行加工的，在体育教学环境下传授给学生的体育知识原理、运动技术和比赛方法等。体育教学内容与体育教材的意思基本相同”。①

2. 特性

（1）体育课程不同于一般课程。体育学科的课程与一般学科或其他学科的

---

① 毛振明：《体育教学论》，高等教育出版社2005年版，第175页。

课程是不一致的。主要不一致的地方在于其内容，体育课程的内容是以大肌肉群的活动状态进行教育的，而其他学科则没有这个内容。

（2）体育课程不同于竞技运动。体育教学内容是以教育为目的，而竞技运动的内容则不是以教育为目的，而是以娱乐为目的；体育教学内容必须根据教育的需要进行必要的改造、组织和加工，而竞技运动内容则不必进行这种改造。

3. *层次*

体育课程从客观上来讲，大体包括三个层次，即上位层次（国家级别课程或教学内容）、中位层次（地方级别课程或教学内容）、下位层次（学校级课程或教学内容），下面详细解释一下。

（1）上位层次。是指国家级别课程及相关的教学内容，它是国家教育行政部门规定的统一课程和教学内容，它体现国家意志，是专门为未来公民接受基础教育之后应该达到的共同体育素质而开发的体育课程和教学内容，它是一个国家基础教育体育课程框架的主体部分，它所涵盖的内容和所占的课时比例与地方课程和教学内容相比是最多的。因而，它在决定一个国家基础教育的体育教学质量方面起着举足轻重的作用。

（2）中位层次。它是指在国家规定的各个教育阶段的体育课程内，由省一级的教育行政部门或授权的教育部门根据当地的政治、经济、文化、民族等发展的需要而开发的体育课程和教学内容。中位层次是指地方课程和教学内容。地方课程和教学内容在充分利用地方体育教育资源，体育基础教育的地域特点，增强体育课程和教学内容的地方适应性方面，具有重要的价值。

（3）下位层次。是指学校课程和教学内容。它是以学校教师为主体，在具体实施国家课程的教学内容、地方课程和教学内容的前提下，通过对本校学生的特点和需求进行科学评估，充分利用当地社区和学校的体育教育资源，根据学校的办学思想而开发的多样性的可供学生选择的体育课程和教学内容。学校课程的开发主要依据教育方针、办学理念、学生需要，在充分尊重和满足学校师生需求的基础上开设的，是国家的课程、地方课程难以满足的部分，用学校课程进行弥补，从而使学生得到满足。

三、学前体育课程的含义

笔者认为，学前体育课程分狭义、广义两种：狭义是指幼儿园开设的体育课程，广义则指依据学前体育教学目标选择出来，根据幼儿身心发展需要和教学条件加工的，在体育教学环境下传授给幼儿的体育知识、运动技能等，包括课堂教学、课外活动以及自学的体育内容。我们要清楚它的内涵：首先，学前体育课程是根据学前体育教学目标、教学任务而确定的课程，它是为国家的政治、经济服务的 ，要为国家培养德、智、体、美全面发展的社会主义建设者，因而所设置的课程要按国家意志确定，幼儿园不能私自设置。其次，学前体育课程涵盖的面比较广，不仅包括学前体育课堂讲授的内容（这是主体部分），还包括课外体育知识的学习、体育运动技能的练习。而且，幼儿自学体育知识的活动也包括在课程的范围之内。在时间和空间上可以说是全方位的。第三，学前体育课程的内容是变化的，随着时间的推移，国家政策的调整，幼儿园里体育课程的内容是在不断更新和发展的。

另外，幼儿园开设什么样的体育课程，受多种因素的制约。第一，幼儿园开设的体育课程要受师资条件的制约，如开体操课，园里没有或缺少这方面的专业教师，那么此课程就得暂时停开。第二，受教学环境条件所制约，幼儿园活动场地的大小，相关的体育设施是否具备，如果环境条件暂不具备开设学前体育课程的话，那么硬开的话，效果就会大打折扣。第三，受幼儿的数量、质量所制约。有的幼儿园儿童数量少，有的幼儿园儿童素质不高，马上开班上课成本太高，待想方设法解决了生源问题，采取措施提高了儿童的素质后，再上课不迟。所以，我们要创造条件，克服困难，按上级要求保质保量开设学前体育课程。

第二节　学前体育课程的利弊分析

据考查，课程的历史跟教育的历史一样长。这是由于只要有了教育，就要有一定的课程和教育内容。从人类社会需要教育并产生教育那一天起，人们就开始关注教育的内容，关注课程问题。在漫长的原始社会里，当教育还没有从生产和生活过程中分化出来的时候，教育的内容是比较零散而不成系统的，带有很大的随机性和偶然性。当人们的生存环境发生变化时，教育的内容和课程也要随之而改变。

1. 古代社会的学前体育课程

古代社会的时候，人们就十分重视早期教育问题。特别是在家庭生活常规的培养方面，由于内容较多，要求严格，必须让儿童有计划地记住一些东西，这方面的教材也就随之出现了。体育教学内容与其他领域的教学内容相比形成较晚。在中国，一般认为最早的体育教育内容是孔子实施的“六艺”中的“射”和“御”。这里说的是实用技能的传授，与现代社会所讲的“身体教育”和“体育教学”在内容上有很大的区别。在世界各地的远古教育中也都存在有类似的体育教学内容的痕迹，对现代体育的教学内容起着潜移默化的影响。早在公元前7世纪，在古希腊就出现了指导青少年和市民参加竞赛的职业。在公元前5世纪就出现了"体操术"和"体操家"的称谓。虽然在当时没有明确的分类，但实际上体操术中包括了竞技体操术（实际上是对参加竞技比赛的训练法）、医疗体操术（相当于运动疗法和保健运动）、教学体操术（相当于体操教学内容）三大类。在古代社会中，舞蹈是人们祭祀和举行各种礼仪时最常见的运动，深受人们的喜爱，无论在中国还是在外国，舞蹈都是体育教学的重要内容之一。学前体育课程是体育课程的一个重要组成部分，早在古代社会就有学前体育课程的记载。音乐歌舞为人所共好，幼儿也不例外，儒家提倡合乎礼教之乐，主张健康的音乐教育应从小开始，陆世仪曾说"人少小时，未有不好歌舞者，盖天籁之发，天机之动，歌舞，即社乐之渐也。圣人因其歌舞而教之以礼乐，所谓因其势而利导之"。他主张将孔庙中的乐舞和平时重要的礼仪中的歌曲经过选择编成乐书，作为十岁以下童子的重要教材①。古代希腊是西方学前教育思想的摇篮，柏拉图（公元前427—前347年）是西方学前教育思想的重要奠基人，他出身于雅典一个名门贵族家庭，自幼受到良好的教育，在20岁时师从苏格拉底研究哲学，后来创立了阿加德米学园，在那讲学至逝世为止，是很有成就的哲学家和教育家。柏拉图曾在《理想国》中拟定一个从胎儿时期开始，直至50岁为止的长期而庞大的教育计划，把7岁前儿童定为学前教育时期，认为是人生的奠基时期。他把7岁前儿童的教育分为两个阶段：出生到3岁为第一阶段，主张公育；3—7岁为第二阶段，柏拉图认为，这一阶段的孩子本性需要游戏，他为幼儿安排了广泛的教育内容，其中包括体育锻炼，他主张"用体操来训练身体，用音乐来陶冶心灵"。认为音乐和体操能使人的爱智和激情这两个方面张弛得宜，达到和谐。② 这是他学前体育课程方面的主张，对后世有很大的影响。在古代世界各国中，还有很多有作为的教育家，主张学前幼儿的教学内容中不可缺少游泳和体操等运动项目，并主张把这些内容编入教材，定为体育课程的内容。

2. 近代的学前体育课程

历史步入近代，封建社会末期的中国遭受到外国列强坚船利炮的侵略，逐渐沦为半殖民地半封建社会。当时中国的有识之士纷纷主张富国强兵，变法革新，教育也正在经受着动荡、变革、求新。1903年湖北巡抚端方在武汉创办了我国第一个幼稚园，学前教育开始由家庭走向社会，设置了正式的学前课程，

---

① 何晓夏：《简明中国学前教育史》，北京师范大学出版社2007年版，第28页。

② 周采、杨汉麟：《外国学前教育史》，北京师范大学出版社2012年版，第20页。

其科目有游戏、歌谣、谈话和手技四项。其中学前幼儿玩的游戏分为随意游戏与同人游戏两种。随意游戏就是使幼儿各自运动，也即自由游戏。同人游戏就是使幼儿合众运动，并且使他们合唱歌谣，即集体游戏。通过游戏使幼儿心情愉快活泼，身体健康成长，从而养成幼儿爱众乐群的习气①。学前体育课程的设置以游戏为主的格局稳定和持续了一段时间。从1903年到1919年的五四运动之前幼儿体育课程基本上没有太大的变化。20世纪上半叶，以陶行知、张雪门、陈鹤琴等为代表的一批学前教育专家开始了学前课程中国化、本土化、科学化的有益探索，他们认为幼稚园课程的实质是儿童的经验、活动或儿童的生活，课程设置的目的是为了儿童身心的发展，为培养全面发展的健全的国民服务。仅就体育课程而言，主要包括游戏、早操、户外活动、散步等内容，比如游戏这项活动就规定了四个具体目标：第一，增进儿童身体的健康；第二，顺应爱好游戏的自然倾向，而兴以适当的游戏活动；第三，发展筋肉的联合作用，并训练感觉和躯肢的敏活反应；第四，训练互助、协作、合群、守纪律、公正、耐劳等社会性。而这四个具体的目标又必须通过更具体的内容来完成：计数游戏（听音找人、闭目摸索等，听觉、触觉、视觉游戏等）；节奏与舞蹈的游戏，应用简单用具的游戏（如秋千、滑梯、木马、跷跷板等）；模拟游戏（如小兵操、猫捉老鼠等）及各地方固有的良好游戏来达成目标。这些课程当时尽管在有的幼稚园实行过，但由于帝国主义的入侵，国内战乱不息等特殊情况，并未真正得到推广和普及。世界上很多国家一些知名学者和著名的教育家对学前体育课程也都进行了积极的探索和实验，并且取得了一定的成果。洛克（1632－1704）是17世纪英国著名的思想家，他十分重视体育，他认为“事业的成功和生活的幸福都是以身体的健康为前提的”。对幼儿他反对娇生惯养，强调及早锻炼，要求幼儿多进行户外锻炼，多运动，学习游泳等，他主张把这些纳入幼儿体育课程，做为体育课的教学内容。福禄培尔（1782－1852）是德国近代著名教育家，幼儿园的创始者，他将其后半生的主要精力放在了幼儿园课程的研究和教材的发展上，他拟定了一个以儿童的活动和游戏为主要特征的幼儿园课程体系，并精心创造了有关的教具材料，为幼儿教育事业的发展做出了令人难忘的贡献。在此就不详细介绍了。

3. 现代社会的学前体育课程

历史进入现代社会，经历了第一次、第二次世界大战的人们，更加认识到和平的可贵，要珍爱和平，反对非正义的战争。和平与发展成为世界的新潮流，

---

① 王春燕：《中国学前课程百年发展与变革的历史研究》，教育科学出版社2004年版，第14页。

幼儿教育事业也得到了较快的发展。外国许多教育家对学前体育课程都有自己的认识和设想，在探索的道路上不断前进。罗素（1872－1970）是英国现代著名的哲学家、数学家、逻辑学家和教育家，在第一次世界大战期间就开始注意教育问题，其教育理论以民主和科学为基本特征。在学前体育教育方面，他认为“游戏是儿童最显著的特征，游戏的本质是儿童想做大人的一种内心冲动的宣泄”。他认为“游戏的价值在于有益于儿童的身心健康，游戏能教儿童默默地忍受轻伤，愉快地接受疲劳”。

他的主张实际上是要把游戏作为儿童体育课程的基本内容，这比以前的教育家对游戏的认识上又深化了一步。美国进步主义幼儿园运动的著名先驱布莱恩在自己办的幼儿园里进行试验，用新的方法来教幼儿，她认为应将幼儿看成是主动的、活泼的人，将日常生活引入幼儿园。希尔是其得意门生，她主张“儿童玩具应是积木、桌子、椅子等实在的东西，而不是符号化的东西，并设计发明了一组大型积木玩具，很快被各地幼儿园采用。幼儿搬动这些大积木建房屋、办商店、办邮局，做各种游戏[①]”，这可以说给幼儿体育课程增添了新的内容。1949 年中国人民在中国共产党领导下，推倒了三座大山，成立了中华人民共和国，走上了社会主义康庄大道，幼儿教育事业得到了长足的发展。主张对学前儿童实施全面发展的教育，终身体育的教育，强调教育在儿童发展中的主导作用，把游戏作为教学的手段，作为教学的内容来看待。重视对儿童进行集体主义和团队精神的教育。尤其是改革开放以来，幼儿园体育课程不断得到完善和发展，内容更加全面、科学和有趣味。国家教委颁布的《幼儿园工作规程》第 21 条规定了幼儿园体育课程的基本内容是“以游戏为基本活动，寓教育于各项活动中”。《幼儿园教育指导纲要》是指导全国城乡广大幼儿园工作的重要方针，把幼儿园教育内容规定为五个方面，其中体育排在了第一位，要求幼儿园“增强幼儿的体质，培养健康生活的态度和行为习惯”，发展幼儿动作的协调性、灵活性、对环境的适应性和对体育锻炼的积极性，从而使幼儿健康成长，愉快生活，欢度童年。从以上可知，我国对幼儿教育是非常重视的，对学前体育课程设置的重要性更加明确，内容更加丰富，更加细化，操作性更强。

第三节　学前体育课程的生态化

世界是物质的世界，物质世界分为无机界和有机界。有机界里包括动物、

---

① 周采、杨汉麟：《外国学前教育史》，（第二版）．北京师范大学出版社 2012 年版，第 170 页。

植物、微生物等。世界之所以多样化，异彩纷呈，久盛不衰，其根本原因在于自然界与人类社会等保持了生态平衡，这样才能进行能量转换，使整个世界进行有效的运转，绿树常青。人类社会要向前发展必须加强生态文明建设。人们所讲的生态化实际上是说生态要平衡，要相协调，自然界才能和谐发展。如果对自然界进行人为破坏，人类就要遭受报复，比如对树木乱砍乱伐，就会造成水土流失，导致粮食减产，人们的生活就会受到影响。人类社会内部各要素也要保持平衡、和谐，社会才能平稳运转，如果不保持平衡，就要失衡，人类社会就是病态运转，迟早要出问题，从而导致社会的发展受影响。同理，学前体育课程的设置也需要合理布局，使其生态化，幼儿园体育教师和幼儿才会和谐地统一于体育教学活动之中，从而使教学效果更加理想。要想使学前体育课程设置生态化，必须坚持学前体育课程设置的原则。

一、学前体育课程设置的原则

学前体育课程是个系统，它包括学前体育课堂正式的教学活动、课下的体育活动，还包括自学的体育知识和锻炼的技能等。我们所说的学前体育课程是指幼儿园里的幼儿学习的体育课程，其中幼儿园体育教师按教学大纲、教学目的和教学任务讲授的课程是主要的部分。实际上是教学涉及到的这部分教学内容。幼儿开设的体育课讲什么内容，这是有原则的。主要包括：科学性原则、针对性原则、游戏性原则、生活化原则等。

1. 科学性原则。这主要是指幼儿园体育教师向幼儿传授的体育知识科学成分含量高，传授的是对幼儿身体和心理健康有益的知识。这些知识是人类长期以来积累起来的关于身体锻炼的知识，是真正的科学知识，坚持科学性原则要求教材要保真，讲授的方法要科学合理，要使所讲授的课程内容和幼儿身心特点相适应。

2. 针对性原则。幼儿体育课程设置什么内容比较合适，必须根据幼儿园幼儿总体素质情况而定，不能无的放矢。城市的幼儿一般来讲受教育的程度高一些，接受新鲜东西多一些（比如电视、收录机、电脑、光盘等），那么体育课程难度可以大一些。偏远山区幼儿园里的幼儿接受各种信息的渠道相比之下窄一些，受教育的程度差一些，要求体育课程内容简单一点，可酌情减少一些。

3. 游戏性原则。幼儿天生爱游戏，与游戏有不解之缘。所以体育教学内容应该以游戏为基本形式，这也是《幼儿园教育指导纲要》的要求。用游戏吸引幼儿，用游戏教育幼儿，用游戏使幼儿健身，用游戏使幼儿完成社会化，这是游戏的神奇之处。面对幼儿这一特殊群体，体育课程的设置、教育内容的确定应以游戏性为原则。

4. 生活化原则。幼儿园课程的实质是儿童的经验、活动或儿童的生活，幼儿园课程的内容应该来自自然界和人类社会。因而幼儿体育课程的设置要充分考虑幼儿生活的经历和经验，这样游戏玩起来就会感到不陌生，就会得心应手，就会感到非常有兴趣。所以，生活化原则不可丢。

二、学前体育课程现状分析

建国以来，幼儿园从数量到质量上的发展比较令人满意。从幼儿园课程设置上看，学科的搭配，授课的时间基本上符合国家的政策和教育方针，符合幼儿身心发展的状态和规律，经受住了实践的检验。尤其是幼儿体育课程的设置得到了广大幼儿的认可，这是好的一面。但是我们也要看到不合理和不尽如人意的 一面。主要表现是：学前体育教学内容有些枯燥，缺乏吸引力；有些基本动作练习要求过高，超过幼儿身体锻炼正常标准，幼儿所承受的压力过大，引起幼儿不满和反感；幼儿体育教学内容创新力度太小，幼儿没有新鲜感，对体育课缺乏兴趣。究其原因较为复杂，主要是在体育课程设置上、教材设计上以幼儿为主体考虑不够，应该把幼儿的发展和需要作为构建体育教学内容的出发点和归宿。令人遗憾的是幼儿的主体地位在有些幼儿园落得不实；对幼儿心理特点和生理特点了解得不够，知道得不多。体育课程和教学内容安排上缺少预见性，陷入盲目性；确定体育课程内容时，只考虑完整性，对课程的开放性和现代性认识不足，导致教学内容偏多过死，没能吸纳更多的幼儿喜欢的内容进入课堂，进入教材里面，致使教师只得照章办事，没能发挥主动性和创造性。这实际上是体育课程设置没有生态化造成的。

三、学前体育课程生态化

幼儿体育课程设置的生态化，要求课程设置要合理、科学，不同的教学内容之间要有一定比例。课程要符合国家要求，要符合幼儿的心理特征和生理特征，符合幼儿成长发育的客观规律。课程的内容要适合每个年龄段幼儿的特性，大、中、小班难易程度要有区别。在体育课堂上要充分体现幼儿的主体地位，要把枯燥的体育课变成生动、有趣的体育课。要做到这一点，要求幼儿和体育教师配合要和谐，教材的要求和幼儿的接受能力要和谐，体育的基本动作练习和幼儿的身心健康需求要和谐，体育课程和幼儿园活动的环境要和谐。笔者认为，如果这样设置幼儿体育课程就是朝生态化方向前进了一大步，就是走在了建设生态文明的道路上。

体育课程生态化具体化到课程上有三：

1. 体育课程设置应以游戏活动为主体。现阶段我国城乡广大幼儿园体育课程和教学内容的设置，要针对幼儿的不同年龄安排不同的教学内容。小班儿童（3～4岁）的游戏内容要多反映一些日常生活的事情；中班儿童的游戏内容要比小班丰富一些，情节复杂一些；大班儿童的游戏则可增加一些反映国家政治事件方面的内容。在游戏的方式上，体育教师可将创造性游戏和活动性游戏相结合，这样既可以锻炼幼儿的身体，也可以提高幼儿的学习能力。再则，在体育课程的安排上要给予体操以一定的位置和空间，要根据幼儿的要求适量安排体操课，这样既可使幼儿四肢得到活动和锻炼，又可发展幼儿身体的柔韧性、伸展性，愉悦身心，陶冶情操，还能增强幼儿团队意识和集体主义精神。此外，设置一些基本动作训练课也很有必要，练习走、跑、跳、爬、钻、攀、投等动作，使幼儿四肢灵活，平衡性增强。安排适量的非器械性徒手操等也是需要的。总之，按一定比例安排上述课程可让幼儿身体得到全面锻炼，培养热爱体育的兴趣，进一步调动幼儿参与体育的积极性。

2. 课外体育活动要多样化。世界上的事物既具有普遍性，又具有特殊性。世界是多样化的世界，世界上任何事物都有自己的特点。同理，每个幼儿都有自己的特点和个性，对体育的具体项目喜爱的程度不一样。有的喜欢跑步、跳跃；有的喜欢游戏、捉迷藏；有的喜欢体操、健美操；有的喜欢登坡和游泳。要根据幼儿的爱好组织课外体育活动。活动时，可将幼儿分成若干小组，在体育教师的指导下，每组选一个组长，带领大家进行课外体育活动。幼儿身体既得到了锻炼，社会性又进一步增强，团结互助意识又得到有效加强，可以说是件幼儿喜欢的好事，应该坚持下去。

3. 自学为主的体育活动要大力提倡和鼓励。有的幼儿家在幼儿园附近，晚上回家后，要合理安排时间，除要复习其他课程外，还要学些体育基础知识和参加一些有趣的体育活动，如住宅附近的小朋友几个人在一起玩游戏，这对幼儿的成长发育是有益处的，是必不可少的，也是应该大力提倡的，需要家长鼓励和支持。

第九章 学前体育教学环境优化的途径

第一节 适宜的教学环境很重要

在研究学前体育教学环境之前，有必要弄清楚教学环境和体育教学环境的含义，因为它们是基础和前提，不掌握它们的基本内涵就无法对学前体育教学环境做深入研究，也不能为优化幼儿园体育教学环境找到有效途径。所以，我们应该从教学环境开始探讨。

一、教学环境

教学环境是教学活动的一个基本因素，因为任何教学活动都是在一定的教学环境中进行的，如果说教师和学生是教学活动的主角，那么教学环境就好比他们活动的舞台，缺乏这样一个舞台，师生的活动就失去了依托，所以重视教学环境建设，对于教学活动顺利而高质量进行具有重要意义。

1. 教学环境的含义

所谓环境是指主体周围的一切情况和条件。对于人来说，环境是指人生活于其中，并能影响人的一切外部条件的综合。这个外部条件的综合，既包括人在社会中的条件和社会关系的综合，也包括人们赖以生存的自然条件的综合。社会环境是人类社会所特有的环境，它由人生活于其中的各种社会条件、社会关系、社会意识形态以及经过改造的自然等因素构成。社会环境决定着人的社会化程度，决定着人身心发展的内容、方向和水平。实践告诉我们，人类的生存发展离不开环境，人的任何活动都与环境的影响密不可分。周围环境中的一切事物都可能作用于人的感官，引起人的心智活动和行为的变化。环境可以影响人的情绪、智力、行为，还可以影响人身体的发育成长。但是，环境影响人，人同时也可以改造环境。人在环境面前是可以有所作为的，是完全可以通过自己的活动，创建出一个适宜于人生存和发展的积极环境。认识到这一点，对于正确把握教学环境的作用及顺利开展教学工作有重要的意义。

站在不同角度看教学环境，所得结论不尽相同。20 世纪 30 年代中期拉开了教学环境研究的序幕。在这以后长达半个多世纪的时间里，西方学者们从不同角度和层次对教学环境问题进行了广泛的研究，并取得了大量的研究成果。但到目前为止，关于教学环境的定义、分类在国外学术界仍未能形成较为一致的意见。有人称之为“班级环境”，有人称之为“学校环境”，有人称之为“学习环境”，有人称之为“教学环境”，还有人称之为“感知觉环境”和教育的“微观生态环境”等。关于教学环境概念的诸多定义中，比较有影响的主要有五种：第一种，教学环境主要是指由学校和家庭的各种物质因素构成的学习场所。第二种，教学环境是课堂内各种因素的集合。第三种，教学环境是学校气氛或班级气氛。第四种，教学环境是由学校环境、家庭环境和社会环境共同构成的学习场所。第五种，教学环境主要指学校教育环境。从对以上五种定义的陈述中不难看出，由于研究者们所持的学科立场和研究角度的不同，因而对教学环境所下的定义也不尽相同。但这些定义都在不同程度上触及和揭示了教学环境的基本含义，然而都不够全面完整和准确。李秉德主编的《教学论》认为：“教学环境就是学校教学活动所必需的主客观条件和力量的综合，它是按照发展人的身心这种特殊需要而组织起来的育人环境。教学环境是一种特殊的环境[①]。”教学环境有广义、狭义之分。广义是指社会制度、科学技术、家庭条件、亲朋邻里等，这些都是教学环境。狭义是指学校教学活动的场所，各种教学设施、校风、班风和师生人际关系等，李秉德所指的教学环境是后者。

2. 教学环境主要构成要素

学校是一个复杂的系统，学校内部的一切事物——物质的和社会的，有形的和无形的，几乎都可以说是教学环境的构成要素。其中，直接作用于教学活动并对教学活动效果产生重大影响的环境因素主要有以下几种：

（1）空气、温度、光线、声音、颜色、气味

这些是环境的物理因素亦称物质因素，可以直接影响教师和学生的身心活动，例如教室里空气清新，可使学生大脑清醒，心情愉快，能提高教学效果，反之，则易使人的大脑昏沉，目眩恶心，大大降低教学效果。

（2）各种教学设施

教学设施是构成学校物质环境的主要因素，是教学活动赖以进行的物质基础，从大的方面看，应当包括校园、教室、图书馆、礼堂、教师办公室、实验室、食堂、宿舍、浴室、操场、各种绿化设施等。从小的方面看，有课桌椅、实验仪器、图书资料、电化教学设备、体育器材等。这些都是教学活动必要的

---

① 李秉德：《教学论》，人民教育出版社 2005 年版，第 271—272 页。

基本设施，教学设施不仅是教学的必备条件，也是校园文明的重要标志。

（3）社会信息

其实，教学过程是一个信息传递的过程，教学活动所传递的信息是学校信息的主要部分。同时，学校还通过各种渠道接收来自社会方面广泛而庞杂的信息。信息交流是学校环境与社会环境交流的一种主要方式。近年来，随着大众传播媒介的迅猛发展，各种社会信息通过广播电视、书报、杂志等媒介大量涌进学校，给学校教学活动带来了重大影响，这种影响既有积极的一面，又有消极的一面，正确处理各种社会信息，有利于学生身心的发展，有利于教学质量的提高。

（4）课堂教学气氛

课堂教学气氛是指班级集体在课堂教学过程中形成的一种情绪情感状态，它是在课堂教学情境的作用下，在学生需要的基础上产生的情绪情感状态。积极的课堂教学气氛，有利于师生间情感和信息的交流，有利于教师及时掌握学生的学习情况，有利于得到教学的反馈信息，从而根据具体的教学情境，不断调整教学内容和教学策略并取得理想的教学效果。

（5）其他因素

构成教学环境的要素是很多的，并且又是错综复杂的，除以上几种外，还有座位的编排方式、班级规模、人际关系、校风班风、学校党团及少先队组织、师生的仪表和言谈举止等。这些因素都作为教学环境的组成部分从各个不同的侧面对师生的认识、情感和行为，对教学活动的各个环节及其整体效果发生着潜移默化，甚至是深刻有力的影响。

二、体育教学环境

1. 含义

体育教学活动有赖于一定的情景和条件才能开展，我们称这些情景和条件为体育教学环境。毛振明比较精辟地概括了体育教学环境，他说："体育教学环境是在体育教学过程中影响教和学的条件的总和，主要包括制度、集体、氛围、物质等方面的条件。[①]"体育教学环境是体育教学活动的影响因素，它渗透到整个体育教学过程中，不仅影响着体育教学过程的设计与组织，也影响着体育教学的质量。在某种程度上还决定着学生未来的身体发展和身体健康，更是安全、愉快地进行体育学习的保证。

① 毛振明：《体育教学论》，高等教育出版社2005年版，第312页。

2. 特点

体育教学环境的特点主要有三，第一，对学生具有自发性和潜在性，是说它无时无刻不在影响着学生的体育学习活动，而且具有一定的暗示性，在不知不觉中产生着潜移默化的影响；第二，体育教学环境的设计具有目的性和计划性，是说体育教学环境的设计是围绕教育目标进行的，目的明确，同时又具有计划性，是说它经过体育教师正确的选择和设计能引起学生积极地体验，从而主动地探索知识和发展能力；第三，具有科学性和可控性，是说体育教学环境的设置不是随心所欲的，而是符合教学要求和学生身心发展规律的，是科学的，同时，可以根据教学需要和环境的变化进行必要的调节，是可以控制的，能消除不利因素，促进教学活动的开展。

三、学前体育教学环境

1. 学前体育教学环境的含义

学前体育教学环境是指幼儿园体育教学活动所必需的诸客观条件和力量的综合，是按照发展幼儿身心需要而组织起来的育人环境，主要包括物质环境和心理环境。物质环境是指在幼儿园体育教学过程中涉及的各种有形的、静态的硬件部分，主要包括教学场地和设施，学前体育教学的自然环境、教学信息、班级规模等；心理环境是指在幼儿园体育教学过程中涉及的各种无形的、动态的软环境部分，主要包括班风与园风，幼儿园体育的传统与风气、体育课堂常规、体育课堂教学气氛、体育教学中的人际关系等。

2. 学前体育教学环境的功能

良好的体育教学环境是有效开展体育教学活动的前提，是体育教学活动顺利进行的基础保证。在学前体育教学过程中，良好的教学环境具有积极的导向、陶冶、激励和凝聚等作用，对幼儿身心和谐发展有着重要的意义。

（1）导向功能

学前体育教学环境是根据幼儿身心发展的特殊需要和教育目标，而组织和设计的育人环境，它体现着一种文化精神和价值取向，体现了教育者对受教育者的一种期望，这些要求和期望渗透在幼儿园的各种环境因素中，形成了一种具有教育和启迪意义的教育资源，引导着幼儿的思想，规范着幼儿的行为，塑造着幼儿的人格。这种教学环境对幼儿发挥着正面的引导作用，帮助幼儿通过体育活动，养成热爱体育、喜欢锻炼的好习惯，并能自觉地抵制某些不良行为，形成文明和健康向上的生活方式。

（2）陶冶功能

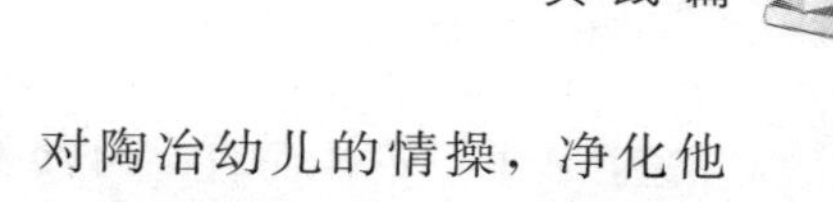

文明、和谐、活泼向上的学前体育教学环境，对陶冶幼儿的情操，净化他们幼小的心灵，培养审美情趣以及养成高尚品德有着重要意义。通过各种体育教学心理环境的积极作用，幼儿能够在耳濡目染、潜移默化中受到熏陶和感化，从而产生一种春风化雨、润物无声的教育效果。

（3）激励功能

良好的学前体育教学环境，一方面可以有效地激励体育教师的工作热情，另一方面可以提高幼儿参与体育的积极性，从而推动幼儿园体育教学活动的顺利开展，提高学前体育教学工作的质量。良好的幼儿园教学环境，诸如青翠的草坪、蔚蓝的天空、清新的空气、整洁的场地、个性化的器材，以及充满活力的运动场面、积极向上的体育课堂气氛、团结奋进的园风和班风等，都能够给教师和幼儿心理上带来极大的满足感和愉悦感，体现着激励功能。

（4）凝聚功能

学前体育教学环境的凝聚功能是指教学环境可以通过自身特有的影响力将来自不同地理区域、社会阶层和家庭背景的儿童聚合在一起，使他们对幼儿园的教学环境产生归属感和认同感，体育教学环境里充盈着玩游戏开心的笑声，幼儿的生理、心理上在这里获得了很大的满足，幼儿的体育潜能在这里得到释放。幼儿和幼儿在这里是团结一致的，是亲密无间的。

第二节　名人论环境对幼儿的影响

学前体育教学环境对幼儿的成长发育产生着重要影响，好的环境能够给幼儿以积极的影响，向幼儿释放正能量，不良的环境则给幼儿以不利的影响，向幼儿释放的是负能量。中外名人非常重视环境对人的影响，认为环境对人的发展有重大影响，因此，我们要认真关注这个问题。

一、中国名人论环境对幼儿的影响

中国古代著名的教育家孔子曾有“里仁为美”的论断，意思是说，居住在仁德之人所在处，自己也会变善，如果想求善，却不去与仁者为邻居，那是很不明智的。说明环境能够影响人、改变人。墨子从染丝一事中得出一个结论：“染于苍则苍，染于黄则黄，所入者变，其色亦变。”以此比喻人性因受环境的影响而改变的道理，并向世人提出了“故染不可不慎也”的告诫[①]。荀子认为：

① 顾树森：《中国古代教育家语录类编》（上册），上海教育出版社1961年版，第109页。

"蓬生麻中，不扶而直；白沙在涅，与之俱墨[①]。"他用比喻论证的办法，论证了环境对人生长的影响，并进而提出了自己的教育主张："故君子居必择乡，游必就土，所以防邪僻而近中正也。"说的是选择好的环境居住是非常重要的。

有名的"孟母三迁"讲的就是环境对幼儿的影响和作用。据刘向《列女传》记载，孟子年幼时，家原住墓地附近，经常观看出殡下葬之事，做游戏也离不开这些内容，孟母认为该处不是理想居住的场所，于是将家搬走。新住所与集市相邻，孟子的游戏内容随之变成了模仿商人叫卖。孟母认为该地仍不适宜居住，又将家搬到学校旁边。孟子受学校教习礼仪的影响，游戏的内容都是"其嬉游，乃设俎豆、揖让、进退"之类的礼仪活动，孟母高兴地说："真可以居吾子也！"意即这才是我儿可以居住的地方[②]。

程颐道："古人自幼学，耳目游处，所见皆善，至长不见异物，故易于成就。今人自少，所见皆不善，才能言，便是秽恶，日日销铄，更有甚天理?"他认为古人自幼所见、所闻、所接触到的全是善事，一直到长大都见不到不好的事物，所以人才容易被造就出来。而后来这一理想环境不复存在，儿童从刚会说话时起，便接触到各种秽言恶行，以至纯真的天性逐渐泯灭。程颐批评当时环境对儿童的污染毒害是有道理的，但让儿童从小到大"不见异物"的要求只能是美好的愿望而已，单靠迁居、择贤、选左右等做法也不可能完全避免污染，但这种思想无疑给我们以有益的启示，这是可贵的。

康有为是近代有名的思想家，对教育有深入的研究，很多想法和主张在今天仍然具有启迪作用。他对育婴院的环境进行了论述，他主张育婴院要设在环境优美的地方，不得在山谷狭隘倾压，粗石牵确，水土旱湿之地，更不可近戏院声伎之地，葬坟火化之旁，作厂市场，车厂哗器之所，以慎外感之染而保清明纯因之神。他特别强调育婴院要选在"楼居少而草地多，务令爽垲而通风，日临池水以得清气"之地，要"多植花木，多蓄鱼鸟，画图雏形之事物，皆用仁爱慈祥之事物以养婴儿之仁心"。凡争杀、偷盗、奸诈种种恶物，皆当屏除，无使入婴儿心目中。很显然康有为已注意到了周围的自然环境和社会环境对儿童身心的影响作用了。这可以说是我国较早的对学前儿童环境问题的论述[③]。

二、外国名人论环境对幼儿的影响

自古以来，很多外国知名的教育家和学者对幼儿时期环境对其产生的影响

① 顾树森：《中国古代教育家语录类编》(上册)，上海教育出版社1961年版，第109页。
② 何晓夏：《简明中国学前教育史》，北京师范大学出版社2007年版，第38页。
③ 周采、杨汉麟：《外国学前教育史》，北京师范大学出版社2012年版，第19页。

做了大量的考查和研究，提出了很多有价值的观点，很值得我们深思和借鉴。柏拉图（公元前427—前347年）是西方学前教育思想的重要奠基人。围绕培养“哲学王”的教育问题，他构建了一个庞大的教育体系，学前教育在这个体系中占有基础地位。在西方教育史上，他最早论述了学前儿童的教育问题，他指出，儿童从出生至接受正规教育，这一阶段，大家公认是教育最难的时期。因为当小孩的肉体和精神有最大的可塑性时，错误对待可以造成最持久的伤害。凡事开头最重要。特别是生物，在幼小柔嫩的阶段，最容易接受陶冶，你要把它塑成什么形式，就能塑成什么形式。“先入为主，早年接受的见解总是根深蒂固不容更改的”，“一个人从小所受的教育把他往哪里引导，能决定他后来往哪里走”。说明幼儿最容易受外界环境的影响，甚至对人一生走向产生重大作用。

伊拉斯莫斯（1496—1536）出生于尼德兰，是文艺复兴时期北欧地区著名的人文主义学者及教育家。他对幼儿期良好环境的重要性给予高度重视。他认为“只能让幼儿和品德优良、谦虚谨慎的孩子交朋友，应使孩子远远避开成群的顽童，死硬的酒鬼，下流猥亵的人，特别是溜须拍马的人，不要让孩子闻其声，观其影，以免受到不良影响”。他讲出了人文环境的重要性，教育幼儿要接触好人避开坏人，才有利于其成长，这是很有道理的。

乌申斯基（1824—1870）是沙俄时代俄国最著名的教育家，俄国国民学校和教育科学的奠基人，也是俄国师范教育制度的创始人。他对儿童教育十分关心，重视儿童良好习惯的培养，依据当时的科学成就，认为可以通过练习形式形成新的反射或破坏天然的后天形成的反射，但破坏已有反射比形成新的反射要困难得多，因此，在教育儿童的过程中，应注意培养良好的习惯，尽量避免坏习惯的形成①。

关于幼儿的发展环境范围问题，人类发展生态学家布朗芬·布伦纳有独到的见解。他将幼儿的发展环境由小到大，层层扩展为四个系统，一是小系统，指发展中的儿童与即时环境（家庭、学校、工厂）之间的复杂关系；二是中间系统，它是由一系列小系统构成的系统，对儿童来讲包括他的家庭、学校和邻里伙伴之间的关系；三是外系统，指不包含儿童的主动参与，但对儿童产生直接影响的情境系统，如父母的工作单位、父母的朋友、兄弟姐妹的学校等等；四是大系统，指一系列信仰、生活方式、伦理观念、价值观等具有一致性的文化或亚文化。每一个系统都会通过一定的方式对儿童的发展施加影响，这些系统以学校、家庭、社区整个社会文化以及儿童与其环境之间、环境与环境之间的相互作用过程与联系等不同形式，具体地存在于儿童发展的生活中，在儿童

① 周来、杨汉麟：《外国学前教育史》，北京师范大学出版社2012年版，第19页。

发展的不同时期、不同方面给以不同的影响①。《蒙台梭利教育法》一书介绍了她对幼儿所处环境的看法，认为适应的环境对幼儿的生长发育更重要，“孩子需要一个自由不受约束的环境”，“孩子需要得到父母、教师以及身边人的尊重”，告诉世人孩子在适宜的环境中才能很好地发育成长。

综上可见，古今中外名人对环境作用的分析是十分深刻的，关于环境对幼儿影响的论述是令人折服的。环境对人的影响，尤其是幼儿的影响是非常之大的，在一定条件下甚至决定幼儿成长的速度、发育的质量。因此，我们要变不利环境为有利环境，让幼儿在适宜的，开心的环境中健康成长。

第三节　优化学前体育教学环境的举措

学前体育教学环境的优劣，在某种程度上决定着幼儿园体育教学活动的成败。为了最大限度地发挥学前体育教学环境释放的正能量，降低负能量，实现国家教委制定的幼儿园教育目标，应该力挺幼儿园体育教学环境的最优化。因为只有教学环境得到改善，幼儿才能提高参加体育锻炼的兴趣，才能自觉地参与各项体育活动，才能使体育教学质量明显提高。

一、优化学前体育教学环境的依据

何谓优化？优化是指根据幼儿教育的特殊要求，对教学环境的各种因素进行必要的选择、组合、控制和改善，发扬有利因素，消除不利因素，使学前体育教学环境处于最佳状态，从而推动体育教学活动顺利开展。优化体育教学环境是形势的需要，幼儿发展的需要，提升幼儿园知名度的需要，创设教学情景的需要。

1. 形势的需要

幼儿园不是设立在世外桃源，而是置身于大环境之中，这里所说的大环境是指国家的政治环境、经济环境、文化环境、大众生活环境等。改革开放以来，我国的政治、经济形势发生了重大变化，文化环境、大众生活环境同以前相比也大不一样，形势的演进和变化对幼儿园势必产生影响，实际上外部大环境发生的任何变化都可能影响到幼儿园体育教学环境，因此，我们要紧跟时代发展的步伐，充分利用社会大环境中的各种有利因素，创建和优化幼儿园体育教学

---

①　王春燕：《中国学前课程百年发展与变革的历史研究》，教育科学出版社2004年版，第156页。

环境，从这个角度讲，优化幼儿园体育教学环境是紧跟飞速发展形势的需要。

2. 幼儿发展的需要

幼儿时期是其身体和心理发展的重要时期，是人生的奠基时期，幼儿时期，幼儿能否愉快地生活、健康地成长、良好地发育与幼儿园教学环境有直接关系，环境好，幼儿在那里能够幸福地生活，能够开心地接受教育，饶有兴趣地参加体育活动，环境不好，幼儿的身心发育就要受影响，参加体育活动的兴趣就要大减。因此，为了幼儿更快地心情愉悦地成长，必须给他们营造一个适宜的环境。因此，我们说优化环境是促进幼儿身心发展的需要。

3. 提升幼儿园知名度的需要

由于我国目前仍然处于社会主义初级阶段，而且这个阶段还相当长，再则我国幅员辽阔，各地区差异很大，发展很不平衡，据调查，我国现在的农村幼儿园多数经费紧张、条件比较差、环境不尽如人意。城里幼儿园环境也不一样，北京、上海、广州一些大城市幼儿园环境比较理想，中小城市多数幼儿园经费不宽裕，环境不够理想，为了招满生源，必须改善环境，提升幼儿园的形象和知名度，知名度不高，吸引力就不强，所以优化幼儿园环境势在必行。

4. 创设教学情景的需要

教学欲取得良好的效果，创设教学情景必不可少，教学情景是否理想与教学环境息息相关。教学环境优化以后，教学情景的营造才能顺利进行，没有优美的环境，教学情景是不可达到理想状态的。由于教学情景具有即时多变的特点，有时还可能出现各种课堂偶发事件，因而，幼儿体育教师要时刻注意和善于把握教学情景的变化，并根据教学情景变化的需要对各种课堂环境因素进行必要的调节控制，从而使课堂环境保持有序和良好的状态，可见，优化环境是创设教学情景的需要。

以上四点告诉人们，必须优化幼儿园教学环境，这是幼儿园生存和发展的需要，应该给予高度重视。优化教学环境势在必行。那么，优化学前体育教学环境的原则有哪些呢？

二、优化学前体育教学环境的原则

设计与优化学前体育教学环境要遵循以下原则：

1. 教育性原则

幼儿园是一种特殊的环境，它的特殊就在于是一个简化、净化、人性化的环境，在幼儿园的周围，在走廊的墙壁上，在教室里，在活动室，在操场经常看到的一切，对幼儿的精神面貌和心理都将产生重大的影响，正因为如此，对学前体育教学环境的设计和建造要有积极的、向上的、正面的意义，要有利于幼儿思维的启迪，要有利于激发幼儿学习和参与体育活动的动机和兴趣，要有利于陶冶幼儿的道德情操，营造出“连墙壁都能说话”的学前体育教学环境，使置身于其中的幼儿时刻受到熏陶和教育。

2. 科学性原则

所谓科学性是说符合事物发展的客观规律。幼儿园体育教学环境要具有科学性，是说它的设计、建设要体现幼儿园教学目标和体育教学内容，要从幼儿园具体情况出发，尽可能满足学前体育教学活动的需要。同时，体育教学环境的选择、建设、美化均要符合运动学、生态学、儿童教育学、儿童心理学、建筑学、教育美学等方面的基本原理，还要考虑幼儿身心发展的要求和幼儿的个性发展要求。

3. 实用性原则

幼儿园体育教学环境的设计、建设和优化应当根据幼儿园实际情况而定，主要是经济条件是否允许，要本着“少花钱多办事”“不花钱也办事”的精神，节俭建园，美化环境，应该本着经济、实用、有效的宗旨进行，创建良好的教学环境并不意味着刻意追求豪华的设施和讲究排场，其主要目的是为了更好地服务于体育教学，因此，体育教学环境的设计和优化必须立足幼儿园的实际条件，不可脱离教学实际需要和自身经济能力去追求环境外表的漂亮、华丽。

4. 人文性原则

所谓人文性原则，是说学前体育教学环境的设计和优化，必须始终坚持以幼儿为本，要充分考虑幼儿身体发育的需要和心理不断成熟的需要，要充分考虑幼儿求知的渴望。物质环境的设计要体现对幼儿的人文关怀，体育教学场馆、活动的地方周围环境要考虑是否安全卫生，颜色光线是否符合幼儿用眼卫生和视觉的要求，器材、服饰和设施是否更加符合幼儿的生理特征，还要通过体育教学环境的设计和优化，营造和谐的充满人性的民主平等的氛围。

三、建设和优化学前体育教学环境

跨入 21 世纪以后，科技革命的浪潮汹涌，我国社会主义现代化的步伐加快，幼儿园硬件和软件建设在不停步地加紧进行着，如何给幼儿营造第二个家，给幼儿一个适宜的成长环境是摆在广大幼教领导和教师及工作人员面前的重要课题。笔者认为，幼儿园体育教学环境的建设、营造要从幼儿园整体需求出发，要更大限度地凸显出生态功能，因为这样才有利于幼儿健康成长，设计与优化幼儿园体育教学环境要力争做到和谐美观、安全卫生、特色突出、和谐民主。

1. 和谐美观

和谐是说幼儿园内运动场馆、教室、活动室、操场、食堂、各种设施布局合理，符合建筑学要求，看上去大气。美观是说各个建筑物的设施色彩、形状、造型符合审美要求。具体到幼儿园体育教学场所和设施的建设要从整体上进行规划，建筑物和各种配备的设施要协调一致、比例合理、美观大方，比如色彩的搭配、通道的连接要形成一个有机整体，幼儿园的墙面和体育活动场馆的墙壁、地面颜色一般可采用暖色调的、柔和的黄色、珊瑚色、桃红色，因为暖色调可使幼儿在视觉上情感上产生兴趣，可提高中枢神经的兴奋性，特别符合学龄前儿童的心理特点。要求体育场馆、活动场所与自然环境浑然一体，要藏风聚气、阳光充沛、通风透光，体育设施周围要进行绿化，种植草坪，尽量营造出夏秋有硕果，冬春有花草（北方除外），给人以生机勃勃、万物繁盛之感。要求常绿植物和季节花木相互搭配，生机盎然，景色怡人，这样优化环境十分有利于幼儿的成长发育。

2. 安全卫生

安全卫生是对举办幼儿园者最起码，最基本的要求，《幼儿园管理条例》中指出“举办幼儿园必须将幼儿园设置在安全区域内。严禁在污染区和危险区内设置幼儿园”，“严禁在幼儿园内设置威胁幼儿安全的危险建筑物和设施，严禁使用有毒有害物质制作教具玩具”。这是国家教委对举办幼儿园设置的一条不能逾越的底线，也是不能触碰的一条高压线。要求安全放在第一位，卫生必须得到保证。安全和卫生实际上也是一个环境问题，幼儿园体育教学环境里不能存在危险隐患，体育场馆、活动室要坚固，不能在充满危险的房屋里锻炼身体，体育设施如果陈旧老化要及时维修和更换，以免幼儿身体受到伤害。体育活动场所要定期消毒，体育活动不能在马路旁进行，不能在到处是灰尘的地方上体育课。幼儿园要远离石油和化工厂，要避开集市和喧闹的地方，幼儿园内的活动场所要经常打扫，窗明几净，地面要擦干净，做到无飞尘无死角，室内活动场所要采光充足，温度适宜，通风良好，要避开风沙，要尽量选择没有空气、水和噪音污染的环境上体育课。

3. 特色突出

全国目前大约有 18 万余所幼儿园，它们坐落和分散在 960 万平方公里的土地上。由于我国幅员辽阔，疆域广大，幼儿园所处地域不同，幼儿园的各种条件差异很大，所处自然环境也不相同。其次，世界上的事物具有多样性，是千差万别的，每种事物都有自己的特色，没有特色就不能生存，没有特色就不能发展，这是被实践所证明的真理。每个幼儿园都具有特殊性，这是客观存在的是不争的事实，问题在于，我们要利用特色，突出特色，发展特色，因为只有特色才能生存。一个企业如此，一个幼儿园也是如此。要从幼儿园的实际出发，利用现有的特色优势壮大自己，发展自己。突出特色就是要充分利用所处的地理优势和有利的环境条件创办特色幼儿体育课，比如，农村幼儿园虽然经济条件较差，但是场地宽阔，自然环境优良，可让幼儿在那里进行基本动作，走、跑、跳等动作练习，可分小组做游戏，玩跳皮筋、丢口袋等，孩子一定很开心。城里幼儿园经济条件比较优越，但多数幼儿园所占的面积较小，城市寸土寸金，难有大的活动场地，可组织幼儿做体操，有的幼儿园组织幼儿做团体操，既健身又增强了团队精神，可以说是成功的尝试，是上佳的选择。我们要利用好各地具有特色的环境搞好幼儿园体育教学活动。

4. 和谐民主

幼儿园体育教学环境的优化，其中一个重要内容是体现和谐。幼儿之间，幼儿和老师之间关系要融洽，因为关系和谐，教师能够心情舒畅地教好体育知识，幼儿能够活泼愉快、开心地学好体育课。和谐是宇宙基本准则，是国家兴旺的基础和前提，也是提升教学效果的助推器。课堂上如果民主气氛浓郁，幼儿学的积极性和教师教的主动性都将得到淋漓尽致的发挥，教学民主能使教师和幼儿心情处于最佳状态，心情好教学效果才能好，如果师生一方心情不佳，教学效果就要大打折扣。教学民主还可以催人奋进，促进教师和幼儿进行情感交流，使幼儿和教师之间产生共鸣，激发幼儿学习体育知识和参与体育活动的兴趣，可以有效改变过去教学中存在的我讲你听、我说你做的居高临下的教学情境，使幼儿从被动学中解放出来，大胆质疑，大胆求异，大胆创新，优化幼儿的心理环境。

第十章　学前体育教学管理科学化的路径

学前体育教学是学前体育的重要组成部分，也是核心内容。管理在维护教学有序进行中起着十分重要的作用。1806 年赫尔巴特在其《普通教育学》一书中，已经提出了关于“儿童管理”的概念，他认为儿童的管理问题，是教育学中存在的普遍问题，也是教育科学研究的基本内容。他强调说：“如果不坚强而温和地抓住管理的缰绳，任何功课的教学都是不可能的。”他主张通过对儿童纷乱行为的必要管理来组织正常学习，激发儿童的多方面兴趣爱好，以求知、情、意、德、智、体诸方面的协调发展[①]。可见，学前体育教学能否真正地取得实效，与教学管理工作有直接关系，如果采取了现代科学管理方法，那么，学前体育教学工作就会令幼儿满意，并且达到教学目标的要求，出色地完成教学任务。因此，学前体育教学管理工作事关体育教学成效的优劣，必须认真对待。

第一节　学前体育教学管理的原因

社会的进步，科技的发展，呼唤着管理要随着历史前行。现代管理的科学理论，已经迅速地进入到教育教学领域，强烈地冲击着教育教学的传统经验体系，向教育教学管理要“合格人才”，向教学科学管理要“教学质量”的呼声风靡于中外教育界，这对从事教育工作的人们是一个严峻挑战。那么什么是教学管理呢？

一、教学管理的基本含义

教学管理是以教学的全过程为对象，遵循教学活动的客观规律，运用现代科学管理的理论、原则和方法，对教学工作进行决策、计划、组织、实施、检查、指导、总结、提高，最大限度地调动教师和学生的积极性，以保证教学目

① 张庭焕：《西方资产阶级教育论著选》，人民教育出版社 1976 年版，第 267 页。

标实现的活动[①]。其实教学管理是一个比较复杂的活动，它是对教学目标、教学过程、教学内容、教学方法、教学评估等各种要素而形成的教学质量进行全面的管理。只有充分发挥了各个教学环节的职能作用，理顺了教学过程中的各种关系，才有可能实现教学管理活动的科学化，从而取得教学质量的最佳效果。大家清楚，教学活动实际上是师生共同参与的双边动态运转过程，是人与人所构成的有机统一系统。教学管理的基本职能就是依据教学内容，运用现代管理科学的系统性原则、反馈性原则等，使教学活动达到最优化，以实现管理的功能，提高教学质量，培养合格人才。一般地说，有效的科学管理是从信息反馈的主要环节开始的，对课堂教学全过程进行组织、协调和控制。教学活动如果离开信息反馈和组织控制，教学秩序必然处于混乱状态，教学过程必然杂乱无章，教学管理者就完全处于被动盲目的地位，失去了教学计划和指挥的主动权，从这个角度讲，要给予信息反馈以足够的重视。为了搞好教学管理，我们必须充分认识它的积极作用，只有这样，管理才能主动、自觉和高质量。要想搞好教学管理，还要充分认识它的作用。

教学管理具有十分重要的作用。大家知道，任何科学化的管理，其目的都是为了实现高效、低耗和可靠地输出高功能。在生产领域，人们把科学管理的巨大作用描绘成“三分技术，七分管理”，提出“向科学管理要质量”、“向科学经营管理要效益”，甚至把先进的生产技术和科学的管理方法，比喻为当代经济腾飞的两翼，缺一不可，彰显了现代科学管理的重要地位。同理，在学校教学中，教学管理工作同样重要，其作用概括起来有三点：①教学的科学管理，有利于建立稳定的教学秩序。建立正常的稳定的教学秩序，是保证教学活动得以顺利进行的基本条件，也是全面提高教学质量的重要保证，教学的科学管理能为教学活动提供一个良好的教学环境。这里最主要的是要有一个富有活力的教学秩序，如果学生从入学到毕业几年中，没有良好的教学秩序相伴，能出色地完成学业吗？况且学校办学是年复一年，周而复始，不断循环，没有稳定的教学秩序，没有科学的管理，这个教学过程能不间断地良性进行下去吗？可见教学管理对稳定教学秩序是多么重要！②教学的科学管理，有利于调动教师教学的积极性。教师在教学过程中，既是知识的传授者，又是教学活动的管理者。在教学管理的各个环节上，都要注意发挥教师的主导作用，充分调动他们的积极性、主动性和创造性。教学管理的成效如何，关键在于调动广大教师积极性的程度。调动教师的积极性要以精神鼓励为主，物质鼓励为辅。要充分信任、依靠和尊重教师，提高他们的社会地

① 李秉德：《教学论》，人民教育出版社2001年版，第356页。

位。同时要尽量满足教师在物质生活方面的待遇，调动他们教学和管理的积极性。如果采取消极的办法，靠行政监控手段，或完全靠规章制度来约束，就必然会僵化教学管理的过程，削弱甚至扼杀教师的积极性，给教学造成不应有的损失。③教学的科学管理，有利于提高学生自我教育的主体意识。教学管理要取得最佳效果，重视和提高学生自我教育的主体意识，是一个至关重要的问题。这不仅是因为教学本身由教师的教和学生的学所构成，而更重要的是学生在教学过程中并不是单纯的教的对象，也不是被动的受管理者。按照新的学生观来说，学生是学习活动的主体，教师的教是为了学生的学，学生既是教学管理的对象，又是教学管理的参与者，从这个意义上说教学的科学管理，有利于调动学生的积极性，提高主体意识。

二、体育教学管理的概念

1. 体育教学的含义

体育教学一般来讲是在体育课堂上进行的，通常指在一节课中，体育教师针对教学计划规定的内容，由教师和学生在规定的教学地点进行的体育的教授和学习活动。体育教学这一概念包括三层含义。第一，体育课堂教学是指正规的体育教学活动，它区别于课外体育活动中和课余训练中的教学行为以及学生自由体育锻炼中的学习行为；第二，体育课堂教学是以一节课为基本时间计算的；第三，体育课堂教学时在规定的教学地点，如教室或各种体育场馆里进行的体育教学活动。

2. 体育教学管理的内涵

体育教学一般是指课堂正规教学，体育教学管理“是指体育教师为了保证体育课堂教学的秩序和效益，对体育教学环境、人际关系、教学纪律以及教学反馈等方面进行的设计与控制工作”。[①] 体育课堂教学组织与管理的内容较多，但重要的方面有四点：教学环境、人际关系、教学纪律及教学反馈。①教学环境是指保证体育教学得以顺利进行的物质和非物质的环境因素。如场地的选择、场地的清洁、器材的检查、场地器材的布置。②人际关系是指保证体育教学顺利进行的人际关系和沟通条件的因素，如教学组织形式的设计，学生之间交流的组织与控制。③教学纪律是指保证体育教学顺利进行的教学规定和奖惩因素。如，教学常规的执行，体育所需的特定教学纪律制定与执行，教学中纪律教育手段。④教学反馈是指保证体育教学顺利进行的高质量的评价和反馈因素，如

---

① 毛振明：《体育教学论》，高等教育出版社2005年版，第263页。

建立经常性教学反馈机制，民主教学方法的使用：小组、小干部作用的发挥等。总之，体育教学管理就是运用现代科学的管理方法，最大限度地调动师生的积极性，以保证体育教学目标实现的活动。

三、学前体育教学管理的内涵

笔者认为，学前体育教学管理是指体育教师为了保证幼儿园体育课堂的教学秩序和效率，对学前体育（一般是指幼儿园体育）的教学环境、教学纪律以及教学反馈等方面进行的设计与控制工作。学前体育教学管理主要是指对幼儿园正规体育课堂教学的管理。管理工作主要是由幼儿园体育教师担任的，当然也包括幼儿园领导及有关人员参与的体育教学管理的工作。幼儿园体育教学管理是对幼儿参加体育教学全过程的管理。学前体育教学管理是对体育教学多个环节的管理，如对学前体育教学目标、原则、方法、内容、环境、纪律、评价等的全方位管理，主要是对教学环境、教学纪律、教学反馈等的管理。幼儿园体育教学环境要求清洁，空气新鲜，光照充足，无污染。幼儿上课时玩的玩具，体育设施器材要完好、安全，体育课最好在体育馆，或运动场上进行。教学纪律包括的内容很多，比如，上体育课时课堂秩序良好，幼儿要全神贯注地听讲，认真看教师示范、演示，不允许上课时随意走动、喧哗，或精神溜号，俗称“走神”，教师要认真讲解动作要领，并做标准的示范动作，语言要精炼，动作要正确，教法要得当。教学反馈很重要，上完一节体育课后，要到幼儿中去了解学的如何？有无兴趣？讲的怎样？如何改进？全面听取幼儿的意见和建议，教师也要对所教内容进行反思，回忆幼儿听课时的眼神，面部表情和情绪，为下节课做准备。实践表明，只要对学前体育教学加强管理，尤其引进现代科学的方法去管理，就一定会上出高标准、高质量的体育课来。

第二节　学前体育教学管理任务和内容分析

学前体育教学管理的基本任务和主要内容二者有着密切的关系，它们相互依存，彼此关联。二者有效结合和统一的过程，就是学前体育教学管理正常运转的过程。一般来说，学前体育教学管理的任务是通过学前体育教学管理的内容实现的。

一、学前体育教学管理的基本任务

何谓学前体育教学管理的基本任务？根据学前体育教学管理的总目标要求，

学前体育教学管理的基本任务可以概括为：依据国家教委对幼儿园所制定的教育方针，遵循教学工作的客观规律，运用现代科学的管理方法，协调组织学前体育教学活动的诸要素，不断提高教学质量，以完成教学计划与教学大纲所规定的体育教育教学目标。一言以蔽之，幼儿园体育教学管理的基本任务，就是要实现国家给幼儿园制定的体育教学目标。具体讲主要有三条：

1. 科学地组织幼儿园体育教学过程，提高教学工作效率

科学管理的直接目的，就是要提高工作效率，提高产品质量。教学管理要优质地实现教学目标，有赖于树立对教学过程的正确认识。幼儿园里，教师和幼儿在教学过程中的活动，是一种相互依存的双边关系。实质上教学管理是对教学过程有效的调整和控制。科学地组织教学过程，要注意两点：其一是要以教学最优化为前提，运用正确的观点分析教学的全过程，即把教学过程的所有成分，教师与幼儿活动的内外条件都看成是有机联系的整体，并从实际情况出发，自觉地从中选择出在当前条件下教学任务、教学内容和教学方法的最佳方案进行教学；其二，要在正确处理教与学的关系的情况下，把重点放在教师的职能方面来，这不仅是由于幼儿教师在传授体育知识方面起主导作用，更重要的还在于教师是教学计划、教学大纲的具体执行者，是教学管理的直接指挥者。因而，在体育教学管理过程中，要努力做到学前体育教师政治和业务水平的提高，要争取管理教学才能的提升。

2. 制定与实施学前体育教学管理的规章制度，保证教学工作的正常运转

谈到学前体育教学的管理，说到底是要靠制定合理的科学的教学管理规章制度。制度是做好工作的保证，没有好的制度是什么事情也做不成的。要搞好学前体育教学的管理，必须靠制度引导和约束教师和幼儿教与学的行为，这样才能在优良教学的环境下正常进行运转。如果没有制度能搞好管理吗？没有学前体育教学管理制度的制定和实施，学前体育教学能搞好吗？这是不可能的，这已经被大量的幼儿园体育教学实践所证明。教学管理的规章制度主要有两类，一类是属于教务行政管理方面的规章制度，一类是属于制约课堂教学活动纪律性方面的规章制度。例如，教师和幼儿的考勤制度，教师备课的基本要求，教师上课的基本要求，教师的工作责任制，教学的检查与总结等均属此类。在教学管理过程中，凡是国家教委和省、市、自治区教育主管部门制定的规章制度具有强制性，要令行禁止，不得与之抵触和变通。地方性的规章制度则可根据幼儿园的实际情况提出具体实施细则或要求进行贯彻执行。需要注意的是制定的体育教学各项规章制度，一要科学，二要可行，三要稳定。教学管理的各项规章制度贵在坚持，贵在讲求实效，贵在实施。

在执行过程中要反对两种倾向：一是我行我素的自由主义倾向，二是要在执行过程中发现规章制度的缺陷和弊病及时纠正，使其完善，防止僵化静止地对待现行的学前体育教学的管理制度。

3. 坚持以教学为中心，全面提高教学质量

我国改革开放以来，以经济建设为中心进行社会主义现代化建设，目前正在进一步深化改革和扩大开放，正在中国特色社会社会主义道路上奋力前行。我们幼儿园的工作，也要坚持以教学为中心，把全面提高教育教学质量放在幼儿园各项工作的核心位置上。实践证明，教学管理是整个幼儿园管理的核心，而教学质量又是教学管理的关键。幼儿园教学质量的管理，既要着眼于教师教的质量与幼儿学的质量，又要着眼于提高教学过程中各个环节的教与学的效率。所谓教学质量是教师的教通过幼儿的学体现出来，一般是通过幼儿期末或阶段测试的情况体现出来。幼儿园教学质量的高低，是衡量幼儿园教学工作效率的客观尺度，也是幼儿园管理水平高低的重要标志。要实现全面的质量管理，首要是树立正确的教学质量观，提高幼儿园领导、体育教师和幼儿的质量意识，要树立全面教学管理的思想，要把质量管理贯穿于教学的全过程。要做到"三全"管理，即全面质量管理、全过程的管理和全员参加的管理。要有具体的质量标准，既要有质的要求，又要有量的规定。这样才是真正抓了学前体育教学管理，并把它落到了实处。

二、学前体育教学管理的主要内容

我国广大城乡幼儿园体育教学管理的主要内容，大体概括为如下三个方面。

1. 教学工作的计划管理

幼儿园体育教学工作计划，是幼儿园整个教学工作计划的重要组成部分之一。体育教学工作计划管理是为了保证幼儿园体育教学工作有秩序地进行，顺利地完成教学任务，实现幼儿园体育教学目标。可见幼儿园体育教学计划是必须有的，不是可有可无的，没有它就是盲目地从事幼儿园体育教学工作，工作质量是要严重缩水的。幼儿园体育教学工作的计划管理就是运用幼儿园制定的具体计划去统管教学的全过程。通过计划的实施、调节和控制，检查、督促和总结进行管理。计划管理包括整个幼儿园的体育教学计划的管理，各个班次（大、中、小班）的计划管理和体育学科教学进度计划管理（一个班级）。

2. 教学过程中各个环节的管理

教学过程的主要环节有哪些？以课堂教学为例，包括备课、上课、布置作

业、个别辅导等（幼儿园一般来讲不设考试和成绩评定环节）。如果教学过程中任何一个环节削弱或失控，都会给教学质量带来不利的影响。所以对教学的各个环节都要加强管理。

（1）教师备课的管理

幼儿园体育教师在上课之前必须认真备课。备课分为集体备课和个人备课。集体备课是指同一学科同等班次教师在一起共同研究课程，集中大家的智慧把课备好。一般来讲多数时间都是体育教师个人先备课，要求教师要熟悉体育教学计划、教学大纲的内容，要深入钻研教材，明确每节课的教学目标和任务，掌握教材的重点和难点，要全面了解、掌握和分析幼儿的基本情况，增强教学的针对性，做到既面向全体，又照顾个别，因材施教，调动幼儿学习的兴趣和积极性。对体育教师备课的情况，园领导要进行检查，要求有完整的教案。同时，幼儿的管理人员要为体育教师备课创造有利的环境和条件，保证教师集中精力备好课。

（2）课堂教学的管理

课堂教学管理是保证完成教学任务取得良好教学效果的主要渠道。教学管理者要为上好课创造良好的环境和气氛。要搞好课堂教学的常规管理，如为幼儿上好游戏课准备好场地、体育器材（玩具等）用品等，对课堂纪律、教室或场地的清洁卫生提出具体要求，并进行检查，还要填写教学日志。另外，幼儿园的教学管理人员要经常深入课堂听课（包括随时听课和有计划听课两种），听完课后，要同体育教师进行讨论研究和交换意见。对教学取得的成绩和成功之处给予充分肯定，对不足之处指出后应提改进办法。对于观摩课则应在听课之后及时组织听课人员进行教学评议。要充分发扬民主。对教学过程也要听取幼儿的意见，要发扬成绩，克服不足，不断改进教学，提高质量。

（3）对体育课后活动的管理

体育教师为幼儿讲完正式新课后，让幼儿巩固所学的体育基础知识和基本技能，对有些动作要进行练习。这时体育教师要认真对幼儿进行辅导。课外的体育活动实际上是正规课堂授课的延续，有时间体育教师也要参与并进行指导。要求幼儿园的管理者要对体育教师上课情况及课外辅导情况认真做好记录，作为教师评比的依据。对体育课后活动的管理一是靠体育教师，另一是靠幼儿园管理人员去完成。

3. 幼儿学习过程的检查管理

以往只重视对体育教师教的情况的检查，而忽视了幼儿学习过程的检查，按照素质教育的要求，既不能以教师为中心，也不能以幼儿为中心，而是要以教师为主导，幼儿为主体。教师和幼儿在教与学的过程中相互作用，共同积极地、主动地、自觉地、出色地完成体育教学任务。

（1）培养幼儿体育锻炼的兴趣，指导幼儿制定体育学习计划。

幼儿时期是身体发育的重要时期，培养幼儿良好的体育锻炼习惯，使幼儿熟练地掌握运动技能，是摆在幼儿面前首要的任务，要做到这一点，幼儿必须根据自己的实际情况，制定体育基础知识学习计划，制订好每天每周每月甚至每学期的体育活动计划，使计划逐步实施。

（2）重点加强对幼儿在体育课堂上的管理

学习体育基础知识，进行体育锻炼，掌握基本技能主要靠体育课堂，这是最重要的渠道。在体育课堂几个主要环节上要加强管理，例如幼儿的课前预习、课堂听讲、讲后的练习和基本技能的巩固。体育教师要认真检查幼儿的学习情况、练习情况和体育基本知识掌握的情况，对比较优秀的幼儿给予肯定和表扬，对体育基本动作欠佳的幼儿耐心地给予指导。同时，对幼儿的学习情况，体育教师要认真做好记载，作为日后考查幼儿掌握体育知识和技能的依据，作为教师改进体育教学的依据。

（3）加强幼儿课外体育活动的管理

幼儿的课外体育活动包括两方面的内容，一是体育课之外，在幼儿园开展的体育活动，据调查，锻炼的时间约每天1～2小时为宜；另一是在幼儿园之外，一般晚上回家后和附近的小朋友一起开展的体育活动，基本上以游戏为主。课外体育活动中，幼儿的自主参与度和活动的程度比在体育课堂时大一些。因此，幼儿在幼儿园活动时体育教师一定要对幼儿进行安全教育，同时要对体育活动适当给予指导。幼儿在家时，家长要做好监护人，对体育活动给予关注和进行管理，要确保幼儿人身安全。

总之，我们要采取科学的管理手段和措施，加强对幼儿园体育教学的管理。要提高对管理的认识，增强自觉性，要边管理边总结经验教训边改善管理，从而保证体育教学的正常开展和体育活动的丰富多彩，为幼儿全面发展打好身体基础。

第三节　学前体育教学管理科学化的主张

幼儿园体育教学管理的科学化是一个新的课题。说它新是同过去传统的管理方法相比较而言的。有的民营企业创办之初，发展势头良好，展示了广阔的发展前景，后来做大以后，靠家族式的管理衰败了。为什么呢？主要在于没有采用科学的管理方法。一个企业如此，那么，学前体育教学的管理如果承袭过去老一套的管理方法，教学质量肯定上不去，只能在低位徘徊。时代发展到今天，客观上需要科学的管理方法介入到教学领域。学前体育教学引入新的管理方法可以快速地提高教学质量，使幼儿园体育教学面貌发生大的改观，从而使教学任务完成得更好，教学目标得以出色地完成。

现代科学的管理方法有哪些新的特点呢？我概括出有四化，即管理手段现代化；分析数量化；标准规范化；实践程序化。首先，管理的手段现代化了，以往管理多是人工手工操作，现在采用了电子计算机，用它安排课表，统一调度教室，统计考试成绩，评价教学质量，进行教师队伍基本状况分析等。速度快，效率明显提高，管理能不上档次吗？第二，分析数量化，过去管理主要是定性分析为主，很少涉及定量分析，现在是对大量数据进行定量分析，要知道从定性分析到定量分析是质的飞跃，这是对事物认识的进一步深化，可以说判断的准确率更高了。第三，标准规范化。众所周知，管理要有标准，标准只有规范才是科学的管理。衡量教师教的程度和幼儿学的程度，必须有一个标准。现代管理方法的一个明显优势是标准更加规范了。第四，实践程序化。管理不是随心所欲，而是要按照程序办事，只有按程序去做，才能减少盲目性，增强自觉性。管理程序化，才能产生新的效益。用现代科学管理方法指导、规范幼儿体育教学活动，定会给人们带来惊喜。

1. 科学地制订教学计划

幼儿园体育教学不是推着干，也不是哄着幼儿玩游戏，而是根据幼儿身心发育的规律和国家教委制订的关于幼儿的教育目标，选择能使幼儿健康成长的体育教学内容，让幼儿经过学习掌握有关的体育基本知识和锻炼身体的科学方法，从而让幼儿心情愉快地无拘无束地茁壮成长。幼儿园体育教学要想有序进行，必须客观地面对实际情况，有的城市幼儿园场地宽敞，服务齐全，设施先进，体育教师教学能力强，体育教学内容要全一些，难度可适当大一些。而农村广大幼儿园条件较差，场地小，设备差，设施陈旧，幼儿的智力开发力度相对小一些，体育课的内容就要相对少一些、简单一些。无论是城市的幼儿园还是农村的幼儿园，想提高教学质量，必须加强教学管理，要用科学理论指导教学工作，用科学管理方法统领教学工作。要科学地制定教学计划，制订的计划要周全、细致、合理、科学，经得起教学实践的检验。体育教学计划包括幼儿园体育教学总体计划、学期计划、月计划、周计划和日计划。计划制订后教学管理人员要不打折扣地坚决执行，决不能说一套做一套或者只说不做。要按计划逐项逐条检查落实，要坚持定期检查，常抓不懈。

2. 科学地规范教学环节

幼儿园体育教学主要包括三大环节：备课、讲课、课后辅导。

第一，备课。要求幼儿体育教师认真通读教材及有关材料，吃透要讲的内容，熟练掌握疑点、重点、难点，并把备课的内容写成标准的教案。幼儿园的领导和教学管理人员要定期认真查看教案，从教案中判断教师对课程掌握的程度，作为考核教师的依据。第二，讲课。在充分备课的基础上，教师要登台讲课。因为体育课同其他学科相比具有特殊性，不仅要讲清楚相关的体育理论知识，还要体育教师进行演示，让幼儿掌握肢体动作的技能技巧。要求教学管理人员要跟班听课。听教师是否把知识点讲全了，看教师基本动作是否规范，教学管理人员要做好听课记录，课下要同体育教师沟通和交换意见，肯定成绩，找出不足，提出改进意见。第三，课后辅导。幼儿体育课上完后，教师要检查幼儿对课上所学的体育知识掌握的情况，对基本动作要进行巩固，让学得好的幼儿做给其他幼儿看，并让幼儿对基本动作反复做，直到做得符合要求为止。对巩固阶段教师要给予重视，绝不允许学了不少动作，最后没学会几个，没完全掌握要领。教师要坚持课后辅导制度，教学管理人员要把这个环节作为体育课的延续，真正抓住，抓出成效。要到幼儿当中去，深入了解幼儿对所学体育知识和动作要领掌握的程度，这样既考查了幼儿学习的情况，又考核了教师教的情况。这三个环节的科学管理要靠现代管理制度，制度一经制定，就要坚决执行，不打折扣，奖惩分明，并且长期坚持下去，定会收到成效。

3. 科学地建立教学交流制度

所谓教学交流活动，就是指同学科教师之间互相学习、互相探讨，甚至互相进行学术、教法、教学内容的辩论，统一认识，提高业务水平的活动。教学要想提升质量，只抓教学三大环节还远远不够，教师之间应该定期进行沟通，相互交流教学经验和教训。幼儿园领导要组织示范公开课、观摩教学课，看外地外园优秀教师讲课的录像，还可以利用互联网组织教师观看全国知名幼儿体育教师的讲课，采取这些措施对提高教师的教学水平一定作用很大。重要的是要把教学经验交流、专业知识交流、学术交流作为制度坚持下去，幼儿园领导对这一制度要监督执行，付诸实施。

总之，提高教学质量，要做好常规管理工作。我们要切记四个字“实、恒、柔、新”。所谓“实”字，就是在平素教学工作中把主要力量集中在教学常规的管理上，管理要考虑教和学两个方面，抓基础，重能力，高效率。在教法和学法的改革上狠下功夫。教学常规不要过于繁琐，必须精要易行，方便操作，不搞形式主义。比如检查教师备课，就看教学面向全体幼儿了没有，重点剖析得怎么样，难点分解得怎么样。教师备课目标是否明确，是否有的放矢。抓教学常规管理要坚持一个“恒”字，最忌时冷时热，有始无终，虎头蛇尾，要形成严谨踏实的工作作风。抓教学常规管理还要做到一个“柔”字，教师管理幼儿要耐心，不能急躁。做幼儿思想工作要涓涓细流，春风化雨，滋润幼儿的心田。抓常规管理更要做到一个“新”字，创新是世界发展源源不竭的动力，只有创新才有希望，只有创新才有发展。在管理上要有新点子，要出新招，要有一往无前的“敢闯”精神。要随时间的推移、外界条件的变化而不断完善和丰富教学管理的内容，不断优化教学管理，使教学管理再上新台阶。

第十一章　学前家庭体育教育的新视角

家庭教育与学前体育教学有着十分密切的联系。从一定意义上说，家庭教育搞好了，学前体育教学就有了坚实的基础。学前体育教学要想上台阶需要家庭体育教育夯实基础。因此，研究家庭教育尤其是家庭体育教育有着十分重要的现实意义，应该摆上日程，给予适当的关注。本章从家庭教育入手，回顾古今中外家庭教育的发展历史，汲取历史经验教训，为搞好家庭教育获取营养，深刻认识家庭教育的重大意义，进一步明确家庭教育的原则、内容、方法，在此基础上弄清楚家庭教育对学前体育教学的影响，为实现家园合作共育探讨出新思路、新模式做出新贡献。

第一节　家庭教育的重要性

家庭教育是几千年来人们一直关注的话题，在建设中国特色社会主义的今天，重提家庭教育有着十分重要的现实意义，既是旧话重提，又是当前教育上遇到的但又必须解决的新问题、新课题。这是由于幼儿的健康成长离不开家庭，离不开家庭教育。要想对家庭教育有比较深刻的认识，必须认识家庭教育、家庭教育的发展历史及家庭教育的重要性。

一、家庭教育的含义

家庭是什么？家庭是同居亲属的生活共同体。也就是说一个家庭它的成员基本上是生活在一起的。家庭的成员主要包括父亲、母亲和孩子，三口之家在当今社会比较普遍。有的家庭范围大一些，祖父、祖母或者外祖父、外祖母也加入了三口之家的行列。他们各有分工、各司其职，在一起共同生活。

家庭教育是指家庭中长辈对晚辈的教导、教诲，传授生存、生活知识，传授自然科学、社会科学等方面的知识。一般来讲是指父母传授给学前幼儿德、智、体、美、劳等诸方面的知识、经验和体会。苏联著名教育家马卡连柯指出："家庭教育的真正本质不在于父母跟儿童的谈话，而在于如何组织家庭生活。应特别注意小事情，细枝末节是日日夜夜、时时刻刻起作用的，整个生活均由其构成。指导这种生活乃是父母最重要的任务①。”他认为家庭教育主要包括儿童的体育教育、德育教育、智力教育、性教育、文化教育、习惯的培养等等。笔者认为家庭教育包括的内容比较广泛，比较全面，它涉及幼儿全面发展的方方面面。家庭教育是一门艺术，而且是一门深奥的艺术，我们应该认真对待，并且深入地研究。

二、家庭教育的发展历史

人类社会的历史是漫长的，大体要经历原始社会、奴隶社会、封建社会、资本主义社会和共产主义社会（社会主义是共产主义社会的初级阶段）五个历史发展阶段（当然人类社会还是要向前发展的）。拿中国来说，有文字可考的历史就有五千余年，在原始社会末期，一夫一妻制取代了一夫多妻制和群婚制，家庭形成，养育儿女的任务自然而然地就落在了父母身上，客观上呼唤着家庭教育的出现。家庭教育在中国古代教育中占有极为重要的地位，学前教育全部是在家庭中进行的。古代学前家庭教育的实施者是父母，主要以母亲为主，这是由幼儿生活特点所决定的。清代学者蓝鼎元说：“人子少时，与母最亲，举动善恶，父或不能知，故母最切。”昔孟母教子择邻三迁，千古传颂。“窦燕山有益方，教五子名俱扬”是《三字经》里的一句话，讲的就是家庭教育。可以说，古代儿童的学前教育基本上是在家庭中进行的，父母就是孩子的启蒙老师。中国历来有家庭教育的传统，在中国的封建社会里，家庭是教育的基本单位，儿童在家庭中受教育是必然的历史现象。

下面谈一下国外的家庭教育问题。

雅典的家庭教育。雅典位于希腊半岛南端的阿提卡半岛，其国家形成于公元前 8 世纪。雅典儿童在 7 岁以前，由家庭负责教养。雅典家庭幼儿教育的内容包括五项：第一项，音乐。让幼儿听摇篮曲学唱歌，目的是陶冶性情。第二项，故事。为了适应幼儿爱听故事的特点，家长经常给幼儿讲寓言、童话或神话故事，在雅典讲故事是必不可少的教育手段。第三项，游戏。玩游戏是幼儿的最爱。在雅典，儿童游戏主要有掷骰子、猜单双、玩球、与小动物嬉戏等。第四项，玩具。在雅典幼儿教育中，对玩具的教育作用亦较为重视，认为它是开启智力的有效手段之一。第五项，礼貌和习惯。7 岁以前，男女儿童在家中享受同样的教育，把礼貌行为习惯的培养列为重要内容。

罗马的家庭教育。罗马的幼儿家庭教育一般由母亲负责。幼儿教育的内容

---

① 周采、杨汉麟：《外国学前教育史》，北京师范大学出版社 2012 年版，第 255 页。

主要是有关礼貌及宗教色彩的知识，常以父亲的格言及歌谣的形式进行。如让幼儿学习道德格言和希腊语初步知识等内容，最为感人的是加图教子的佳话。据史料记载，加图颇有见地，亲自承担起教子之责。加图之子出生时，他正在元老院任职，终日公务缠身，但处理完公务后，他迅即回家，亲自为儿子洗澡，照顾其寝食。儿子稍长，加图教他读书，讲授罗马历史故事，使他从小就开始了解和熟悉本国古老的传统，为了教学，加图以诗的形式写成言简意赅、易于诵记的《道德格言》集，供儿子学习。当儿子继续长大，加图还教他游泳、骑马、拳击，使用武器。入夜在油灯下面教儿子学习罗马法的基本文献。加图还不厌其烦地回答儿子的提问，努力把自己丰富的人生阅历和知识传授给他。在老加图的精心教育下，小加图后来也成为一名杰出的法官。

瑞士的家庭教育。裴斯泰洛齐（1746—1827），瑞士人，是近代著名教育家，非常重视家庭教育，对学前教育思想的发展做出了卓越的贡献。他认为家庭关系是最起码、最重要的自然关系，儿童健康成长的内在源泉在其自身，外在源泉是父母的教育，家庭生活是进行真正良好教育的天然基础，他断定家庭是教育的起点，家庭应当成为任何自然教育方案的基础，家庭是培养人品和公民品德的大学校。他主张改善全民的教育，首要的是激发父母的自觉性，要求通过提高父母的道德水准来普遍地改善每个家庭的生活，他的结论是学校永远无法代替家庭教育，主张要在家中寻找教育科学的出发点，使家庭教育和学校教育两者配合一致。

苏联的家庭教育。马卡连柯（1888—1939）是苏联现代杰出的教育革新家、教育理论家和教育实践家。他指出："儿童将成为什么样的人，主要地取决于父母在 5 岁以前把他造成一种什么样子。"他把家庭看作社会的一个天然基层细胞，儿童在这里生活成长，父母应意识到自己对子女的责任，并把教育子女与国家未来的前途相联系。不能把家庭生活和社会事业分开来，要重视学校教育与家庭教育的密切联系。他还认为良好的家庭教育的基本条件之一是保持家庭的完整和团结一致。父母不在一起生活或离异，会对儿童的教育产生不良的影响，因而父母不应当在孩子面前争吵。关于独生子女的教育问题，他也有比较深入的探讨。他认为教育独生子女不仅重要而且困难，认为多子女的家庭更有利于孩子的教育。这是由于独生子女往往成为家庭注目的中心，并习惯于自己所占有的特殊地位，有意无意地成为利己主义者，因而教育难度明显加大，需要加倍努力，教育才能有效果。他十分重视父母的威信在家庭教育中的作用，在他看来，父母是家庭集体中负有责任的长者，是否有威信直接影响到教育的成败。父母威信的建立靠什么？父母的公民感及对儿童生活的了解和帮助是真正威信的基础，最为要紧的是父母以身作则，如果父母个人缺点太多，任何方法都是没有用处的，他认为父母对自己家庭的尊重，父母对自己一举一动的检点，这是最首要和最基础的教育方法。不难看出，马卡连柯对家庭教育的认识是相当深刻的，对实践的指导作用是非常大的，是对学前幼儿教育事业的重要贡献。

从古今中外著名学者和教育家对家庭教育的论述，我们看到了不少论断是具有真知灼见的，是闪闪发光的，对家庭教育的影响是深远的。时代在发展，家庭教育理论在完善，我们要以史为鉴，不断创新家庭教育理论，进一步搞好家庭教育。

三、家庭教育的重要性

家庭教育在当今具有十分重要的作用，它不仅是国民教育的重要组成部分，而且还是学校教育、社会教育的坚实基础和必要补充。家庭教育是提升幼儿德育水平、智力水平、体质健康水平的重要途径之一，家庭教育是幼儿走向成功的阶梯，具有极强的不可替代性。

1. 家庭教育是学校教育和社会教育的坚实基础和必要补充

孩子出生以后，他接触到的第一位老师是父母，孩子要在家长的呵护下发育成长。上幼儿园之前这一时期是幼儿一生发展的奠基阶段，首当其冲的是幼儿健康成长问题。

为了锻炼孩子的视力、手的灵活性、脚的敏捷性，要给幼儿购买一些玩具，如拨浪鼓、玩具兔子、小皮娃娃、小手球等，使幼儿锻炼大脑和四肢，发展幼儿的感知觉能力。孩子 2～3 岁以后，可练习拉小车，钻人工小洞，上滑梯，骑木马，跳皮筋，打口袋等，使幼儿进一步发育。即使上幼儿园以后，晚上回家也要开展一些体育活动，使幼儿体力增强。此外，还要让幼儿养成良好的生活习惯、卫生习惯，使幼儿接触一些能开启智力的事物，为以后上小学打下基础。

2. 家庭教育是提升幼儿综合能力的重要途径

为了使幼儿将来长大成人，参加社会主义现代化建设，需要幼儿得到全面发展，不仅要有一个健壮的身体，还要有高尚的做人品德和智慧的头脑。比如，良好的品德绝不是一朝一夕能养成的，要靠来自家庭父母的长期教育才能达成。再比如，智慧头脑的形成也要父母呕心沥血、不辞辛劳、日积月累地培养才能实现。其他方面能力的培养也要父母努力才能做到。实践告诉人们，幼儿综合素质的提高不仅要靠自身的努力，而且也要靠父母奠基，才能变为现实，在这里家庭教育功不可没，应该说家庭教育是提升幼儿综合素质、综合能力的重要途径，当然这不是唯一途径，幼儿后来要进入幼儿园、小学乃至受到更高层次的教育，这是必须的，也是更重要的，是幼儿走向成功的有效路径。

3. 家庭教育是幼儿走向成功的阶梯

一个人能否成功，能否有辉煌的人生，能否干出轰轰烈烈的大事业，能否为人类的进步事业做出贡献，乃至重大贡献，原因是复杂的也是多方面的，但是人在年幼时的家庭教育则是非常重要的。众所周知，孟母的家庭教育对孟子成为中国古代名人起到了决定性的作用。民族英雄岳飞干出了一番轰轰烈烈抗击金兵的大事业，与年幼时他的家庭教育背景紧密相连。宋代贾黄中五岁时，在严父的督促下，可以说是读书破万卷，十五岁时果然考取了进士。笔者有一亲属有一小孩，家教甚严，母亲每晚在家辅导英语，六岁时能用英语声情并茂地演讲很长时间，全场轰动并报以热烈掌声，后被评为全市英语大赛第二名。事实说明，每个小孩都有自己的特点，都有自己的长处，都有悟性，我们应该发掘他们的长处，捕捉闪光点，早发现早培养，让家庭教育成为幼儿走向成功的阶梯。

总而言之，家庭教育是重要的，家庭是社会的细胞，社会由家庭所构成。如果家庭教育得到重视并且得到发展的话，那么，才能为国家培养出更多合格的德才兼备的人才，才能为社会主义现代化建设培养出更多符合时代要求的生力军。家庭教育是不可替代的，我们有必要进一步探讨家庭教育的有关问题。

第二节　家庭体育教育途径分析

家庭教育是一门学问，而且是一门相当深奥的学问。家庭教育里面有科学，有其自身运行的规律，只有了解和掌握它，才能搞好家庭教育。家庭教育要遵循一定的原则，才能取得事半功倍的效果。那么有哪些原则呢？

一、家庭教育的原则

家庭教育的原则很多，笔者认为以下这些原则应该予以重视。

1. 以身作则原则

以身作则原则要求幼儿家长教育幼儿时要身教重于言教，要身体力行，说到做到，不能放空炮，不能只说不做。如果家长都做不到，却硬让孩子去做，恐怕效果也要大打折扣。以身作则实际是要求父母给幼儿做榜样，因为榜样的力量是无穷的，是对幼儿最直观、最有效的教育方式。另外还要看到以身作则里面蕴含着平等的关系，即父母和孩子要平等相待，这是由于孩子也是人，他既是一个自然人，又是一个社会人，要平等对待幼儿，要让幼儿有人格的尊严，要尊重幼儿，要求父母平等对待子女，子女也要尊重父母。父子、母子之间要建立一种民主平等的关系。绝不能伤害孩子做人的尊严，要保护孩子的自尊心，对孩子的面子、荣誉、名声要给予维护。苏联著名教育家马卡连柯曾说："父母是孩子人生的第一位教师，他们的每句话、每个举动、每个眼神，甚至看不见的精神世界，都会给孩子潜移默化的影响，父母是孩子的表率和榜样。"这表明孩子对家长是信服的，崇拜的，有的孩子对家长的行为还要模仿。有个生活实例：妈妈晚上端来一盆热水送给奶奶让她洗脚，儿子看见了，也模仿妈妈的做法，端来一盆热水送到妈妈跟前说："妈妈你洗脚吧。"这说明家长以身作则对孩子影响是多么的大呀！

2. 一致性原则

在家庭教育上，有人将一致性原则称为统一原则，是说家庭教育上口径要一致，要统一，即父亲批评孩子指出缺点令其改正，母亲知道后不能护着孩子，不让父亲批评，不让教育孩子。反之，母亲见到孩子有的地方做得不对进行批评，父亲也不能护着，不让批评孩子。有的家庭甚至爷爷、奶奶庇护孙子（孙女），不让其父母批评教育，这样下去的话，就会步调不一致，口径不统一，如果杂音相伴，容易使孩子无所适从，分不清是非，影响对孩子的教育效果，所以要求家庭父母教育孩子时要一个声音，要统一步调，要以理服人，要耐心说服，讲清道理，指出缺点或不足及其危害性，这样才有利于孩子的健康成长。

3. 宽严适度原则

对孩子进行教育，既要严格又要适当宽松，严格要求和疼爱呵护是统一的，不是矛盾的，不能人为地把二者对立起来，对孩子的教育疼爱有加，严管不足是教育上的失误，严重者实质上对孩子的溺爱，只会惯坏孩子，不利于孩子的成长。大量家庭教育的实践告诉人们，爱是教育的基础，没有爱就没有教育，如果家长没有爱人之心，孩子感觉不到家庭的温暖，孩子不会依附于父母，不会相信父母的话，不会按父母的要求去做。严格要求在一定意义上说，是对孩子高标准的管理，是对缺点、不足甚至错误的不容忍，这对孩子的健康成长是有益的，但是过严要求超出了孩子所能承受的极限，事物的发展要向相反的方向变化。该严则严，该宽则宽，不能一天到晚弦绷得太紧，过度紧张，不利于幼儿身心健康。只有宽严适度，才能利于孩子的成长。

4. 持之以恒原则

持之以恒是说家庭教育要坚持下去，要一以贯之，不能今天抓得紧，明天就放松，要长期一个标准坚持到底，因为好习惯的养成要靠时间和毅力，要靠意志力。习惯是逐渐养成的，不是一朝一夕所能奏效的。对子女的教育要坚持一贯性，对子女的要求要注意坚持检查和督促，要有耐心、有信心、有恒心、要专心。如果不能一抓到底，抓抓停停，就容易使对幼儿的教育工作半途而废，以前的教育成果也要丧失殆尽。“只要功夫深，铁杵磨成针”，只要有水滴石穿的精神，家庭幼儿教育工作一定会见成效，长期不懈地抓下去，就会取得明显效果，因此家庭教育贵在有恒，贵在坚持。

5. 循序渐进原则

人们对世界上事物的认识是由表及里，从外到内，从简单到复杂，由低级到高级，由感性到理性。人的认识不是一次完成的，需要反复多次才能达到科学认识的程度，要经过实践，认识，再实践，再认识，不断循环往复，才能取得真理性认识。幼儿教育尤其是幼儿的家庭教育也要遵循循序渐进的原则，就拿幼儿锻炼来说吧，幼儿刚开始锻炼的时候，由于身体条件有限，负担的运动量比较小，体内各个器官的耐久力还不够大，因而，不宜让幼儿做运动量大、强度大的活动，只要有些微汗，面部感到有些发热，运动量就基本达到了。教幼儿跑步，滑滑梯或做一项单一运动时，开始的时间不宜过长，运动量不宜过大，要循序渐进，如果骤然进行剧烈的运动或做一些复杂的运动就会使幼儿神经系统和某部分器官过于紧张，导致体内氧气供给不足，出现气喘吁吁、面色苍白、出冷汗等现象，严重时会使幼儿昏倒在地或跌伤。因而，循序渐进是幼儿锻炼应该坚持的一条原则。

总之，幼儿家庭教育需要坚持的原则很多，除以上之外，还有量力而行原则、因材施教原则、希望原则、平等原则、惩罚原则、全面发展原则等等。只要我们坚持这些原则，并且灵活掌握和运用，就能搞好家庭教育工作。

二、家庭教育的内容

幼儿从出生到进幼儿园之前这段时间基本上是在家中度过的，陪伴幼儿的多数是父母或爷爷奶奶，幼儿从呱呱落地到走、跑、玩耍，从接触家人到接触自然界的事物，都要在家人呵护下进行。入园后一般来讲晚上仍要回家住宿。也就是说幼儿在上小学之前，在家要呆上大部分时间，这样，家庭父母就面临着如何教育幼儿的问题。

1. 健康问题

幼儿时期是长身体的重要时期。这一时期幼儿的生理、心理发育尚未成熟，尤其身体发育还没有定型。家长要坚持“让孩子在运动中成长”，要把健康放在家庭教育的首位。要培养孩子爱好体育活动和游戏的兴趣，家长应该多带孩子进行户外活动。同时要注意活动量，要找到适合孩子的活动方式，让孩子在快乐中锻炼，在开心中生长。比如让家长和孩子一起玩游戏，让邻居小朋友和孩子一起玩游戏，跳皮筋、丢口袋、捉迷藏、跳绳、躲闪游戏等都是不错的选择。父母闲暇时间带孩子去游泳有利于幼儿身体各个器官的发育，有利于肺活量的增大，值得提倡。但是有些危险的动作要尽量避免，如负重跑、倒立、扳手腕、兔子跳等不要参与。

2. 道德教育

道德品质教育是教孩子如何做人。小孩子来到人世间，对如何做人一无所知，家长可通过故事的形式讲英雄模范人物的先进事迹，让孩子受到教育，对孩子进行教化和引导。要通过各种形式进行道德教育，比如让孩子练体操培养集体主义精神，让孩子玩游戏养成讲礼貌、守纪律好品行，召开故事会，赞扬先进人物，谴责低劣行为，通过搞生动有趣的各具特色的活动，对幼儿进行热爱祖国、热爱家乡、热爱集体、热爱劳动的教育，培养诚实、自信、友爱、勇敢的品格，教育孩子爱护公物，克服困难，讲礼貌、守纪律，养成良好的品德行为和习惯。不要进行空洞、枯燥的说教，要让孩子通过看画册、看录像、看电视上先进人物的事迹受教育，使孩子从小有正义感、是非感，能够辨别真善美和假恶丑，为了将来成为一名社会主义合格的建设者打好思想基础。

3. 智力教育

家庭教育中智力教育占有很重要的位置，这是因为人类要生存和发展，必须用智慧做支撑。当今时代科技飞速发展，力求创新，一个国家没有科技实力，在世界舞台上就没有立足之地，一个国家要发展，幼儿必须有智慧的头脑，日后才能谈得上为国家做出大的贡献，所以家长要高度重视开启孩子智力的教育，要通过让幼儿观察和接触周围事物来了解世界的丰富多彩，要教给幼儿身边动植物的名称、习性、用途，了解数的概念，掌握简单文字的含义和写法，要通过游戏培养和训练创造性思维。有的家长给孩子看开发智力的画册，看图识字就是不错的办法，还有的家长借助各种先进的传媒让孩子获得信息和知识，开阔孩子的视野，培养孩子的良好学习习惯，值得提倡。

4. 审美教育

审美教育对于幼儿来说也是十分必要的。如果一个人不知道什么是美，什么是丑，美丑不清，黑白不辨，就不会追求生活美。其实我们人类居住的地球是个美好的、奇妙的世界，山美、水美、人更美，美好的事物不胜枚举，对幼儿具有极大的吸引力，欣赏美可使幼儿心情处于最佳状态，有益于身心发育，智力开启。家长要引导幼儿欣赏大自然（包括山、水、动物和植物），欣赏其他领域、其他方面体现美、展示美的实物和图画，激发幼儿表现美和创造美的情趣。家长要创造条件让幼儿接触生活中美好的事物和感人的事件，丰富幼儿的感性经验和情感体验，使幼儿能初步感受环境、生活和艺术中的美，使幼儿愿意与小朋友一起娱乐表演和创作，培养孩子的艺术细胞。

5. 劳动教育

众所周知，劳动创造世界。世界上的一切财富都是劳动人民用辛勤的双手创造的。比如我国雄伟的万里长城、京杭大运河都是劳动人民用勤劳的双手修建的，令世人赞叹不已，可见劳动最伟大，劳动最光荣，没有劳动人类社会就无法存在下去。笔者认为，劳动人民是最值得尊敬的，所以家长要对孩子从小就开始进行热爱劳动的教育，让孩子珍惜劳动成果，学会力所能及的劳动，如帮助家长扫扫地，抹抹桌子，浇浇花。有的幼儿热爱生活，热爱劳动，“带着微笑做家务”就说明劳动教育正在结出硕果。

综观我国幼儿家庭教育的实际状况，笔者认为家庭教育的主要内容大体上包括健康教育、智力教育、道德品行的教育、审美意识的教育、热爱劳动的教育等五个方面。

三、家庭教育的方法

家庭教育的方法，对于各个家庭来说，各有千秋，但是也有一些共性的东西，也就是家庭教育上普遍采用的方法。

1. 模仿法

所谓模仿法是指效仿他人行为的做法。在这里是指幼儿效仿正面人物行为的做法，幼儿可以模仿他人的言谈、动作、行为。幼儿模仿力比较强，学得快，学得像，但辨别能力差，这就要求家长要有选择地给孩子找模仿的对象，家长要精心选择孩子学习的榜样，用榜样好思想、好行为来影响和教育孩子。如同学、邻居、教师、英雄模范人物，文艺作品里的正面人物，领袖的优秀品质这些都是孩子学习和模仿的对象，靠榜样的力量影响孩子幼小的心灵，用榜样的力量激励孩子在正确的道路上茁壮成长，用榜样的力量改变某些孩子的不良行为，用榜样的力量指引孩子做一个社会有用之才。需要指出的是，家长也是孩子模仿的主要对象之一，对孩子有着十分深刻的影响。因而无论在日常生活还是在言谈举止上，家长都要时刻倍加检点，不应该起负面作用。

2. 熏陶法

熏陶法是指用外界环境的影响力潜移默化地改变人行为的方法，这里是说家长要尽力为孩子创设一个好的成长环境，要有意识地创造和营造良好的生活环境，使子女受到感染和熏陶。有的家长在孩子居住的房间挂上名人字画，陈放古今中外名著、自然科学和社会科学书籍及报刊画报等，让孩子感到犹如生活在书香门弟或文化世家，使幼儿从小受到家庭环境的感染进而用功学习。家庭是孩子生活的主要场所，家长要组织好生活，处理好成员之间的关系，坚持正确的道德行为准则，形成团结和睦的家庭气氛，建立井井有条的生活秩序，以陶冶子女的美好情操，实践证明此法对教育子女很是有效。

3. 引导法

是指家长通过说服教育引导孩子说正话、讲正理、走正路、做正事。对孩子做得好的地方及时给予肯定，用夸奖、赞许、点头、微笑等方式激励孩子上进，对孩子还可以用买衣物、玩具、学习用品等进行鼓励，要慎用金钱。要多表扬，以表扬为主，少批评。批评时要指出危害和改正的办法。批评时要态度和气，不要板着面孔，不要居高临下地训斥、讽刺、挖苦，要根据孩子思想实际摆事实讲道理，使孩子明白道理，自觉地改进。引导就是既引又导，用爱心、亲情、耐心把孩子引上光明之路。

4. 互动法

互动法是指家长和幼儿一起参加活动，互相作用，共同完成某项任务，在此是指家长和幼儿共同参加活动，一起动起来，大家晓得幼儿时期是孩子身心发展的黄金时期，身体的各个器官和系统还需要进一步发育完善，心理还有待进一步成熟。所以，家长应该把健康放在第一位，要教会孩子健康成长，要经常带孩子进行身体锻炼，休息日可带孩子去公园或郊游，夏天可以在假日带孩子去游泳场游泳，这既可以消暑纳凉，又可以锻炼身体。家长要深刻认识到一起和孩子动起来的重要性，因为父母和孩子一起参加运动孩子更容易坚持长久。在父母中最少要选一人同孩子一起锻炼，一起观看体育比赛，培养孩子对体育活动的兴趣，例如玩“父子一同过小桥”等游戏就很好。

笔者认为，家庭教育方法很多，各个家庭应该根据自己家庭的实际情况和幼儿的个性、特点采取恰如其分的方法进行教育，也可以多个方法综合运用。在教子的实践中，还可以创造一些行之有效的新方法对幼儿进行教育，只要家长有信心，有恒心，长期坚持下去一定会有满意的效果出现。

第三节　家园共育新构想

家庭体育教育对学前体育教学有何影响，二者到底是什么关系？据笔者了解，目前尚很少有人进行研究，可以说基本是空白，为了填补空白，丰富幼儿教育内容，进而实现家园共育，本节进行探索性研究，既利于当前也有益于将来。

一、家庭体育可为学前体育教学提供合格生源

有人曾对健康做过形象比喻，大意是说：健康是1，学识、智商、阅历、事业、财富则是后面的0。正是由于1的存在，后面的每一个0才能呈现出十倍百倍的价值，如果1没有，则后面再多的0也是没有意义的，可见健康是何等的重要。体育则能使人成为健康的人。健康的含义是指身体、心理和社会适应的健全状态，一个身体健康、心理健康和社会适应性良好的人，才能称得上是一个健康的人。家庭体育教育就是要把幼儿培养成符合学前健康标准的幼儿园成员。幼儿身体健康是指幼儿身体健壮，四肢的灵活性、协调性、柔韧性达到需求，不生或少生病，对体育活动有兴趣，愿意参与体育活动。幼儿心理健康的标志是“活动发展正常，认知发展正常，情绪积极向上，人际关系融洽，性格特征良好，没有严重的心理卫生问题”。幼儿社会适应性强，表现为有较强的生活环境适应能力、学习环境适应能力、健身环境的适应能力，表现为愿意与小朋友交往（包括成人），有团队意识和集体主义精神，热爱祖国、热爱劳动、热爱周围的人。性格开朗、活泼，俗称“合群”。通过家庭对幼儿进行体育教育，让幼儿认识到参加体育活动的重要性，增强强身健体的欲望和兴趣，和家长一起在自己家里利用简单的器械锻炼身体，和邻居的小朋友一起玩游戏，跟父母到公园游乐场健身，到游泳池游泳。家长引导幼儿注重全面发展，循序渐进和量力而行，经常进行一些项目练习，如进行速度练习、跑步、骑小车等。进行耐力练习，和家长一起跳绳、爬山等；进行力量练习，跳、投等；进行协调性练习，跳舞、打秋千、拍皮球等；进行柔韧性练习，做体操等。幼儿通过参加符合身心特点的体育活动，全面达到了身体健康、心理健康等方面的标准。到了入园的年龄便可愉快地参加到幼儿园生活中去。可以说经过家长家庭教育的幼儿绝大多数是符合健康标准的幼儿，这些幼儿被输送到幼儿园，实际上是为幼儿园培养了合格的生源。

二、家庭体育教育有助于入园的幼儿智能的提升

幼儿入园后，晚上和休息日要回家和家长在一起生活。有研究表明，家庭体育教育可以有效提升幼儿的智力水平。这是由于人参加体育活动后，血液循环加快，营养物质随血液送到全身各处，身体各个器官得到了氧气和养料，新陈代谢正常进行，使身体各大系统的功能得到充分发挥，反映到人的状态上就

是精力充沛，头脑灵活，学习效率明显提高。比如家长让幼儿在家里弹弹琴，跳跳舞，对智力提升会大有益处，弹琴时手脚都要动，事实是一种身体锻炼的形式，跳舞（舞蹈实际上是体操的延伸和变形）也是一种身体锻炼的形式。弹琴、跳舞可促进大脑的发育，人的大脑是由左右半球共同组成的，左半球具有语言、计算等功能，是比较繁忙的半球。右半球具有音乐、绘画、空间知觉等功能，是比较清闲的半球，传统的书本教育只重视左脑的发展，右脑则呈睡眠状态，开发右脑的最好手段就是促进右脑细胞的增长，而熟悉旋律、感知节奏等音乐活动也都需要右脑的参与。而左右脑的共同合作、协调发展正是幼儿智力发展的良好基础。音乐、舞蹈促使幼儿的想象力更加丰富和开阔，无论是歌曲、乐曲还是舞蹈都具有形象性，它围绕主题，描绘形象，在家长的启发下，幼儿能够从欢快跳跃的旋律、明快的节奏中联想到是小朋友欢乐的游戏，是喜庆节日的场面；听到高亢而明快的音乐，可能是模仿小鸟在飞舞，小兔在蹦跳；听到低而粗犷的音乐，又可能是模仿老狼走路、狮子出洞等。家长可以充分利用音乐，让其中表现的形象被孩子感受和理解，并让孩子为这些形象插上想象的翅膀。可见，幼儿的成长和发展离不开音乐、舞蹈。音乐、舞蹈对幼儿智力的发展有积极的功效，另外幼儿的基本活动——游戏，对开发智力也大有裨益，各种适合幼儿的体育活动也有助于智力的提升。以上告诉人们，家庭体育教育是促进幼儿智力发展的重要途径。

三、家庭体育教育可促使学前体育教学德育功能的提升

“家庭体育教育中有德育”这是公认的事实。家庭体育主要是孩子在父母的带领或引导、指导下参加游戏活动，经济条件允许的家庭可让孩子上体育训练班，如有的孩子练打乒乓球，有的练游泳，有的练舞蹈，有的练武术等等，无论是上什么样、什么内容的体育训练班，孩子都要遵守规则，守纪律，听教练指挥，这实际上是培养孩子遵纪意识，培养团队精神。又比如家长带领孩子玩游戏“客人来了”是使孩子接人待物有礼貌。目前幼儿游戏有近千个，其中蕴含德育内容的不下近百个，这些都是对幼儿进行爱国主义、集体主义等教育的好教材，通过各种形式的体育活动，使幼儿尊敬父母，爱护同伴，礼貌大方，遵纪守法。使幼儿的社会性得到增强，自信心得到加强，道德素质得到提高。这样幼儿入园后素质明显比不参加体育锻炼的幼儿高，德育方面素质的提升有利于促进幼儿其他方面素质的提高，为幼儿全面发展奠定了坚实的基础。在这里可以看到家庭体育教育对幼儿优秀品质的形成功不可没，既有利于幼儿园体育教学的开展又有利于幼儿的健康成长，值得重视。

笔者重点从以上三个视角分析了家庭体育教学的作用与影响，尽管不全面，

但是我们却可从中看出二者的关系。家庭体育教育为学前体育教学顺利开展做好准备，奠定了坚实的基础，学前体育教学的需要对家庭体育教育具有导向作用，明确了家庭体育教育的方向、内容和重点，二者不可替代，缺一不可，共同统一于幼儿的体育教育过程中。我们努力的方向和目标是家园共育，使家园优势互补，家庭教育应该注重丰富幼儿的生活经验，幼儿园教育要顾及到幼儿的全面发展，其中体育教育是幼儿教育中的一个重要组成部分，应该得到充分的重视。

第十二章　尊重儿童参与体育活动的权利
——素质教育中不容忽视的核心问题

学前教育中素质教育的目标就是使得全体幼儿能积极主动地得到身心全面和谐的发展，其核心问题实质上就是尊重儿童。儿童是一个和成年人一样具有各种需要和人格上相对独立的社会的人，因而他们和成年人一样享有相应的权利，即全社会都应尊重他们的需要和人格。由于传统中人们一直未能真正做到这一点，所以导致了他们不能健康地发展，特别是在心理发展方面出现了很多问题，如自私、任性、依赖、动手能力弱、思维被动、反应迟钝、社会性发展较差等。虽然《中华人民共和国未成年人保护法》的中心思想也是尊重儿童，但现实中仍然存在着许多明显不尊重儿童的表现，因而在全社会强调重新认识儿童观，讨论如何才是真正的尊重他们，对于提高其素质，以便能更好地适应未来肩负的使命是很必要的①。

第一节　认识儿童的权利

一、全面认识儿童的权利

按照联合国《儿童权利公约》的界定，儿童是指 18 岁以下的任何人。我国 1991 年公布的《中华人民共和国未成年人保护法》（以下简称《未成年人保护法》），则将未满 18 岁周岁的公民称作未成年人。我国法律定义的未成年人，也就是联合国《儿童权利公约》所说的儿童。

联合国《儿童权利公约》所确认的儿童权利，多达几十种，比如姓名权、国籍权、受教育权、健康权、医疗保健权、受父母照料权、娱乐权、闲暇权、隐私权、表达权等等。我们可以将儿童享有的各种权利进一步概括为四种最基本的权利，即：

① 岳生全：《尊重儿童—素质教育中不容忽视的核心问题》，《家教指南》1999 年第 4 期。

1. 生存权——每个儿童都有其固有的生命权，并享有可达到的最高标准的健康权和获得医疗关怀的权利。

2. 发展权——每个儿童都有受教育权（包括正规教育和非正规教育）和获得其体能、智能、精神、道德和社会发展的权利。

3. 受保护权——每个儿童都有免受歧视、虐待和忽略的权利。孤儿、难民中的儿童等困境儿童应受到特殊保护。

4. 参与权——每个儿童都有参与家庭、文化和社会生活的权利。儿童有权利就所有影响他们生活的事项发表自己的意见。

应当说明的是，儿童权利的分类不是绝对的。例如，对危机处境中的儿童给予必要的保护，是儿童应享的生存权，但也可以作为儿童的受保护权来讨论；女童的失学，既是“免受歧视”的受保护权问题，也是儿童发展权问题；儿童的表达权，既属于发展权的范畴，同时也被看作是一种参与权。在很多情况下，人们就以生存权、发展权、受保护权和参与权这四项基本权利来概括儿童权利的主要内容。

二、深入了解联合国《儿童权利公约》内容

《儿童权利公约》是一部各国保护儿童的标准性国际法律文书。1959 年 11 月 20 日，联合国大会通过了《儿童权利宣言》，提出了各国儿童应当享有的各项基本权利，但宣言不具有法律约束力。“随着人权法的发展，许多国家呼吁制定一项全国规定儿童权利，具有广泛适用意义并具有监督机制的专门法律文书”，以“促使国际社会在保护儿童权利问题方面能够普遍承担义务”。在这种背景下，1978 年第三十三届联大通过决议，决定成立《儿童权利公约》起草工作组。自 1979 年至 1989 年用十年时间完成了起草工作，同年 11 月 20 日第四十四届联合国大会第 44/25 号决议协商一致通过，并向各国开放供签署、批准和加入。迄今为止已有 192 个国家签署了联合国《儿童权利公约》。

我们国家从 1989 年起，积极参加了联合国儿童权利公约起草工作组的工作，对《儿童权利公约》的产生做出了贡献。在公约起草过程中，我国代表提出过数项议案，多数得到采纳。例如，不得利用儿童从事生产和贩运毒品（第 33 条），不得拐骗、买卖、贩运儿童（第 35 条）等，并提出了一些反映发展中国家或中、小国家的要求与愿望的修正案，使有关文案尽可能符合大多数国家的情况。在 1989 年第四十四届联大上，我国成为通过该公约草案的共同提案国之一。1990 年 8 月 29 日，我国政府正式签署了联合国《儿童权利公约》。1992 年 3 月 2 日，全国人民代表大会批准该公约。自 1992 年 4 月 1 日起，《儿童权利公约》正式对中国生效，我国政府开始承担并认真履行《儿童权利公约》规

定的保障儿童基本人权的各项义务。在批准《儿童权利公约》的同一年，我国政府颁布了《未成年人保护法》，并制定了《儿童权利公约》国家方案，即《九十年代中国儿童发展规划纲要》。

由于我国是亚太地区最早开始《儿童权利公约》签约后续行动的国家，所以被联合国儿童基金会称为“旗舰”。1995 年 3 月，我国首次向联合国提交了执行《儿童权利公约》的国家报告。1996 年 5 月，联合国儿童权利委员会在日内瓦审议并通过了中国的报告。

第二节　详解儿童的权利

一、儿童的生存权

儿童的生存权包括生命权、健康权和医疗保健获得权。《儿童权利公约》第 6 条指出：“每个儿童享有固有的生命权。”缔约国“应最大限度地确保儿童的生存与发展”。第 24 条规定：儿童有权享有可达到的最高标准的健康水平，并享有医疗康复设施。

其具体措施如下：

1. 降低婴幼儿死亡率。

2. 向所有儿童提供必要的医疗援助和保健。

3. 清除疾病和营养不良现象。保证清洁饮水，考虑环境污染的危害。

4. 确保母亲产前产后保健。向社会尤其是父母介绍儿童卫生、保健、母乳喂养、环境卫生、防止意外事故等方面的基本知识。

5. 废除对儿童健康有害的传统习俗。

——摘自联合国《儿童权利公约》

其他有关儿童生存权的条款包括 7、8、9、19、20、21、23、26、27、30、32、33、34、35 和 38 条等。

由于我国是发展中国家，在《九十年代中国儿童发展规划纲要》（以下简称《儿童纲要》）中，儿童生存权被放到重要地位来考虑。国务院妇女儿童工作委员会 2001 年 5 月发布的《中华人民共和国九十年代儿童发展状况报告——世界儿童问题首脑会议行动国家报告》表明，自国务院颁布《儿童纲要》以来，在各级政府的努力下，中国基本实现了《儿童纲要》的主要目标和世界儿童问题首脑会议提出的全球目标，包括：降低婴儿和 5 岁以下儿童死亡、降低孕产妇死亡、降低儿童营养不良、普及安全饮水、普及卫生厕所、享有孕期保健和安全接生、降低低出生体重、消除碘缺乏症、消除维生素 A 缺乏症，提倡母乳喂养、消灭脊髓灰质炎、降低麻疹发病和死亡、保持计划免疫覆盖率、降低儿童腹泻死亡、降低儿童急性呼吸道感染死亡等。

我国利用各种传播渠道向父母及社会宣传养育、教育儿童的基本认识，并确定了固定宣传日。比如，每年 4 月 25 日为“全国儿童免疫预防接种宣传日”，5 月 5 日为“防止碘缺乏病日”，5 月的第三个星期日为“助残日”，5 月 20 日为“学生营养日”，8 月的第一周为“母乳喂养宣传周”等，促进了儿童生存权利在中国的实现。

但是，由于中国社会经济发展的不平衡，到 1999 年底，全国仍有 3400 万贫困人口，其中多数分布在西部地区。西部地区的婴儿死亡率、孕产妇死亡率大大高于沿海地区，农村人口的卫生健康仍然是一个严重问题。

二、儿童的发展权

儿童的发展权是指儿童拥有受教育的权利（包括正规和非正规教育），充分发展其全部体能、智力、精神、道德、个性和社会性的权利。发展权的主要内容如下：

1. 儿童享有受教育的权利。教育目的应该是最充分地发展儿童的个性、才智和身心能力，培养对人权、基本自由、本土文化、各国文化、男女平等、自然环境等方面的尊重（第 28 条、第 29 条）。

2. 儿童享有通过大众传播媒介接近有利于其身心健康的信息的权利（第 17 条）。

3. 儿童享有娱乐、休闲的权利（第 31 条）。

4. 儿童享有自由参加文化生活和艺术活动的权利（第 31 条）。

5. 儿童享有思想、信仰、宗教自由的权利（第 14 条）。

6. 儿童享有个性发展（包括社会性发展心理健康）的权利。（第 5，6，13，14，15 条）。

7. 儿童享有国籍权和姓名权（第 6 条、第 7 条）。

8. 儿童享有健康和体能发展的权利（第 24 条）。

9. 儿童享有他们的意见能被听到、重视或采纳的权利（第 12，13 条）。

10. 儿童享有和睦家庭的权利（第 9，10，11 条）。

——摘自《儿童权利公约》

在中国，发展早期教育，普及基础教育，是促进儿童发展权的重要举措。《儿童纲要》和《中国教育改革和发展纲要》都提出了儿童早期发展的目标：到 2000 年，3 到 6 岁儿童入园率达到 35%，农村学前一年幼儿入园率达到

60%。中国已提前实现这一目标：1997年3到6岁儿童入园率为43%，农村学前一年幼儿入园率超过60%。在西部一些边远贫穷地区、少数民族地区还发展了季节班、周末班、游戏小组、巡回流动小组等灵活多样的以家庭社区为基础的早期教育形式，为处境不利的儿童提供了广泛的受教育机会。

从1991年到1999年，小学学龄人口从0.98亿增加到1.245亿，同期小学在校生从1.261亿增加到1.355亿人。2000年小学学龄儿童入学率达到99.1%，其中女童入学率99.07%。小学生五年巩固率为94.54%，其中女童为94.48%。90年代，中国积极促进视力、听力语言、智力残疾儿童义务教育的发展。据教育部统计，1999年以上三类残疾儿童在校生为371625人。中国还大力推行随班就读形式，使农村、偏僻山区的儿童就近入学，不少地方政府为残疾儿童免费提供教材、补助食宿费等。据中国残联统计，1999年这三类残疾儿童入学率为73.4%。

但是，普及九年义务教育任务仍然繁重。实现“普九“的人口地区达到85%，其余15%的人口地区只能普及初等教育或3—4年小学教育，未实现”普九“的地区近2亿。同时，教育改革的任务艰巨。基础教育为适应竞争异常激烈的高考，考试分数和升学率曾被当作评价学生和学校办学优劣的主要标准，德、智、体等方面全面发展的教育方针的贯彻受到干扰。90年代后期，中国对解决应试教育问题给予了极大的关注，大力推进素质教育。但是，将中国的基础教育从应试教育转到素质教育的轨道，还需要付出极大的努力。

三、儿童的受保护权

所有儿童，由于他们的年龄和发展的特征，都需要国家、社会、司法部门、学校和家庭的特殊保护。每个儿童都有受保护的权利。但是，对保护儿童什么以及怎样保护儿童，我们还缺少明确的认识，结果常常无意识地造成对儿童权利的忽略和侵犯。

四、儿童的参与权

儿童参与权是指儿童参与家庭、文化和社会生活的权利。在《儿童权利公约》中，儿童参与权的主要条款是第12条和第13条。

1. 第12条：缔约国应确保能够形成自己看法的儿童有权对影响儿童的一切事项自由发表自己的意见，对儿童的意见应按照其年龄和成熟程度给以适当的重视。

2. 第13条：儿童应有自由发表言论的权利，此项权利应该包括通过口头、书面或印刷、艺术形式或儿童所选择的任何其他媒介，不论国界，寻求、接受和传递各种信息和思想的自由。

为了进一步说明儿童参与权程度问题，我们来看看“参与权阶梯“。

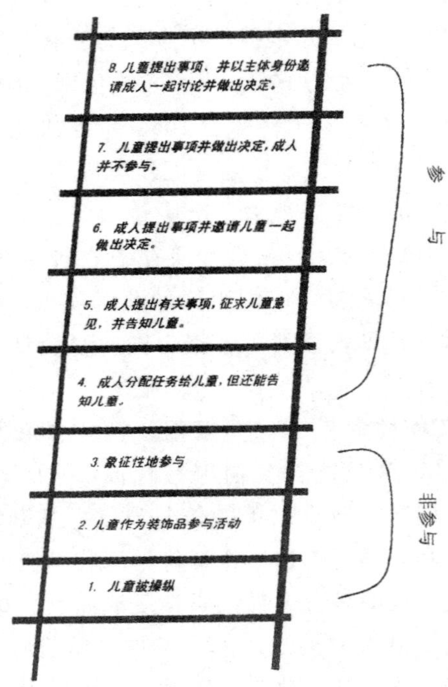

儿童参与阶梯说明，成人安排儿童出现在某种场合并不等于儿童参与。儿童对公共事物的参与程度可分为 8 个阶梯：

1. 第一个阶梯：操纵

有关儿童的事情，完全由成人来安排。没有一种渠道或方法让儿童了解他们为什么这么做。

2. 第二个阶梯：装饰品

儿童可能有机会参与一些活动，如被要求唱歌、跳舞、穿漂亮衣服为某些事情做宣传等等，但他们不明白这些事的意义，也不知道他们有权利选择参与是否，如何参与，以及在参与过程中如何表达自己的意见。

3. 第三个阶梯：象征性参与

在一些事项中，儿童可能会被问到他们有什么想法，但是没人重视或参考他们的意见。

4. 第四个阶梯：通知儿童

成人决定一些有关儿童的事项或计划后，让儿童了解他们为什么要做这些事情，他们可以决定是否参与。

5. 第五个阶梯：事先征询儿童意见

成人设计了有关儿童的事项，但让儿童明白事项的意义，能征求儿童的意见，并能严肃地对待儿童的意见。

6. 第六个阶梯：儿童参与决定

成人提出有关事项，让儿童在筹划和实施中参与，并与儿童一起做决定。

7. 第七个阶梯：儿童决定

儿童提出有关事项，并由儿童自己做决定。成人并不参与。

8. 第八个阶梯：儿童邀请成人提出意见并做出决定。

儿童自己提出有关事项，并以主体身份来邀请成人一起讨论和做出决定。

第一、二、三个阶梯虽然出现了儿童形象，但还不是儿童参与。真正的儿童参与要建立在知情选择的基础上。要为儿童提供必要的信息，尊重儿童的意愿，并征询儿童的意见。从第四个阶梯向上，阶梯越高，则儿童参与程度越高。但在儿童生活中，并不是所有的事项都能由儿童做决定，或者说达到第八个阶梯，我们应该根据儿童成熟的程度和他们的利益决定应该在哪个阶梯上让儿童参与。社会应尽量让儿童达到最大程度的参与，使儿童在参与过程中，不断形成自己的意见，提高参与社会、家庭、文化生活的能力。

第三节　尊重儿童的权利

一、现实中不尊重儿童的种种表现及原因分析①

现实中不尊重儿童的表现多种多样，其根本原因就是儿童观问题，主要有以下几种：

1. 认为儿童就像是一张白纸，把儿童看成是一个靠后天环境可以随心所欲地被塑造的人。持有这种观点的人认为，儿童什么都不懂，于是动用可观的时间、精力和财力精心设计出一套套方案，其结果是：（1）当儿童的发展未能达到“目标”时，要么对他们失去信心，要么继续加大投入；当他们取得“成绩”时，人们为此而沾沾自喜，但儿童却为此付出了一生无可挽回的代价——失去了童年的欢乐，对学习没有了兴趣，错过了发展日后一生中必要的基本素质的关键时机等，最终导致双方都疲倦不堪，这种“投资”效益极低；（2）包揽一

---

① 岳生全：《尊重儿童——素质教育中不容忽视的核心问题》，《家教指南》，1999年第4期。

切，给予儿童过多的保护，见不得他们受点“挫折”。当他们摔倒了，立即上前去扶；口渴了，马上供水；下雨了，连忙送雨具；受委屈了，立刻去“帮腔”等，想尽了一切办法去全面护理，不让他们做诸如使用煤气、拖地、倒开水、端盘子等“危险性”的家务活等，结果是：当他们单独遇到类似的情景时，常常表现为“束手无策”地发呆或等待。等他们长大了仍然是类似的表现时，成年人反过来抱怨他们无能或笨，全然没有意识到是由自己过去的那种不正确的“爱”孩子所致——不是孩子之过，而是父母之过。

2. 认为儿童的发展早就由其遗传素质决定了，因而采取放任自流、随其自然发展的态度。持有这种观点的人忽略了后天环境，特别是教育（包括家庭、幼儿园、社会教育等）对人发展的决定性作用，所以拒绝接受儿童在教育中应有的教育活动的影响，如为他们选择和配置合适的教育环境和条件，为他们进行适当的投资及给他们提出一定的要求，缺乏给予儿童必要的指导意识和行为，不能给儿童树立榜样，忽略培养他们良好的言行习惯的养成教育，其结果是：当儿童出现了这样那样的问题时，要么对他们失去信心，要么认为，等他们长大了，这些问题就会自然消失，以此来使得自己的观点和行为合理化，求得心安理得。

3. 认为幼儿是“小大人”。持这种观点的人往往按成年人的要求或意愿去评价儿童，当儿童达不到要求时：（1）要么认为儿童努力不够，于是采取各种方式（甚至是粗暴）促其加班加点，而不考虑他们是否能够、是否愿意接受，导致过度疲劳或产生逆反心理，失去信心，使得在本来能够解决的问题面前退却，造成“心因性”无能；（2）要么认为儿童无能，导致对其教育失去信心，不再去努力。在成年人这种“他不行”的心理暗示作用下，儿童果然会变得越来越无能了——期望效应。

除了上面几种儿童观外，还有一些人对此没有明确的观点，易受他人观点的影响，因而在教育儿童时表现为盲从。以上种种儿童观和表现都是片面的，都是由于对儿童的身心发展规律缺乏正确的认识而造成的，因而都会导致不尊重儿童的行为。

二、如何正确地尊重儿童

1. 尊重儿童首先要树立正确（科学）的儿童观。儿童就是儿童，儿童是一个和成年人一样具有各种需要和人格上绝对独立的，但其身心发展水平又不同于成年人的社会的人。全社会都应像尊重成年人那样尊重每一个儿童，特别是幼儿。儿童属于他们自己，属于整个社会。

2. 尊重儿童就是要懂得并遵循儿童身心发展的特点和规律，满足他们身心发展的需要。

（1）身体生长发育方面

①儿童期特别是幼儿期，儿童身体的生长和发育非常快速，要最大限度地满足其生长发育所需的营养（包括饮水）的需求。单调的饮食和一味追求“精品”或“好吃的”等都是不正确的，只有供给五谷杂粮、粗细结合的饮食才是尊重儿童的表现。

②树立正确的安全第一的观念，给儿童提供最必要的保护。这方面绝大多数人都能做到，但问题是有点过头。如当儿童发生了摔伤而流血、骨折或得病等意外事件时，成年人常常表现出过度的担忧，小题大做，或者由于强调安全而过分限制儿童的行为等，其实这些都是不必要的，原因是：一方面，人的机体本身就有一定的应付各种意外事件的免疫力，而且这些免疫力的获得和增强依赖于这些事件，如通过注射各种疫苗而获得的免疫力。从这点上讲，意外的事件有一定的积极意义，要允许发生这些意外事件。另一方面，处于旺盛生长发育阶段的儿童的机体对由这些意外事件而造成的机体损伤的修复能力和速度远远超过了成年人的想象，因而当发生这样的事件时，成年人应保持冷静，听从专家的意见，理智地处理，并利用这些机会，对幼儿进行诸如耐挫力、理智、勇敢等优良品质的教育，无需无根据地盲从非专家的议论，夸大事态，只有这样做才是尊重幼儿的表现。

③儿童期儿童精力旺盛，但持久性差，要保证儿童充足的休息时间，注意劳逸结合，不要强迫他们做长时间的体力和脑力活动，否则会造成过度疲劳而引起生理功能下降和生长发育上的障碍。

④身体美是每个人的需求，要注重儿童良好行为习惯的养成，如坐、走、跑、跳、投、攀登、钻爬等方面的姿态和规范化的基本技能的训练，以满足他们对身体美的需要。

（2）心理发展方面

心理发展主要是指儿童在认知、情绪（情感）、意志等心理过程和由这些方面构成的个性方面的发展。

①认知方面

主要指感知、注意、记忆、想象和思维等心理过程。

Ⅰ.感知觉方面：感知觉的规律告诉我们，感知觉的发展依赖于丰富的环境刺激，因而要尽可能地为儿童提供一个丰富多彩的生活和教育环境，包括自然、社会、教育和家庭环境，特别是让儿童走向大自然、走向社会去直接感知即观察真实生动的东西，而不是被限制在学校或幼儿园或家内仅仅通过“学习”图像、书本、模型、标本或听录音等来间接感知事物。

Ⅱ. 注意方面：儿童特别是幼儿以无意注意（即无预定目的、无需做什么努力的注意）为主，这种注意的特点是随意性大、注意时间短。理解了这一点，我们对儿童表现出的种种注意力方面的“问题”就不觉得奇怪了，也就不会对他们提出过高的要求了。另外，这种注意还有一个特点是看注意的对象是否与儿童当时的需要和兴趣一致或是否能为儿童直接操作。如果满足了这些条件，那么他们就能专心致志，注意的时间就会较长，否则就很短。因而，在安排幼儿的活动时，应以他们的需求或兴趣为中心或提供给他们多种可供选择的可能性，也可以改变教育者的传统教育方式或手段，利用间接兴趣来激发他们对教育内容的兴趣，如比赛、参与操作等，以培养他们高级水平的注意——有意注意（即有预定目的，并且需要一定的意志努力的注意）。

Ⅲ. 记忆方面：儿童尤其是幼儿的记忆以机械记忆为主，而且潜力很大。在这一点上成年人望尘莫及，如他们能轻易地熟背较长的故事和较多的广告，所以一方面成年人无须担心他们记得东西多了会增加其负担；另一方面也不要因此而觉得孩子的记忆力过人，无限制地夸大，导致盲目自信而对孩子期望过高，以至于到以后随着孩子年龄的增大，这种记忆力过人现象逐渐“下降”时，产生种种不满或失望。其实，这不是孩子的记忆力下降了，而是由于不断发展起来的另一种更有效的记忆——意义记忆逐渐占了优势的原因，即他们更注意于对记忆对象的理解性的记忆，以适应不断提高的认知需求。

Ⅳ. 思维和想象方面：个体思维的发展要经历一系列过程：最初思维是依赖于幼儿动手操作的，叫操作思维，然后发展到依赖于脑中事物具体形象的形象思维，最后才发展出靠符号进行运作的高级抽象逻辑思维。学前阶段的儿童的思维主要是前两种形式，因而要尊重他们的这种思维特点，让他们尽可能多动手操作，不要提出太多超越他们这种思维水平的要求。某些对成年人来说非常简单的数学运算题或智力题对儿童来说难以解决，这是正常的。如果因此认为他们笨，甚至对他们发脾气，那就是不尊重他们了。成年人只要提供给他们充足的动手操作机会，循序渐进，他们就会自然而然地达到高级的思维水平。在想象力方面，儿童远远超过了成年人，因此他们受经验的约束少，因而不要用成年人的想象标准去评价儿童的想象作品，如对他们画出的画、编出的故事或对某些问题的回答等不要轻易否定或讥笑他们，他们的这些作品中表现出的离奇甚至荒唐正好体现了其丰富的想象力，如果不理解这一点，成年人过多地否定他们，那么儿童原本有的丰富的想像力就会被我们的“教育”逐渐葬送掉。

②情绪情感方面

儿童情绪表现的特点是喜怒无常，情景性较大。有经验的人常常利用转换情景或转移注意对象的策略来调整儿童的情绪就是利用这一特点。在高级情感方面，如理智感、道德感和美感，是通过成年人的行为榜样和要求才建立起来的，因而要从具体的日常生活中的事情来对他们进行这方面的培养，如要求并鼓励他们关心他人、帮做家务活、有了好事大家分享（而不是独享）、有了困难大家分担（而不是不担）、同情别人、对新鲜事物感兴趣、有问必启发（而不是必答）等。我们爱孩子不等于不和孩子“争”，也不等于为孩子包揽一切，只有这样才算是真正地尊重他们。

③意志力方面

意志就是人有目的并与克服困难相联系在一起的心理过程。要培养儿童良好的意志品质，就要给他们提供克服困难的机会。我们要遵循的一个原则是：凡是儿童能做到的就鼓励他们去做，我们只提供给他们最必要的帮助。现实中我们常常担心儿童做不好事情，如穿衣、换鞋、端碗、烧水等，所以就帮他们做了。这样包揽而导致的后果是非常严重的，因为儿童正是做不好的过程中不断调整自己的行为才学会做事的，当他们有进步时会体验到成就感，产生自信心，而这本身又会激励他们继续克服困难。包揽这些本属于他们应该做的事等于剥夺了他们发展的权利或机会，因而是不尊重他们的表现。当儿童偶尔口渴、摔倒、与同伴发生冲突或天气发生变化需要换衣时，正是锻炼他们勇敢、忍让等良好意志品质的最好时机。当儿童尝试一些被成年人认为是“危险”的事时，如过独木桥、从高处跳，我们要做的不是阻止他们，而是要鼓励他们做，指导他们有效和正确地做，让他们成功！

④个性方面

尊重儿童就是要尊重每个人特殊的发展水平和需求。虽然在某一年龄段身心发展有一定的普遍性的特点或规律，但在该年龄段仍然存在着较大的个别差异，表现在性别、兴趣、发展速度、能力水平、能力倾向、性格、气质等个性方面，因而在生活和教育要求上要因人而异，不一刀切；在评论儿童时，既要把他们和同龄人进行横向比较，还要同他们自己的过去纵向比较，这样才能在比较中既发现进步又发现不足；另外要重视儿童个性的塑造，鼓励他们自信、自强、自爱、勇敢、创新等。

此外尊重儿童还要做到由成年人为其树立好榜样，因为儿童仿效成年人是他们心理发展的特点，他们需要成年人为他们做榜样，要满足他们这方面的需求，不要以为教育儿童与自己的言行无关。

总之，在儿童教育中我们每个人都要不断地通过学习，掌握儿童心理发展的特点和规律，只有这样才能形成正确的儿童观，才能做到真正地科学地尊重他们，最终达到使每个儿童在体、智、德、美各方面得到主动发展的素质教育目的。

第四节　德国对幼儿的尊重教育

尊重他人和被他人尊重是德国幼儿教育的一个重要目标，整个教育生态，即家庭、幼教场所和社会都为该目标的实现创造了良好的条件，较好地解决了教育中的“内耗”现象。

一、家庭教育

幼儿学会尊重他人及受到尊重首先是受到父母的影响。幼儿一般断乳前就学着单独睡觉，开始拥有自己的空间，年轻父母们都在有意或无意地这样做着，目的是通过习惯让孩子知道，每个人都有自己的生活空间。当孩子为此或为别的原因而哭时，父母总会耐心地在玩中尝试着给他们讲一番“道理”，直到他们破涕为笑，乐意接受。平常不管是在孩子之间还是在孩子和父母之间，谁做错了事，包括误解对方，都能及时道歉及原谅对方。另外人们维护儿童权益的法律意识较强，就是父母也不允许有任何有损于孩子自尊的言行，否则，一旦被人发现，肯定会有告发，那么很快父母就会受到处理。做父母的言传身教，对孩子产生了潜移默化的教育作用，在家庭里幼儿学会了尊重父母，也得到了父母的尊重。

二、幼儿园教育

一般来说幼儿 3 岁被送入幼儿园或其他托儿所机构。德国的幼教工作人员都是具有较高学历并经过专门训练并获得相应证书，然后才允许受聘的，因而他们能充分认识到尊重儿童的重要意义并且能很好地尊重他们。从平凡的问候、道歉、致谢等，教师都表现得很真诚。当幼儿有进步或某事干得很漂亮时，教师眉飞色舞地夸奖他们，神态是那么外露、真诚和激动，那种气氛深深地感染着孩子们，的确给人一种进入“状态”的感觉，使他们感到无比快乐，强化了他们受到表扬的行为，培养了自尊、自信和真诚，发展了幼儿的高级情感，将认识、情感体验和行为有机地结合在了一起。在大部分时间里幼儿是在自由活动中，很少上什么课，体现着幼儿为中心和主体的原则。幼儿分班也是按年龄，但活动时却是自由组合，幼儿可以选择自己的活动和伙伴，教师一般不做过多的干涉，自身也投入其中或当观察到幼儿有新意或创意时，一个劲儿地鼓励和夸奖，以感染其他人来参与和学习，一切都进行得非常自然。另外，活动时，教师有意识地经过引导，将年龄、性别不同的幼儿组合在一起，使较大儿童的认知优势潜力自然而然得到充分发挥，同时体验爱他人、尊重他人及被爱和被尊重的愉快感受，学会同各种层次的人平等合作的能力。实践证明：通过孩子教育孩子的方式是孩子们最乐意接受的，因而也是最有效的。在幼儿园，儿童们学会了怎样尊重教师和其他儿童。

三、社会对幼儿的尊重教育

在德国，全社会保护儿童的意识可谓第一。任何人不得有有损儿童自尊的行为。成年人要为儿童在遵守公共秩序、维护社会公德、尊重他人人格等方面做榜样，这些德国人的确做到了，给人留下了深刻的印象。在德国很少看到有打架、吵架、在公共场合大声喧哗、随地吐痰、破坏公共设施、闯红灯、侮辱儿童等不良社会行为。另外，幼儿对父母的朋友的称呼直呼其名，这一点也体现着儿童同成年人的平等的社会意识。随着儿童年龄的增加和活动范围的扩大，他们与社会的交往面也越来越宽，受社会大环境的熏陶，逐渐发展出了符合该社会的自身价值观和人生观并通过自已的言行影响着社会，即显示出了教育生态的意义。在这样的一个大环境中，儿童自然逐渐发展成为一个自尊、尊人的社会一员。

总之，德国社会的儿童观的一致性，即把儿童当作一个真正的人或和其他任何人一样具有独立的人格来看待，为儿童身心健康发展创造了有利和有效的条件。当然，这并不是说，德国的幼儿教育十全十美，只是要说明他们的一些做法和意识是值得我们借鉴的。

第五节　尊重幼儿参与体育活动权利的措施

联合国和我国政府赋予了儿童生存权、发展权、参与权和受保护权，这是对儿童的关心和爱护，充分体现了全世界人民对儿童人格的尊重，对儿童权利的尊重。笔者现就如何尊重幼儿参与体育活动权利问题谈些措施。

幼儿参与体育活动，强身健体是尊重其生存权和发展权的需要。这不单是对幼儿人权的重视，也是对社会负责任的表现。众所周知，幼儿是社会的未来，在我国是社会主义现代化建设的后备力量。如果幼儿体弱多病，弱不禁风，自身健康没有得到应有的保证，那么长大后怎么能投身到建设祖国的洪流中去？怎么能为人民群众服务？怎么能为社会创造财富？所以要把对幼儿权利的维护同祖国的前途命运联系起来，同社会主义现代化建设的宏伟事业联系起来。幼儿参与体育活动不单是幼儿个人生存和发展的需要，而且是人类发展，是祖国兴旺发达的需要。参与体育活动，锻炼身体健康成长本身就是保护了幼儿的生存权、发展权和参与权，要引起全社会的高度关注。

幼儿参与体育活动，强身健体是依法治国的需要。治理国家不仅靠政策的正确和符合实际，而且还要靠依法治理国家的强硬铁腕。法制是我国长治久安的保障。没有法律不行，有法不去执行也不行，治理国家就是要靠法制。我国建国以来制定了多部法律，如《中华人民共和国体育法》《儿童保护法》等，充分体现了党和政府对法制的重视，我们要依法发展体育运动，依法开展幼儿体育健身活动。不支持幼儿参加体育活动，就是在违反体育法规，这是绝不能容忍的。

幼儿参与体育活动，强身健体是建设中国特色社会主义强国的需要。社会主义现代化建设的伟大事业，需要一代接一代不懈地奋斗，才能发展下去和开拓未来。幼儿是未来国家建设的生力军，他们体质的状况直接关系着现代化建设事业的成败。如果个个身体健壮，精力充沛，我们的国家就有奔头，有希望。如果人人面黄肌瘦，无精打采，祖国的建设就没有后劲，就没有人才的支撑。因此，幼儿参不参与体育健身活动，将决定祖国的命运，决定现代化建设事业的成败。所以，我们要尊重幼儿参与体育活动的权利，要维护幼儿玩游戏的权利。那么，怎样履行和维护幼儿参与体育活动的权利和义务呢？

首先，应该提倡和支持幼儿积极进行体育锻炼，树立终身体育意识。

我国十分重视发展体育事业。在党的领导下，建国以来不仅颁布了多部关于体育方面的法律法规，而且还在幼儿园和学校大力提倡开展体育运动。毛泽东同志七十多岁高龄还畅游长江，许多高级干部天天坚持锻炼身体，给人民树立了学习的榜样。我国城乡广大幼儿园基本上都开设了体育课，把游戏作为幼儿健身强体、发展智力的基本形式，培养了幼儿参与体育活动的兴趣，使幼儿逐步树立起“终身体育，健康第一”的意识。

其次，幼儿应该认真上好体育课。

我国幼儿园的体育课，是在幼儿园领导安排下，根据幼儿身心发展的阶段特点精心设计的。其内容不仅有游戏活动，还有基本动作练习，通过走、跑、跳、钻、爬、攀等的演练，幼儿的四肢灵活性、平衡性、柔韧性等都大大增强，促进了体、智、德、美、劳诸方面得到发展，儿童的社会性也得到发展，此外，还有非器械技能的练习、体操的练习。形式多样的体育课，使幼儿开阔了视野，培养了兴趣，使体育课成为强身健体的基本形式。

第三，幼儿要积极参加课外体育活动。课外体育活动是体育课的延伸，对幼儿的健康发展必不可少。同时也是体育课的有益补充，使幼儿身心愉悦有加。幼儿每一天都要安排很多学习内容和活动项目，在教室坐的时间久了，要适当到操场活动一下，有利于身体的恢复，有利于精力的恢复，有利于学习能力的提升。课外体育活动可以灵活多样，可以提倡幼儿自己创编一些有趣的游戏，制作一些开启智力的玩具，把课外体育活动搞得丰富多彩。

第四，幼儿要积极参加社区组织的体育活动

社区是居民居住在一起共同生活的行政区域，是社会的细胞，是城市街道政权的延伸。国外很多国家的社区，市民生活非常充实，他们在一起唱歌、跳舞、扭秧歌、玩棋牌，其乐融融。我国现在的幼儿也开始在社区里显露头角。有的社区在闲暇时间组织附近幼儿玩游戏、做体操，幼儿十分开心，这不仅丰富了幼儿的业余生活，同时也发展了幼儿的社会适应性。

第五，幼儿要在家里和家长共同锻炼身体。幼儿长期生活在家长身边，有的家庭家长主动和幼儿玩游戏，一起去散步，一起去爬山，一起去游泳。有的还带幼儿去跳舞蹈，幼儿和家长共同健身，拉近了父子（女）、母子（女）的距离，增厚了亲情，使家长的形象在幼儿心目中更高大，使幼儿成长的速度在不断加大、加快，这样做对于家庭的和谐，对于幼儿的成长都是非常有利的。

总之，我们维护幼儿的生存权、发展权、参与权和被保护权，不是空洞的口号，而是付诸于实际，是有实际内容的。要使幼儿这些权利不受侵犯，要求幼儿园、家长和社会各界充分认识到幼儿这些权利不容质疑，不容自打折扣，不许变形和变通。在锻炼身体问题上，幼儿园领导一定要提高认识，在时间上保证不减少，在内容上要做到完整。体育课要保质保量，这不单纯是教学问题，而是涉及幼儿权利维护的大问题，关系到是否依法治国的问题。家长也不要把幼儿当成是私有财产，幼儿是国家的公民，享受着公民的权利，享受着幼儿健身和锻炼的权利，家长不能借口抓学习而剥夺孩子参与体育活动的权利。如果家长不让幼儿参与体育活动，严格一点说这是违法的，是要受到舆论的谴责的，严重的要受到法律的制裁。维护、保护幼儿参与体育活动，强身健体是国家的意志，是法制的使然。全社会要支持幼儿参与体育活动，这是时代的要求，是人民的期盼。

第十三章　我的思考（一）——我国幼儿园体育课程资源开发研究

第一节　研究背景及意义

一、研究背景

幼儿期（又称学龄前期），处于人的3—7岁，是生长发育旺盛时期，亦正是建立良好物质基础的关键期。体育运动是该时期幼儿锻炼身体的客观需要，是实现其身体发育和运动能力发展平衡的有效途径。幼儿体育作为幼儿教育的重要组成部分，是以发展幼儿体力、增强幼儿体质为主要任务的教育，是促进幼儿机体的生长发育、发展幼儿体能、提高幼儿机体对外界环境适应能力的基本手段。幼儿园是有计划、有目的、有组织进行幼儿教育的机构，随着基础教育改革的不断推进与深入，幼儿园越来越需要丰富性和适应性极强的幼儿课程资源的支撑。因此，对作为幼儿教育重要分支的幼儿体育课程资源进行合理有效的开发和利用，对转变课程功能和学习方式，促进幼儿体育工作可持续性快速发展具有重要意义。

幼儿园课程资源作为保障幼儿园课程顺利开发的材料来源，是决定幼儿园课程目标能否实现的重要因素，其开发的质量与水平不仅直接影响着幼儿园课程建设，也关系到幼儿园课程改革实践的顺利进行。本研究进一步贯彻落实《国家中长期教育改革和发展规划纲要（2010—2020年）》和《国务院关于当前发展学前教育的若干意见》，从幼儿园课程资源开发的现状入手，分析了其存在的问题，并在此基础上提出了幼儿园课程资源开发策略的几点思考。旨在建构可持续发展的课程理念，丰富教学内容，实现幼儿体育课程设置合理化，形成幼儿园特色课程资源，促进幼儿审美感知力与合作能力全面提高。丰富我国幼儿园课程相关理论、促进学前课程研究实践化，为学前教育主管部门制定宏观决策提供科学依据，为幼儿教育工作者进行有效的课程资源开发提供实践依据与理论参考。

二、研究意义

1. 贯彻落实《幼儿园教育指导纲要（试行）》的需要

2001年7月教育部颁布的《幼儿园教育指导纲要（试行）》明确指出："幼儿园应与家庭、社区密切合作，与小学相互衔接，综合利用各种教育资源，共同为幼儿的发展创造良好的条件。"《纲要》规定幼儿园体育的重要目标是："促进幼儿身体正常发育和机能的协调发展，增强体质，增强良好的生活习惯和参加体育活动的兴趣，用幼儿感兴趣的方式发展基本动作的协调性、灵活性，提高对环境的适应能力。"因此，幼儿园应从实际情况出发对多种体育课程资源进行有效合理的开发，在幼儿园进行课程资源的开发，全面开展此项活动是贯彻《纲要》的内在要求，是落实《纲要》的有效形式。

2. 突破幼儿园体育课程资源发展瓶颈的需要

目前，我国幼儿园体育课程资源采用的教学内容比较固定，缺乏多维度、多层次综合利用、创造开发新课程资源的开发意识；开发结构比较单一，不能充分发挥人力、物力、财力、环境等诸因素的整体资源优势；体育活动程式化、成人化、训练化，忽视幼儿的主体地位和个性发展。因此，拓展幼儿园体育课程新资源、引入新项目，构建幼儿体育课程目标、内容、方法、组织、评价等适宜模式，可以突破幼儿园体育课程资源发展瓶颈，丰富幼儿园体育课程内容，完善其功能，对实现幼儿体育课程科学化、合理化具有独特的价值和意义。

第二节　我国幼儿园课程资源开发现状

一、课程资源开发意识薄弱①

传统的幼儿园课程中，课程资源大多是国家和地方规定好的，采用统一的教学内容，并不需要教师开发和创造课程，教师只需考虑如何把这些内容教好。因此，教师也就很难养成课程资源开发的意识，更谈不上整合、利用周围的课程资源，创造、生成新课程。同时教师的职前培养和职后培训也很少接触到课程资源的概念，甚至不少教师把教材当成唯一的课程资源，把课程改革仅仅视

① 芦艳、邢利娅：《浅析幼儿园课程资源开发的策略》，《前沿》，2006年16期第82页。

为教材的改编，缺乏课程资源的基础理论知识和开发、运用课程资源的能力。由于教师课程资源开发意识欠缺：一方面，课程资源特别是作为课程实施条件的课程资源严重不足，仅仅关注教材这一传统的课程资源，把教材上的内容教给幼儿就算完成教学任务，周围大量鲜活的资源进入不了教师的视野，难以成为新课程实施的有机组成部分，使课堂失去生机与活力；另一方面，作为课程要素来源的课程资源被大量埋没，不能及时进入幼儿园实际教学中，造成许多有价值的课程资源的闲置和浪费。

二、课程资源开发结构单一化

实际中课程资源开发偏重于文本资料和园内课程资源开发，特别重视专家课程资源开发，对于非文本性课程资源载体形式和园外课程资源拓展不够，特别是对幼儿及家长在课程资源开发中主体作用重视不够，这样必然会导致课程资源结构单一化。随着综合实践及主题网络课程在幼儿园教育教学实践活动中的兴起，课程资源开发结构单一的局面有所改变，但仍然存在着偏重某些课程资源开发而忽视其他课程资源开发的状况。课程资源开发结构单一的局面不发生根本性的改变，教师不能够多纬度、多层次和综合开发可资利用的课程资源，幼儿园就不能充分整合人力、物力、财力、环境等诸因素的整体资源优势，教师的教学仍刻板单调，缺乏生机活力，幼儿的学习仍会局限于课堂、幼儿园。这不仅不利于为幼儿提供丰富的学习环境，而且会导致教学脱离当今不断变化的社会需求，使幼儿难以形成终身学习的能力。

三、课程资源开发利用率低

幼儿园课程资源开发，一方面是补充课程实施中相应的课程资源，丰富其教学内容，另一方面是突出本园课程特色，为幼儿园自主开发符合自身实际的本园课程服务。成功开发的课程资源只有进入课堂，进入教学实际活动中，与教师和幼儿发生互动，才能体现课程资源的价值，创建本园的特色课程。当前幼儿园课程资源开发还不太普遍，许多幼儿园课程资源开发的实验尚在酝酿中，然而已经成功开发的课程资源在实际教学活动中未被充分运用，没有让其进入课堂，便造成了课程资源的闲置与浪费，没有让其发挥应有的作用。教学过程不应只是忠实地执行课程计划的过程，而是师幼共同开发、丰富、整合课程资源的课程建设过程。教师要变革业已习惯的一整套教学行为，把课程资源应用于课堂教学中，提高成功开发的能力。

第三节　影响幼儿园课程资源开发的因素分析

一、幼儿身心发展特点是直接因素[①]

儿童的心理年龄特征是儿童心理发展的各个年龄阶段中所形成起来的一般特征、典型特征或本质特征。它表现在思维、情感、意志及自我意识等多个方面。幼儿阶段的儿童具有以形象性思维为主、兴趣较为多变、容易产生疑问、同伴交往中容易出现矛盾等特征。幼儿所具有的这些一般特征会对幼儿园体育课程资源开发产生直接性影响。在幼儿园的一日生活中，幼儿已有的知识与经验、多变的兴趣与需要、产生的困惑与疑问以及同伴交往中产生的矛盾等经常会成为一些教师开发的动态性课程资源，从而成为生成新课程的重要来源与素材，这都反映了幼儿所具有的心理年龄特征对幼儿园体育课程资源开发所产生的直接性影响。

二、师资素质是决定性因素

课程资源观就是人们对课程资源的态度和看法。它直接影响人们认识和开发课程资源的积极性，也影响课程资源开发的程度和效果。在幼儿园课程改革背景下，幼儿园教师应树立一种科学开放的课程资源观，教材不再是唯一的课程资源，但仍是最基本的课程资源；学生的“错误认知”和“创新思维”也是值得开发和利用的课程资源。课程资源开发意识是指幼儿教师面对各种资源时考虑它对课程教学有什么价值和意义，怎样才能把它挖掘出来使它为课程教学服务的意识。课程资源开发能力是指幼儿教师所具备的与课程资源开发相关的各种能力。在幼儿园课程改革背景下，幼儿教师应具备的课程资源开发能力包括规划与设计能力、收集与处理信息能力、筛选与鉴别能力、整合能力、组织与协调能力、探究与解决问题能力以及评价能力。幼儿教师只有具备课程资源观和课程资源开发的意识和能力才能积极有效地进行课程资源开发。

三、幼儿园权利赋予是条件性因素

随着幼儿园课程改革的深入发展，国家、地方及幼儿园三级课程管理体制渐入人心。幼儿教师是“平等者中的首席（first among equals）”“教师介入”“赋权于教师”等课程观念得到人们的普遍认可。对幼儿教师赋权增能是幼儿教

---

① 刘霞：《幼儿教师课程资源开发的个案研究》，东北师范大学出版社2011年版。

师参与课程资源开发的基本前提，也是保证课程资源丰富性的重要影响因素。而真正有效的赋权，应以促进教师专业化发展为方向，充分信任教师的潜能，使其拥有一定的专业自主权，进行课程设计、实施和评价。只有在此基础上，教师才能真正转变为课程资源的开发者。

四、物质及环境支持是保障因素

在幼儿教师课程资源开发中，必要的物质及环境支持也是不可缺少的。Nias 等人（1992）指出，缺乏物质资源会影响教师的动机、时间和精力，他们必须抽出时间去课堂之外寻找资料。因此，幼儿园提供必要而充足的物质与环境支持，包括合适的教科书、必要的教学教具及室内外各种设施设备等，不仅能够调动幼儿教师课程资源开发的积极性，也能够使幼儿教师拥有更多的时间去挖掘各种课程资源的内在潜力。可见，幼儿园所提供的物质与环境状况也会对幼儿教师课程资源开发产生重要影响。

五、家长是重要的辅助性因素

世界学前教育发达国家的一条成功经验就是家长积极投身于学前教育事业，为学前教育机构提供道义和情感、人力、物力和财力上的支持和援助。幼儿家长对课程资源开发活动采取支持态度并积极地加以配合，如认同幼儿教师是课程资源开发的主体；积极提供物质上、人力上的支持；就课程资源开发与幼儿教师进行沟通与交流等，不仅有利于调动幼儿教师开发课程资源的积极性，而且有利于幼儿教师对各种类型课程资源特别是家长资源的开发。反之，如果幼儿家长消极对待甚至是抗拒课程资源开发，幼儿教师则会步履维艰，难以科学有效地开展课程资源开发活动。

第四节　我国幼儿园体育课程资源发展现状

一、我国幼儿园体育课程资源概述

幼儿园体育课程是幼儿园总课程中的一个子课程，是以《幼儿园管理条例》《幼儿园工作规程》《幼儿园教育指导纲要（试行）》为指导，依据幼儿身心发展规律、社会的发展需求和各地区的区域优势和特点，关于幼儿体育教育目标、内容、方法、评价的一个系统。它是各种教育思想转化为教育实践的桥梁，是实现幼儿体育教育目标的手段，反映了教育目标、教学计划及展开过程；是把幼儿园体育教育中若干要素按照幼儿体育教育的规律与原理，以及幼儿身心发展的规律与需要，加以科学合理的组织，并转化为各种类型的体育教育活动，旨在帮助幼儿获得有意义的学习经验，促进幼儿身心全面、和谐的发展。

幼儿园课程资源是指幼儿园课程设计、编制、实施和评价等整个课程发展过程中可以利用的一切人力、物力以及自然资源的总和。既包括形成幼儿园课程与教学的直接因素来源与实施条件，也包括促成课程评价和改进的各种因素。随着幼儿园课程改革的不断深入，越来越多的幼儿园开始积极投身幼儿园课程资源开发的实践探索。幼儿园体育课程资源的开发与利用是幼儿园课程改革的重要内容。实践证明，幼儿园体育课程资源的建设不能仅仅再停留在“促进儿童体格正常发育，锻炼幼儿基本动作，增强体质，培养良好的生活卫生习惯”，同时也要促进幼儿社会化进程，形成良好的人际关系，发展健全人格。幼儿体育课程合理化设置是一项复杂而艰巨的工作，所以在深入领会《幼儿园工作规程》《幼儿园教育指导纲要》及素质教育重要精神基础上，构建出促进幼儿全面发展，符合幼儿特点的幼儿现代体育课程目标、内容、方法、评价等体系，提炼课程设置的基本原则，设计现代幼儿体育课程基本框架，促进幼儿身心全面和谐发展，培养幼儿对体育活动的兴趣及终身爱好，提供适合幼儿特点的现代体育课程，已经成为亟需解决的问题。

二、我国幼儿园体育课程资源发展现状

幼儿园体育课程应该是遵循幼儿的生长发育规律，结合多种因素和安全、卫生等措施，以促进幼儿身体正常发育和机能的协调发展，增强体质，培养良好的生活习惯、卫生习惯和参加体育活动的兴趣为目标，以基本动作的练习、体育游戏、体育器械活动为主要形式的教育实践活动。本研究选取我国部分幼儿园作为调查对象，了解目前我国幼儿园体育课程资源发展状况。

1. 课程的教育大纲

（1）教育任务与目标

幼儿体育课程以国家教育法规为准绳，贯彻执行国家教委 1996 年颁布的《幼儿园工作规程》、教育部 2001 年颁布的《幼儿园教育指导纲要（试行）》，完成其中提出的健康领域的教育任务，并达到目标。

（2）教育原则与方法

宏观上贯彻执行《幼儿工作规程》《幼儿园教育指导纲要（试行）》中有关教育原则与方法的总体精神，《幼儿园教育指导纲要（试行）》第一部分提出的五项总则与第三部分提出的选择教育内容应体现的三项原则。

（3）教育内容与形式

原则上以《幼儿园教育指导纲要（试行）》中关于健康领域的教育目标与内容

要求为指导。课程的内容立足于发展幼儿体育的知识、技能、能力、情感、态度等，要求与幼儿体育目标相吻合；源于幼儿体育的特殊性，教育形式也应体现多样性，一般说来以基本动作的练习、体育游戏、体育器械活动为主要组织形式。

2. 幼儿体育课程设置的基本原则

经调查，我国幼儿园体育课程设置目前特别强调的原则，一是科学性原则，要求我们在课程设置中转变传统的幼儿体育教学观念，强调体育意识教育，以科学的态度进行幼儿课程设置改革。二是针对性原则，在制定幼儿体育课程的过程中，我们必然要遇到幼儿体育课程设置标准化的弊端。因此有针对性地进行课程设置将是幼儿体育课程反映时代进步和社会需求的新的要求。这种针对性应涵盖个体针对性和区域针对性。三是游戏性原则，游戏是幼儿教育的根本，要在游戏中促进幼儿主体性的发展，实现“游戏”和“教育”的结合。四是生活化原则，所实施的课程应建立在幼儿真正需要的基础上，还原孩子生活的本来面目，让他们在生活中学习。

3. 幼儿体育课程结构

(1) 课程的理论依据

课程的理论依据包括政策性依据和学术性依据。作为课程，必须有明确的教育大纲，包括教育任务与目标、教育原则、教育环境、教育内容与方法等方面的要求与指标。

(2) 课程的基本框架

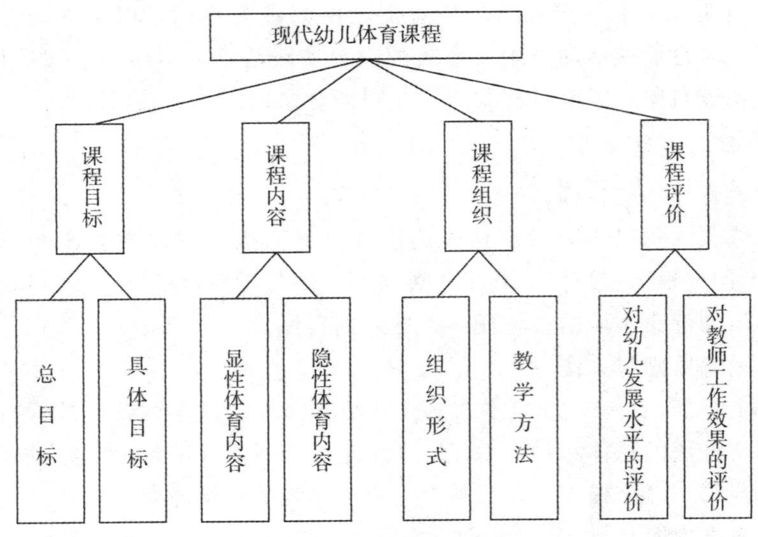

现代幼儿体育课程基本框架

（3）课程的基本目标

目前，我国幼儿体育课程的基本目标体现为：培养幼儿参加体育活动的兴趣，养成经常进行体育锻炼的习惯；发展幼儿的基本动作和身体的协调性、灵活性、柔韧性等体能；促进幼儿生长发育，增强体质，增强机体对疾病的抵抗力和对环境的适应力；认识自己身体结构的功能，学习在体育活动中自我保护和安全技能；发展幼儿的智力，培养幼儿良好的心理意志品质和个性，提高社会适应能力，增加幼儿心理健康。

（4）课程的基本内容

目前，课程内容包括显性和隐性课程内容。显性内容是指幼儿园日常体育活动，隐性内容则包括物质化内容及精神化内容，如环境创设、作息时间、师生关系、良好氛围、家园合作等。

（5）课程的组织

课程组织主要指课程的组织形式和教学方法。目前，常规的组织形式是将课程内容按照课程目标进行横向和纵向的组织。教学方法则包括教学形式和教学手段。在幼儿体育教育中一般采用个别化教学、小组化教学和集体教学等形式；在教学中，针对教学目标、幼儿能力和教学资源等条件，采取适当的教学方法与手段，以提高幼儿学习的兴趣。示范、讲解、观察、启发、联系、欣赏、讨论等方法都可以实施并灵活运用。

4. 幼儿体育课程的评价

（1）对幼儿发展水平的评价

此项评价关注的重点是幼儿的身体形态、结构的生长发育水平，幼儿生理生化功能水平，身体素质和运动能力水平、心理发展水平，对自然环境、社会环境、各种生活紧张状态的适应能力以及个性的健康形成。评价资源来源于多个方面。

（2）对教师工作效果的评价

对教师工作效果的评价关注的重点是课程的有效性。此项评价在《幼儿园教育指导纲要（试行）》第四部分的教育活动评价中做了非常详尽的说明。课程评价的手段中，一类是以测量为基础的评价，此类评价以严格测量获取实证资料为目的；另一类评价以思辩和逻辑推论为基础，通过更高理论层次上的严密分析和论证，揭示课程的意义，说明课程的价值。现代课程的评价一般讲究两者的有效结合。

三、我国幼儿园体育课程资源存在问题

目前，我国幼儿园体育教育中存在着很多不良现象，这些情况严重阻碍着

幼儿体育教育的发展。

1. “重智力，轻体育”现象仍未杜绝

虽然近些年素质教育的观念不断深入人心，但是仍有部分幼儿家长存在“重文轻武”的传统思想，过分重视对幼儿智力的培养，削减体育教育的分量，不鼓励幼儿积极参加幼儿园的体育活动，用英语、乐器、绘画等兴趣班占据了幼儿游戏的大部分时间。这种“重智力，轻体育”的现象在现代教育快速发展的时代仍未杜绝，严重忽视了游戏乃幼儿教育的根本，使得幼儿体育教育在整体发展上处于不利地位。

2. 有形无神的体育游戏还是比较突出

幼儿体育教学比较倡导的形式就是体育游戏，体育游戏包含的趣味性深受幼儿的喜爱，所以，其被广泛地运用于幼儿体育教学中。体育教学中的体育游戏将体育与游戏结合，摆脱了单调的体育运动，而采用游戏的方式向幼儿展现，这样能够使幼儿在游戏中获得身心的全面发展。但是，现阶段很多幼儿体育教学中的体育游戏只具有娱乐功能，而缺乏体育游戏所特有的健身价值。导致出现“形”在而“神”不在的现象，主要表现在游戏内容没有融合体育的成分，偏离了体育游戏的本质属性。

3. 偏离幼儿身心发展特点，体育活动缺乏科学性

目前，有些幼儿园体育课程资源设置过于竞技成人化，不符合幼儿身心发展特点，体育活动负荷强度与密度过大，导致幼儿对体育课程缺乏兴趣，体育课程与幼儿身心发育特点难以同步是影响幼儿体育课程合理化设置的主要障碍。因此，在体育课程设置中应遵循幼儿身心发展特点和年龄特征，充分考虑到幼儿的生理解剖特点、幼儿生长发育规律、幼儿心理发展特征及影响因素，创造有利条件，防止不利因素，促使幼儿正常生长发育。遵循幼儿开展体育活动负荷、密度适宜性的各项原则，结合体育课内容和幼儿的实际进行科学调节，以达到增强幼儿的体质，促进幼儿身心健康发展的课程目标

4. 教学中没有充分发挥幼儿主动探求的能力

幼儿体育活动的重要目标就是培养幼儿体育活动的兴趣，所以教师要根据幼儿的特点组织形式多样、生动有趣的体育活动，从而吸引幼儿主动参与。然而在实际的教学过程中，很多教师没有真正做到以“吸引”的方式让孩子们主动参与到幼儿体育中。要么教师在规定的体育活动场景中帮助幼儿选择位置和角色，不给幼儿提供主动参与的机会，由成人完全控制了幼儿的游戏，将游戏变成了教师导演下的“一台戏”，要么成为外部强加的活动，成为变相的作业或上课。这样教育质量上大打折扣，违背了幼儿教育的原则，幼儿自己动手、动

脑、动口的自主能力得不到提高。

5. 教学内容单一，目标不明确

《幼儿教育指导纲要》中提出：要以幼儿感兴趣的方式发展基本动作。《纲要》中所指出的基本动作包括基本的投、跳、跑、走等，指人类最基本的身体运动能力。可实际上，幼儿体育教学体操类教学内容却占很大比例，教学内容单一，球类教材相对来说开发得较少。

因此，幼儿园体育课程设置应全面多元化，应广泛涉及适合幼儿开展的各种体育活动，如体育游戏、跑、跳、投、小球类、体操、户外运动等，这样既活跃了课堂气氛，又提高了幼儿的身体素质和基本运动能力。

6. 专业幼儿教师匮乏，急需提升幼儿教师素质

课程设置是一项复杂和庞大的工作，它不仅仅局限于课程的主导思想、课程设置原则、课程结构，还包括课程的实施与评价。幼儿教师在课程设计、课程实施过程中均扮演着举足轻重的角色，是课程教育资源中最积极、主观意识最强的一个主体。因此，在幼儿体育课程设置中，探讨幼儿教师的素质和培养教育体系问题将是不可或缺的环节。现阶段，幼儿教师总体水平不高与社会对高质量学前教育需求之间的矛盾十分突出，部分幼儿体育教师只会传授体育运动技能，而不了解幼儿体育教学应遵循的特殊规律以及有关体育知识，导致体育教学存在盲目性和不科学性，专业幼儿教师匮乏，幼儿教师素质较低下。幼儿园体育课程要求老师讲解动作要领、练习方法要精练，教学语言要正确、规范；要根据幼儿身心发展的规律安排教学内容和活动项目；要通过情境教学“寓教于乐”，培养调动幼儿的主动学习兴趣；要合理利用幼儿园周边自然景观和场地，开发活泼有趣、富有新意的户外活动。这样，通过进一步明确幼儿教师的培养目标和模式原则，及时培训和调整教师技能，从而完善幼儿教师体系，全面提高幼儿教育整体水平。

第五节　我国幼儿园体育课程资源开发的发展策略

一、解放思想，树立正确的课程资源观①

长期以来受时代与观念的局限，课堂教学存在着较为严重的学科本位、教

① 芦艳、邢利娅：《浅析幼儿园课程资源开发的策略》，《前沿》，2006 年第 16 期第 83 页。

师中心主义倾向，使课程资源开发处于被动状态。新课程改革中课程资源观突出强调一种开放的理念，教师应当改变只把教材作为唯一课程资源的倾向，特别是要认识到教师本身的学识、态度和价值观也构成了影响幼儿学习的课程资源的一部分，是可以充分开发的重要课程资源。课程不完全是为了教师的教，而主要是为了幼儿的学，教师要关注幼儿的实际生活、学习兴趣和个性差异，这给教师带来极大的自主创造空间。围绕教育教学中幼儿一些不明确、需要解决或感兴趣的问题，通过观察、探索、操作等综合实践活动及小组合作活动让幼儿亲自寻求解决方法，建构知识体系，并促进其情感、意志、态度等非智力因素的发展，这样就打破了课堂和教材的局限，改变幼儿被动学习的状态，确立幼儿自主建构知识进行学习的地位。传统意义上的教师的教和幼儿的学，将不断让位于师幼互教互学，彼此形成一个真正的学习共同体。因而，课程资源开发中教师不断解放思想，摆脱传统观念的束缚，吸收新的理念，树立正确课程资源观，促进师幼积极互动，使教学过程成为师幼共建课程的过程，使各种课程资源和幼儿园课程有效地融为一体，这是实现课程资源成功开发和有效利用的首要条件。

二、增强教师课程资源开发意识

教师通过职后多元培训，强化课程资源开发意识。在培训中要使教师认识到，在幼儿园的课程实施中，凡能促进课程内容与现代社会、科技发展和幼儿生活紧密联系，给幼儿提供主动参与、探究发现、交流合作且能增长知识、开发智力、培养能力、陶冶情操的一切可资利用的教育资源，都应是课程资源。教师要转变对课程资源的认识和加深对课程资源的理解。强化教师课程资源开发意识的同时，要提高教师课程资源开发的技能。幼儿园课程资源的开发没有固定的模式，同一课程资源对不同的课程具有不同的用途和价值，即便同一课程的实施也可以选取多样的课程资源。课程资源开发过程中，教师除具备较丰富的教育学、心理学、教学论等专业知识和专业技能外，还必须具有一定的课程设计、课程评价等方面的知识以及开发课程资源方面的操作技术，而且要学会运用现代信息技术寻找、开发、制作、整合教学资源和材料。在培训中不断加强教师课程资源观的学习和宣传，打破教师对国家课程的迷信与信赖，强化教师课程资源开发意识，使教师能够根据实际条件和幼儿的特点，善于对课程资源进行识别、开发和利用，并在实践中不断提高课程资源开发的技能。当前，要着重培养和强化幼儿教师以下课程意识：

课程设计意识开发：现代幼儿教育不仅要完成规定内容的讲授，注重课程的系统化和综合化，还应该根据学科知识体系、幼儿身心发展规律、现代社会生活和科技发展的需要，主动、合理、创造性地设计课程，创设能引导幼儿主动参与的教育情境。

课程目标意识开发：教师不仅要重视知识的传授，更要树立为了全体幼儿的发展、为了幼儿的全面发展、为了幼儿的个性发展的课程目标意识。

课程开发意识：教师是课程的开发者，幼儿园课程的设置和推进，更需要教师具有课程开发意识和开发能力。

课程创造意识开发：课程改革需要创新，课程设计需要创新，教学需要创新，教师的课程全新意识是整个创新的教育进程的关键。

课程评价意识开发：课程评价要树立以人为本，促进人的全面发展和个性发展，充分发挥评价的检查、诊断、导向、反馈、激励等多种功能的意识。

三、优化课程资源开发的结构

不同的课程资源对幼儿的发展具有不同的价值，这就要求课程资源的开发要打破结构上单一的局面，完善和调整课程资源开发的结构形式，合理建构课程资源开发的理论框架，使幼儿园课程资源开发的结构得到平衡发展。幼儿园课程资源开发的结构要适应地区差异，适应不同幼儿园的特点和幼儿的个体差异，为幼儿自主发展提供更多的选择。幼儿园要因地制宜、因时制宜，改变仅仅依靠教材开展教育教学活动的传统做法。教师不仅要学会主动地和创造性地开发课程资源，而且要充分挖掘各种课程资源的潜在力和深层次的价值，引导并帮助幼儿走出课堂、幼儿园，在社会大环境里学习和探索，尽可能地开发有益于教育教学活动的一切可资利用的课程资源。

1. 因时、因地，走出狭隘视野开发课程资源

幼儿园要因地制宜、因时制宜，改变仅仅依靠教科书开展教学的做法，走出教材和园内资源的狭隘视野，尽可能地开发有益于教育教学活动的一切可能的课程资源。以体育领域课程为例，每一单元都是一个主题，每一个主题都渗透了多种体育运动项目成分。教师要上好这样的体育课，除了拓展运动知识领域和专业技能，还需要大量的教具、学具和音像资源等，即教师必须运用现代信息技术，寻找、制作、整合、开发教学资源和资料，广泛地利用园内外一切可能的课程资源用于体育课程教学。

2. 鼓励不同人群参与课程资源开发实践

幼儿园课程应该适应不同地区、不同园所的条件与特点以及幼儿的个别差异，为幼儿提供更多的选择，因此，在课程开发中，除了专家和教师，幼儿园还必须充分重视幼儿及家长、社区人士的主体作用。要鼓励幼儿、家长、社区

人士发挥自身优势，以主体的身份积极参与课程资源的开发实践。教师作为课程资源开发的主角，不仅要学会主动地和创造性地利用资源，而且要充分挖掘其他各种资源的潜力和深层次价值，帮助幼儿走出教科书、走出课堂、走出幼儿园，在社会大环境里学习和探索；幼儿是课程开发的主体和学习的主人，应当学会自觉、自发地利用可用资源，为自身学习、实践、探索性活动服务；家长和社区人士与社会接触面广，有其自身独特的优势，也应当积极配合教师，带领孩子开展课程资源开发活动。

3. 建立幼儿园课程资源信息管理库

为了发挥课程资源的最大效益，幼儿园和教师可以通过调查研究，收集各类有利于幼儿学习的课程资源，然后进行评估，再将评估后的课程资源按其类型、所有者、获取方式、开发动态和使用事项等进行归类、重组、优化，实现有序排列和管理，这样教师能在最短的时间内清晰地了解有哪些课程资源能够利用，从而实现资源开发和利用的最大化和最优化，并为课程资源的优化发展创造条件。

四、重视教学在课程资源的开发利用中的积极作用

课程是实施课程开发过程重要的一环，教学活动是课程实施的主要途径，教学在课程资源的开发利用过程中起着不可忽视的作用。因此要加强幼儿园课程的教学与研究，关注作为整体的教学的实际运作，重视教学在课程资源的开发利用中的积极作用，不断提升教学的理论水平，总结课程资源的开发利用在教学层面上的经验并上升到理论高度。

1. 对课程资源进行挖掘，扩充教学内容

教育教学活动可以开发与利用的资源是多种多样的，这为教师因地制宜地开发利用提供了广阔的空间。教师应该设计和编写每一个单元、每一个课时的《课程资源开发利用纲要》，清楚地陈述课程目标和课程资源开发利用的目标，罗列出可获得的课程资源、参与开发的人员以及时间、地点的安排，并对课时分配、教学方法、教学组织、教学评价等课程资源开发利用的具体细节给予充分的考虑。教育教学中，不仅同一资源对于不同的课程具有不同的用途和价值，而且同一课程的实施也可以选取多样的课程资源。

2. 提高课程资源的利用率

教学中要广泛利用一切可用资源，要做到对幼儿园的各种设施、园外活动基地及教育场所、幼儿园周围的社会环境和自然环境等的充分利用。如在有关环境教育的教学中，幼儿可在教师的带领下调查社区和幼儿园周围垃圾的种类、

来源，了解周围环境实际污染的状况，为幼儿播放对垃圾的处理、回收与利用资料片，从中学习环境治理的知识。这样的教学不仅充分利用了幼儿园内外的现有资源，提高了课程资源的利用效率，还给幼儿创造了一个主动学习的环境，培养了幼儿搜集信息、筛选信息、分析信息和综合利用信息的能力。

五、构建现代化的幼儿体育课程体系

1. 要实现幼儿体育课程目标的现代化

确定目标的方式有三种：一种是预先的注重行动结果的行为性目标，一种是体现过程本身的教育价值、在活动中不断明晰的、开放的生成性目标，还有一种是注重幼儿个性的自由展露的表现性目标。过去，我们过多地应用行为性目标，用教师预先确定的目标设想幼儿的活动、检验行动结果，这就使体育活动机械僵化，使儿童丰富生动的个性日渐萎缩。而要实现幼儿体育活动目标的现代化，培养适应未来社会发展的新人，则必须把行为性目标、生成性目标、表现性目标整合起来，突出生成性目标与表现性目标的地位。

2. 要实现幼儿体育课程内容及其组织形式的现代化

幼儿体育课程的内容、形式应体现时代和生活气息，体育课程的内容应不断拓展，体育活动的形式要不断更新。贴近幼儿生活，回归大自然是现代社会赋予幼儿体育活动的一个新内容，因此利用“阳光”“空气”“沙”“石“等自然力的锻炼应该成为幼儿体育课程的重要内容。综合幼儿体育活动和其他各项活动，整合幼儿园、家庭、社区的联体作用应该成为幼儿体育课程的有效实施手段。

3. 要实现幼儿体育课程评价和管理的现代化

评价不是为了划分幼儿的优劣，也不是对托幼机构优劣的判定，评价只是为了更好地改进课程和教学，提高育人的质量。因此必须改变用统一的标准去衡量幼儿在不同个性特点和发展水平的幼儿中比高低好坏的做法，而应把目标着眼于幼儿的长处、幼儿的发展可能性，不断调整课程计划，不断提高工作质量。同时，也要做到评价的多元化、个性化，最终提高管理的现代化水平。

4. 要实现幼儿体育课程实施手段的现代化

场地器材、环境设备是幼儿体育课程实施的具体表现，但这并不等于体育活动器材、环境设备的高档次和高科技，而是要体现未来社会幼儿体育课程价值趋向的有利于儿童发展的活动设施、设备和材料。它包括幼儿园丰富多样的日常体育器具、大型的沙坑水池、木质的攀登架、塑胶的运动场、草地山坡和弯弯曲曲的小路，也包括家庭、社区周围的活动场地和场馆，以及市郊农村的自然环境，这些都应实现资源共享。

第十四章　我的思考（二）——我国幼儿园团体操活动的现状分析与对策研究（以广州市幼儿园为例）

第一节　前言

一、选题依据

（一）《幼儿园教育指导纲要（试行）》是开展幼儿团体操的行动指南

2001 年 7 月教育部颁布的《幼儿园教育指导纲要（试行）》，（以下简称《纲要》），是遵循我国宪法和教育基本法的精神，根据党的教育方针而制定的全国幼儿园必须执行的法规文件。《纲要》鲜明地体现着国家的意志，在今后相当长的一段时间内将指导我国幼教的发展方向。贯彻《纲要》是我国幼教工作者的一项重要任务。在幼儿教育阶段，体育排在了智、德、美之首。《纲要》规定幼儿园体育的重要目标是："促进幼儿身体正常发育和机能的协调发展，增强体质，增强良好的生活习惯和参加体育活动的兴趣，用幼儿感兴趣的方式发展基本动作的协调性、灵活性，提高对环境的适应能力。"幼儿团体操正是锻炼幼儿身体，促进身心全面发展的一种形式简单、易于普及、效果很好的活动。因此，在幼儿园全面开展幼儿团体操活动是贯彻《纲要》的内在要求，是落实《纲要》的有效形式之一。从这一角度看，《纲要》是开展幼儿团体操活动的行动指南和重要依据。

（二）幼儿团体操是促进幼儿身心全面发展的重要手段

幼儿团体操是幼儿体操的一个分支，有其突出的健身、健美、健心和娱乐价值。幼儿团体操是以基本体操为主体，融体育、舞蹈、音乐、美术为一体的具有综合艺术功能的幼儿体育表演项目。其活动规模可大可小，形式变化多样。无论在广场、体育场、体育馆、幼儿园或小操场，幼儿团体操的表演均可以通过动作、队形的变化、服装、道具等艺术装饰来进行，音乐则以明快的节奏、优美的旋律来展示其独特的艺术魅力和热烈气氛。①

幼儿团体操充分反映了幼儿天真、活泼，容易兴奋，生气勃勃的心理特点。通过幼儿团体操的练习和表演，可以培养幼儿正确的身体姿势，促进幼儿身体正常发育和机能的协调发展，增强幼儿机体对外界环境的适应力和对疾病的抵抗力，培养幼儿参与的兴趣和积极参加体育锻炼的习惯。同时掌握简单的基本体操动作，可发展幼儿空间方位感和知觉，增强节奏感以及肌肉控制能力，对提升幼儿的想象力、形象记忆力、模仿能力、美感都大有益处。更为重要的是，对形成幼儿主动、乐观、合作的态度，以及活泼开朗、勇敢进取、不怕困难、抗挫折的意志品质效果明显。因此，开展幼儿团体操表演活动是促进幼儿身心全面发展的重要手段。

（三）幼儿团体操是全面普及团体操活动的需要

团体操是一项体育与艺术高度结合的综合性的集体表演项目，深受广大群众的欢迎。因此，在基层尤其是幼儿园，广泛开展幼儿团体操活动，可以为幼儿园大型活动添彩，可以扩大对外影响空间，还可以为建立特色幼儿园奠定基础。它是全面普及团体操活动，为更高级别的表演奠定基础的需要，同时对宣传和推动全民健身计划也起到积极的促进作用。幼儿园不仅具备领导重视、师资丰富、时间充裕开展团体操的有利条件，同时幼儿团体操又是促进幼儿身心全面发展的重要手段。所以从幼儿阶段开始普及团体操活动，可以增强该项目广泛的群众基础，有利于其健康快速地发展。

（四）广州市幼儿团体操的实践为开展幼儿团体操活动提供依据

广州地处全国改革开放的前沿，体育事业蒸蒸日上，体育教育工作居于领先地位。其中幼儿体育活动开展得更是丰富多彩。据《广州市志》记载，广州从 1973 年开始，就在首届幼儿运动会上设有团体操和广播体操表演项目。之后，2000 年广州市举行了“千禧庆六一”幼儿团体操比赛。2002 年番禺区和天河区相继举办了幼儿团体操比赛。2004 年荔湾区首届“大地杯”幼儿运动会上，孩子们都表演了各具特色的团体操。从上面的资料可以看出，近年来，广州市幼儿团体操活动也开展较好，有一定的群众基础，其艺术价值也得到了社会各界的充分认可。但实事求是地讲，幼儿团体操的开展还存在很多问题：幼儿团体操并没有在全市范围内得到广泛的普及；缺少专门的幼儿团体操组织管

---

① 王朝琮、冯大力：《大众团体操》，人民体育出版社 1997 年版，第 155－161。

理机构；幼儿团体操师资队伍素质不高；幼儿团体操的后勤保障不完善等。可以说幼儿团体操没有真正在全市幼儿园范围内开展起来，还存在许多死角，发展得很不平衡，鉴于此，本人撰写此文，意在引起社会各界的高度重视，使幼儿团体操成为幼儿锻炼身体最感兴趣，必不可少的一种好形式。使幼儿团体操在我市遍地开花，推动全民健身活动的蓬勃发展。

（五）为幼儿团体操理论研究提供补充

纵览和梳理我国团体操理论研究成果，经整理发现涉及幼儿团体操方面的研究并不全面，多是对幼儿团体操创编与训练方面进行探讨，缺少对幼儿心理素质和社会性影响的研究，另外有关幼儿团体操组织管理方面的研究也很缺乏，尤其是对幼儿团体操开展现状的研究尚无文字记录，开展团体操活动的影响因素也没有进行系统的分析与归类。所以，本人准备在幼儿团体操开展现状和组织管理方面进行探索性研究，为丰富团体操理论宝库尽绵薄之力，贡献一份力量，为幼儿团体操的广泛开展和健康发展提供一定的理论支撑 。

综上所述，幼儿团体操作为学龄前儿童的一个运动项目，人们对其了解还不是很多，理论研究和实践总结也比较薄弱，实际过程中还存在各种问题和困难，这都会影响我国幼儿团体操活动的进一步发展。为促进幼儿团体操活动的健康发展，本文以广州市体育东路幼儿团体操为案例，对广州市十二个区的幼儿园进行随机抽样调查。通过对广州市幼儿团体操活动开展现状的研究，找出影响其发展的主要因素，并提出可行性的开展幼儿团体操活动的对策，为其更快、更健康地发展提供依据与参考。

二、文献综述

随着现代团体操在我国的立足与发展，一些学者从不同的学术角度围绕团体操展开了研究工作，他们的辛勤劳动为我们积累了颇为丰富的研究成果。

通过查阅中国体育期刊目录索引、体育科技文献通报、人大复印资料索引、中国电子期刊网（1979 年至今）、中国优秀博硕士学位论文和中国图书馆资源，年鉴、会议报告、报纸，以及对所收集到的文献资料中参考文献再复查，查实有关团体操方面的文献资料共 134 篇，专著教材 6 本，记录资料 1 本。纵览和梳理我国团体操理论研究成果，有关团体操的理论研究涉及面较广，但涉足幼儿团体操方面的理论研究还十分有限。其中包括专著教材 3 本，期刊论文 7 篇，年鉴报告 10 篇。其涵盖的主要内容主要概括为下几下方面：

（一）幼儿团体操国内外发展状况的研究

我国著名的老一辈团体操专家毛学信教授在他编写的《中国团体操》书中

介绍了幼儿团体操在我国兴起的时间、地点，以及社会评价[①]：70年代我国团体操得到新的普及和发展，省、市、自治区先后组织过大、中、小型团体操表演，从运动场发展到体育场馆，从青少年发展到幼儿参加团体操表演。1974－1975年间，在北京、天津等地还兴起了幼儿团体操表演活动，引起人们广泛的兴趣。朱德同志观看北京幼儿园小朋友表演的团体操，给予了高度赞扬。同时，书中还着重阐述了幼儿首次登上全国性运动会的表演舞台——1985年10月第一届全国青少年运动会上，郑州市27所幼儿园1080名5～6岁的幼儿，参加了大型团体操《奋飞》第一场《春苗茁壮》的表演，从而成为我国团体操历史上的一次新突破。

此外，还有专家对国外幼儿团体操开展的状况进行了研究。夏环珍教授在《团体操》书中介绍：前捷克斯洛伐克非常注重团体操活动的普及与发展。在《家长和儿童》团体操表演中，在"爸爸、妈妈，我要出去活动，快带我走吧"歌声伴奏下，2336名3～5岁天真烂漫的幼儿，在2336名家长组成的图案中手舞足蹈，有节奏地奔跑，大人举起孩子，孩子骑上大人脖子……生活气息极为浓厚。这么多家长和孩子一起表演团体操，在世界团体操史上是一个创举。说明捷克团体操普及之广、人民喜爱程度之深，是世界各国不能与之相比的。[②]

有关广州市幼儿团体操的开展状况研究只在《广州市幼儿体育活动现状研究与分析》一文中有所提及，作者认为幼儿园文体表演（比赛）是日常幼儿体育活动的延伸，广州市幼儿园文体活动的内容主要以发展幼儿基本活动能力的基本体操内容为主，团体操表演活动也是其主要的活动形式。

（二）幼儿团体操创编方面的研究

创编是团体操全部活动的基础和先导，其他所有的活动，如训练工作、后勤保障、音乐录制等工作均是围绕着创编，并为反映创编意图而服务的。所以有学者提出在创编幼儿团体操时要考虑周到、细致，突出儿童特点，以求在表现手法上有所创新。

在《大众团体操》一书中，作者着重从幼儿团体操创编时，动作和队形的设计与运用，服装、道具、音乐等艺术装饰的设计与运用等方面进行了详细阐述。邵紫苑、熊光蓉两位作者还提出创编团体操时要特别注意幼儿在生理和心理方面特有的原则和规律。其主要表现在动作选择上要提倡生活化、形象化，发展以柔韧素质为主的适当的难度及一些简单的双人或多人的配合动作。在队

① 毛学信主编：《中国团体操》，华中理工大学出版社1988年版，第3－9页。

② 夏环珍：《团体操》，知识出版社1998年版，第1－14页。

形变化上，应力求短线条、小范围、有基准、有规律、有过渡。无论是主题还是动作、队形、音乐及背景画面等都应突出反映幼儿天真、活泼、可爱向上的特点。此外，有学者认为编排时要考虑主题，根据幼儿特点设计动作，并讲究科学性。还有学者提出创编的重点是抓住童趣，表现为内容贴近幼儿的生活，编排的动作要直观形象，符合幼儿的年龄特征，音乐、服装和道具要巧妙结合的观点。①

（三）幼儿团体操训练方面的研究

团体操表演内容复杂，训练工作繁重、牵涉面广，训练工作要有周密可行的计划。同时在表演动作、队形变化、组图案等方面也要有它的独特方法。

有学者将幼儿团体操的训练工作分为准备、训练、表演三个阶段进行。并总结出：老师示范讲解、分组领教、以待用道具练习、在音乐配合下练习、训练中多表扬多鼓励、组织观摩的训练方法。邵紫苑、熊光蓉两位作者在《幼儿团体操的训练》提出：在幼儿团体操的训练工作中，除了应遵循团体操训练的一般规律外，还特别应从幼儿的年龄特征出发，注意训练原则、训练方法和训练重点。并详细介绍了训练原则：教师的主导作用和幼儿积极性相结合原则；直观性原则；一般与个别相结合原则；量力性原则；巩固性原则。训练方法：兴趣化、多样化、形象化、竞赛化。训练重点：队形变化到位、动作的整齐程度、单个动作质量、动作的表情。②

（四）幼儿团体操效能方面的研究

作者刘峰认为幼儿经常进行团体操的练习，可以培养组织性纪律性，团结友爱和集体主义精神，对增强幼儿体质有明显的作用。还有学者认为通过幼儿团体操的训练，能增强体质，开发智力，促进儿童体、智、德、美的全面发展。作者吴笑平认为幼儿团体操可以提高幼儿方位知觉：通过团体操练习，幼儿不仅可以灵活掌握各种方位的辨别和完成各种图形的变换，并且在音乐的伴奏下，能正确完成动作并纠正错误。③ 王朝琼、冯大力在《大众团体操》则明确提出：幼儿团体操可启迪幼儿天真、活泼、容易兴奋、生气勃勃的生理特点。通过幼儿团体的练习和表演，对培养幼儿正确的身体姿势，学习简单的基本体操动作和知识，发展空间方位和知觉，增强节奏感以及肌肉控制能力、想象力、形象记忆力，

---

① 张亚彬：《创编幼儿团体操的几点体会》，《学前教育研究》，2001 年第 2 期第 57 页。

② 邵紫苑、熊光蓉：《幼儿团体操的训练》，《体育科技》，1985 年第 5 期第 28—34 页。

③ 吴笑平：《浅谈幼儿方位知觉的发展》，《心理学谈新》，1981 年第 2 期第 98—99 页。

模仿能力，培养幼儿的美感，促进幼儿身体的正常发育及身心的全面发展，增强幼儿体质，为幼儿未来成长打好基础，都具有十分重要的意义和作用。[①]

综上所述，目前有关团体操的理论研究虽然已经涉及很多方面，但是针对幼儿团体操的研究并不多，缺乏幼儿团体操组织管理和社会功能方面的研究，尤其对幼儿团体操开展现状的研究尚无文字记录。因此，无论从理论研究和实践发展考虑，幼儿团体操表演活动开展现状的研究都具有一定的价值意义。所以，本人准备以广州市幼儿团体操表演活动开展现状入手，对其组织管理、创编训练、师资培养等方面进行探索性研究，为丰富团体操理论宝库尽绵薄之力，贡献一份力量。

第二节 研究对象、任务与方法

一、研究对象

本文以广州市十二个区（天河区、荔湾区、越秀区、海珠区、花都区、番禺区、南沙区、白云区、箩岗区、黄浦区、增城市、从化市）的幼儿园为调查对象，进行随机抽样调查，发放调查问卷，旨在了解广州市幼儿团体操活动的现状。同时以广州市体育东路幼儿团体操《欢乐童年》为个案研究对象，深入挖掘幼儿团体操活动的开展规律，探寻发展对策，为幼儿团体操活动健康发展提供参考依据。

二、研究任务

1. 调查广州市幼儿团体操活动开展的现状
2. 分析影响广州市幼儿团体操活动开展的因素
3. 研究广州市幼儿团体操活动的实例
4. 提出广州市开展幼儿团体操活动的发展对策

三、研究方法

1. 文献资料法

课题研究过程中，本人根据研究内容的需要，查阅了大量的期刊著作。其中有关团体操方面的论文专著教材 6 本，134 篇，深入了解了我国团体操的理

① 王朝琼、冯大力：《大众团体操》，人民体育出版社 1997 年版，第 155－161 页。

论研究现状。同时查阅有关幼儿教育、幼儿心理、课程设置等方面的专著教材6本，论文86篇，明确了幼儿发展的特点，为设计与组织幼儿团体操活动提供了理论依据。此外，本人对管理学、体育管理学、幼儿园管理方面的知识也进行了系统的学习，为进一步深入研究奠定了基础。

2. 专家访谈法

对团体操方面的20位专家、广州市负责幼儿体育工作的领导进行访谈，并发放专家调查问卷和主管部门调查问卷，征询关于开展幼儿团体操活动的建议与对策，为本文的研究提供了宝贵的第一手资料。

3. 问卷调查法

（1）调查对象：对广州市十二个区的幼儿园进行随机抽样，作为调查对象。

（2）调查内容：

本文根据不同的调查对象（幼儿园园长、幼儿园教师和幼儿家长、主管领导和团体操专家、观众），共设计了六份问卷，问卷的内容见附件。

（3）问卷的效度检验

为确保问卷的有效性，聘请了团体操专家全面审核评定问卷，进行逻辑有效性分析，并请他们对问卷做出“很高”“较高”“一般”“较低”和“很低”五种程度的定性评价。评定结果见表1。

对专家的评定结果进行内部一致性检验，内部一致性系数 a=0.7844，明显大于0.05，可见专家的评定结果不存在显著性差异，信度较高，可以作为调查问卷效度评定的标准。

表1　专家评定结果统计表

结果	园长问卷		教师问卷		家长问卷	
	数量	百分比	数量	百分比	数量	百分比
很低					1	5.0
较低					2	10.0
一般			2	10.0	3	15.0
较高	12	60.0	13	65.0	11	55.0
很高	8	40.0	5	25.0	3	15.0
总计	20	100.0	20	100.0	20	100.0

从评定结果可以看出，园长问卷和教师问卷在内容和结构上设计比较合理，普遍评价较高或很高。只有家长问卷有些专家评定一般或较低。针对专家的意见，笔者将调查问卷进行了部分修改和整理，具体内容详见附件。

(4) 问卷的发放和回收

问卷发放的对象是广州市十二个区的幼儿园园长、幼儿园教师、幼儿家长。调查问卷采用教育局统一发放和回收的方式，对回收的问卷进行检验性剔除，回收问卷有效率达97.1%，能满足本研究的需要。此外，还向主管领导、团体操专家和观众发放调查问卷，采用现场发放的形式，回收率很高，均达到90%以上。

本研究对广州市十二个区的幼儿园进行抽样调查，共抽取190所幼儿园。其中Ⅰ类（经济落后区域）共抽取50所幼儿园，每区随机调查10所幼儿园。Ⅱ类（经济发达区域）共抽取140所幼儿园，每区随机调查20所幼儿园。此外，还发放团体操专家调查问卷各20份，主管部门调查问卷9份，观众调查问卷200份。

问卷发放回收情况如表2：

表2　问卷发放、回收情况统计表

问卷类别	发放问卷	回收问卷	有效问卷	回收率	有效率
团体操专家调查问卷	20	20	20	100.0%	100.0%
广州市幼儿教育主管领导调查问卷	10	9	9	90%	100.0%
幼儿园园长调查问卷	190	140	136	73.7%	97.1%
幼儿园教师调查问卷	190	140	136	73.7%	97.1%
家长调查问卷	190	140	136	73.7%	97.1%
观众调查问卷	200	188	180	94%	95.7%
影响因素表	410	309	256	75.4%	82.8%

(5) 问卷的信度检验

为了保证问卷调查得到的材料的可信度，分别对部分调查对象进行了二次抽样调查，并对调查结果进行比较分析，相关系数达到$r_{园长}=0.9873$，$r_{教师}=0.9256$，$r_{家长}=0.9433$，说明上述调查结果达到统计检验标准。

4. 个案研究法

本文以广州市体育东路幼儿园为个案研究对象，进行开展幼儿团体操活动的实验研究。经过半年的创编与训练过程，幼儿团体操《欢乐童年》在广州市幼师培训班上进行了展示，表演效果很好，社会评价很高。笔者结合个案成功经验，提出适应幼儿团体操活动发展的对策。

5. 逻辑分析法

运用逻辑归纳的方法对得到的理论数据和资料进行归纳与推理，得出论文的结论。

6. 数理统计法

对回收的调查问卷进行数理统计，运用 SPSS 软件对其中有效问卷做统计处理，分析归纳影响广州市幼儿团体操活动发展的主要因素。

第三节　研究结果与分析

一、广州市幼儿团体操活动的现状分析

1. 广州市幼儿团体操活动的开展程度

幼儿团体操是融体育、音乐、舞蹈、美术为一体，具有综合艺术功能的幼儿体育表演项目，深受人们的喜爱和欢迎，多年来在全国各省市均有开展。笔者对广州市幼儿团体操活动开展的数量、规模、途径等方面进行调查，旨在了解幼儿团体操活动在广州市的开展程度。

笔者对广州市部分幼儿园园长、幼儿教师和主管领导共计 281 人进行了评价广州市幼儿团体操活动开展情况的调查。结果显示，14％的人对开展情况很满意，认为非常理想和比较理想；59％的人认为开展情况一般；而剩下的 27％人则评价活动开展不太理想和不理想。如图 1 所示：

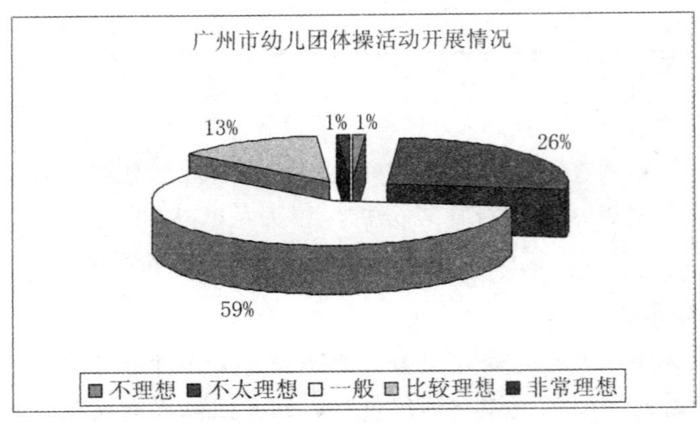

图 1　广州市幼儿团体操活动开展程度（N=281，单位：%）

统计结果表明，广州市幼儿团体操活动开展情况不够理想，多数人评价一般，认为满意的人群较少。所以，广州市幼儿教育主管部门应扩大活动开展范

围，鼓励各区幼儿园积极参与活动。同时，加强对幼儿团体操活动的管理，正确引导幼儿团体操活动向健康方向发展。

（1）开展数量

众所周知，广州市幼儿团体操活动开展数量的多少，将会影响广州市幼儿团体操活动的发展状况。笔者对广州市不同区域幼儿园开展幼儿团体操的数量进行了调查，结果见表3：

表3　广州市幼儿团体操活动各区开展数量比较表

类别		未参加	参加	合计	p
Ⅰ类	数量	49	45	94	P=0.022 ＜ 0.05
	%	52.1%	47.9%	100.0%	
Ⅱ类	数量	13	29	42	
	%	31.0%	69.0%	100.0%	
总计	数量	62	74	136	
	%	45.6%	54.4%	100.0%	

Ⅰ类（经济落后区域）包括：增城区、从化区、南沙区、萝岗区、黄埔区

Ⅱ类（经济发达区域）包括：番禺区、花都区、海珠区、白云区、越秀区、天河区、荔湾区

对广州市十二个区的幼儿园进行随机调查，在136个调查对象中，有74所幼儿园参加过幼儿团体操的表演或比赛活动，占总数的54.4%。有45.6%的幼儿园没有参加过此项活动。结果表明近半数幼儿园参加过不同级别的幼儿团体操表演或比赛活动，说明社会能够为幼儿团体操活动提供展示与交流的平台与空间。

将广州市幼儿园按经济发达程度分为Ⅰ类和Ⅱ类地区，并做卡方检验，皮尔逊卡方值的检验显著性水平已达到 Asymp. Sig.（2－sided）＝0.022 ＜ 0.05，说明Ⅰ类和Ⅱ类地区参加幼儿团体操活动的数量存在显著差异。

（2）频率与规模

对参加过幼儿团体操活动的幼儿园对其开展频率进行调查，结果显示有75.7%的幼儿园进行幼儿团体操表演或比赛活动的频率为时断时续，或者3－4年一次。有24.4%的幼儿园能坚持每两年或一年进行幼儿团体操的表演活动。所以说，幼儿团体操活动的开展缺乏持续性，各幼儿园对其重视还不够。（见表4）

表 4　参加幼儿团体操表演或比赛活动的频率和规模统计表

	频　率			规　模	
	数量	有效百分比		数量	有效百分比
时断时续	33	44.6	千人以上的团体操	3	4.1
每年一次	9	12.2	百人以上的团体操	9	12.2
两年一次	9	12.2	六十人的中型团体操	34	45.9
3—4 年一次	23	31.1	二三十人的小型团体操	28	37.8
总计	74	100.0	总计	74	100.0

对其规模进行调查，结果显示，有 45.9％的幼儿园选择六十人的中型团体操，有 37.8％的幼儿园选择二三十人的小型团体操。而百人、千人以上的大型团体操在幼儿园范围内开展较少。说明幼儿园在人、财、物有限的基础上，应大力推广中小型幼儿团体操活动。

（3）开展途径

目前，我国幼儿园体育活动内容包括了基本运动、游戏、体操、小球活动、律动、大型器械活动、水上活动、冰上活动等。其中体操包括了队列队形练习、徒手操和轻器械操三类内容。幼儿团体操正是结合队列队形练习和基本体操动作，在音乐伴奏下，进行队形变化和图案造型，并在艺术装饰的陪衬下完成的体育活动。因此，在幼儿园日常体育活动中安排幼儿团体操内容，不仅可以促进幼儿身心健康的发展，而且可以丰富幼儿体育活动内容。

从图 2 可以看出，有 28.7％的幼儿园在日常体育活动中经常安排幼儿团体操的内容，60.3％的幼儿园偶尔安排，而 11.0％的幼儿园没有安排。结果表明，虽然幼儿团体操活动在日常体育活动中有所开展，但开展的范围不够广泛。

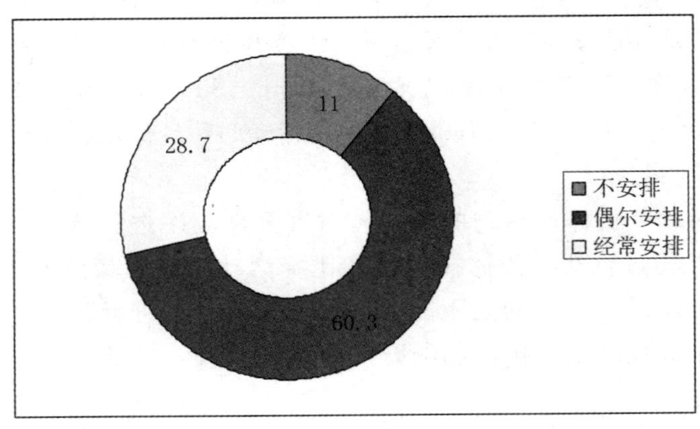

图 2　幼儿园在日常体育活动中安排幼儿团体操情况（N＝136，单位：％）

对开展过幼儿团体操活动的幼儿园进行调查，结果表明幼儿园在开展幼儿团体操时主要通过早操的形式，通过节日、庆典活动的形式被列在第二位，第三位是通过比赛的形式，而通过课堂教学的形式开展幼儿团体操活动比例最低，列在第四位。所以，幼儿园应拓宽幼儿团体操的开展途径，使幼儿团体操不仅可以作为幼儿课堂教学的内容，也可以通过节日庆典活动进行展示，还可以通过比赛进行交流。这样就能更好地推广幼儿团体操活动，得到社会的认可和支持（如图3）

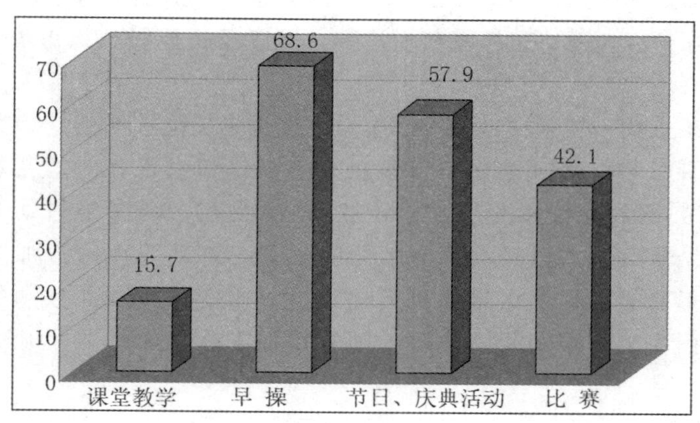

图3 幼儿园开展幼儿团体操活动的途径（N＝121，单位：%）

2. 广州市幼儿团体操活动的组织管理

管理是管理者依据一定的理念对各个管理要素进行计划、组织、协调、控制、决策等过程以求得特定目标最佳效益的活动。体育活动的开展同样也需要严密的组织管理。设置相应领导机构进行宏观调控，制定相关文件做保障，安排表演或赛事活动以及举办指导与培训是确保其可持续发展的有效措施。

（1）管理机构

笔者在采访过程中了解到广州市幼儿体育活动的组织管理工作，主要由广州市教育局幼教科、广州市教育局体卫艺处、广州市体育局、广州市幼儿体育研究会多方面管理。幼儿团体操作为幼儿体育活动的内容之一，也是在其组织管理下开展的。据调查到目前为止，广州市还没有设置专门的幼儿团体操组织管理机构，也没有制定相关文件做保障。但多年来广州市已经组织安排过很多幼儿团体操的表演或比赛活动，也曾经举办过幼儿团体操的指导与培训班。所以，为确保幼儿团体操能向健康的可持续方向发展，广州市幼儿教育主管部门应该为幼儿团体操活动提供充分展示机会和交流平台，定期安排全市或区域性的表演或比赛活动。同时，制定文件提出要求和措施，确保幼儿团体操活动向基层深入，拓宽各区的开展范围。

（2）指导与培训

随着时代的发展，幼儿团体操创编者在主题选择、动作编排、队形设计、训练方法等方面也有了创新和提高。幼儿教师作为幼儿团体操训练工作的主导者，要想跟上项目发展的步伐，就要及时获取新知识，不断改进和提高训练手段。获取新知识的方式很多，但最有效、最直接的方式就是参加教师业务培训班。基层领导是否选派幼儿教师参加培训，可以反映他们对幼儿团体操活动的支持态度。

调查结果表明（见表5），有89.2%的幼儿园长能选派幼儿教师参加幼儿团体操的培训学习，同时也有10.8%的幼儿园未曾选派。对幼儿教师进行调查，有79.7%的幼儿教师没参加过培训，20.3%的教师参加过幼儿团体操的培训学习。结果表明，虽然大部分幼儿园长能支持幼儿教师参加团体操的指导与培训，但社会上提供培训的机会还很少，不能满足幼儿教师的需要。所以，主管部门应该加强幼儿团体操的师资培训工作，为幼儿园开展活动培养大量的专业人才。

表5　幼儿教师参加团体操培训情况统计表

	选派参加培训情况（园长）			参加培训情况（教师）		
	数量	百分比			数量	百分比
未曾选派	8	10.8%		没参加过	55	79.7%
偶尔选派	59	79.7%		参加过	14	20.3%
经常选派	7	9.5%				
总计	74	100.0%		总计	69	100.0%

笔者对参加2007年广州市幼儿团体操师资培训的幼儿教师进行调查，有88.4%的幼儿教师认为参加幼儿团体操师资培训非常有必要和比较有必要，有11.7%的教师态度表示一般或认为没必要。由此可以看出，广大幼儿教师十分渴望能够得到相关知识的指导与培训。如图4所示：

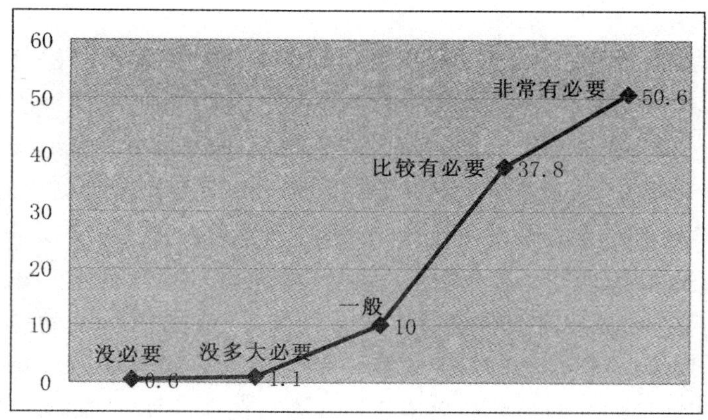

图 4　参加幼儿团体操师资培训的重要性（N=180，单位:%）

对参加幼儿团体操师资培训班的幼儿教师进行调查，结果显示（见表6），有79.4%的教师认为参加培训班可以丰富幼儿体育活动内容，促进团体操活动的普及。由此可以得出，培训师资是继承和发展团体操活动，使其得到全面普及的有效途径。有73.3%的教师认为可以提高幼儿教师的业务能力。幼儿教师有关团体操方面的知识得到了充实，业务能力得到提高，就可以独立编排出具有特色的幼儿团体操艺术作品，并且在提高训练效率的基础上，使幼儿团体操的表演获得成功。

表 6　举办幼儿团体操师资培训班的意义统计表（N=180）

意义	频数	百分比	有效百分比	排序
提高幼儿教师的业务能力	132	73.3%	73.3%	2
为幼儿园开展团体操活动提供资料	127	70.6%	70.6%	3
通过观摩表演，促进幼儿团体操活动的交流	118	65.6%	65.6%	4
丰富幼儿体育活动内容，促进团体操活动的普及	143	79.4%	79.4%	1

3. 广州市幼儿团体操活动的师资状况

幼儿教师是在学前教育机构中，对学龄前儿童进行教育的主要工作人员，是受社会委托向学前儿童身心发展施加教育影响，并从事保育和教育工作的工作者。① 因此，幼儿教师的学历结构、职称情况、业务能力和工作态度等方面都会影响幼儿团体操活动的开展情况。

① 阎水金：《学前教育学》，上海教育出版社2003年版，第319页。

（1）幼儿教师的基本情况

在进行幼儿团体操训练时，幼儿教师是主要的教练人员，担负着训练的任务。教练员的年龄结构和工作年限同样也影响着训练效果和训练水平。教练员的年龄结构是指教练员人才群体各年龄段人数的比例分布。教练员年龄结构与工作年限是否合理，在一定程度上决定和反映教练人才群体的创造力。

调查结果显示（见表7），60.3%的幼儿教师年龄在30岁以下，36.8%的人年龄在30至40岁之间，2.9%的幼儿教师年龄在40岁以上。幼儿教师的工作年限方面，有62.5%的幼儿教师工作年限在10年之下。由此得出，幼儿教师队伍趋于年轻化。年轻教师精力充沛，思想活跃，敢于创新，有示范动作的能力，但业务水平和职教经验相对不足，在今后的工作中有待进一步提高。

表7　年龄结构与工作年限统计表（N＝136）

	年龄结构				工作年限			
	30岁以下	31～40岁	40岁以上		5年以下	6～10年	11～15年	15年以上
人数	82	50	4		35	50	27	24
%	60.3	36.8	2.9		25.7	36.8	19.9	17.6

（2）幼儿园教师的学历、专业、职称情况

教师学历代表其曾接受正规教育的程度，是衡量一个人能力和知识水平的标准之一，在很大程度上反映教师队伍的理论知识水平和发展潜力，也预示着教师队伍教学、科研等潜力能力。职称结构是指各级职务教师的比例构成状况，它是人才群体的要素之一，也是衡量人才群体素质状况的尺度之一。

对幼儿教师的学历、专业、职称进行调查，结果显示（见表8），具有大专学历的教师占58.8%，本科学历的教师占15.4%，具有中专学历的教师占25.7%。对所学专业进行调查，有73.6%幼儿教师所学专业都是学前教育和幼儿师范。虽然大多数毕业于幼儿师范学校，了解幼儿身心发育的一般特点和基本教学方法，具有一定的舞蹈技能，但缺乏体育项目基本体操知识和技能的系统学习。作为幼儿团体操活动的训练者，他们的文化层次和知识结构还稍显单薄。

在职称调查中还发现，高级职称占到43.4%，39%的幼儿教师具有初级职称或没有职称，中级职称只占17.6%，表明职称分布不均，高级和初级人数偏多，中级职称人数太少，向两极化发展。因此，应该平衡幼儿教师职称结构，大力发展中、高级职称，不断增强幼儿教师的科研水平，这样才能促进幼儿团体操水平。

表 8　幼儿园教师学历、专业、职称统计表

	学历			专业			职称	
	人数	%		人数	%		人数	%
高中/中专	35	25.7	学前教育	50	36.8	教师	50	36.8
大专	80	58.8	幼儿师范	50	36.8	幼教三级	3	2.2
本科	21	15.4	教育学	15	11.0	幼教二级	24	17.6
研究生	0	0	音乐、美术	7	5.1	幼教一级	32	23.5
			其他	14	10.3	幼教高级	27	19.9
总计	136	100.0	总计	136	100.0	总计	136	100.0

(3) 幼儿教师的工作态度

任何职业都有其符合本职特点的道德规范。教师担负着教育人的工作，其道德品质一向为人们所重视，它是构成教师职业道德的主体因素。所以，幼儿教师在幼儿教育过程中要遵守职业道德，热爱幼儿教育事业；爱护幼儿、尊重幼儿；以身作则、严以律己；好学不厌、勤于进取；尊重他人、善于合作。[①]

在幼儿团体操训练过程中，幼儿教师的职业道德表现为工作态度，教师能否认真地对待训练工作，将会直接影响幼儿团体操的训练效果。

对幼儿教师参加幼儿团体操编训工作的态度进行调查，结果表明有 76.5% 的教师非常愿意和比较愿意参加幼儿团体操活动的编训工作，有 19.9%的人态度表示一般，有 3.7%的教师表示不太愿意和不愿意。如图 5 所示：

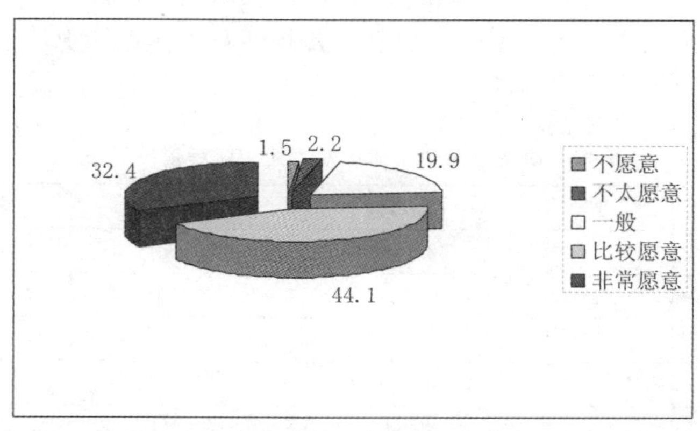

图 5　参加幼儿团体操编训工作态度（N＝136，单位：%）

① 阎水金：《学前教育学》，上海教育出版社 2003 年版，第 328 页。

向开展过幼儿团体操活动的幼儿园园长进行评价幼儿教师工作态度的调查，结果显示（见表9），62.2%的幼儿园园长认为幼儿教师的工作态度非常认真，有35.1%的幼儿园园长认为比较认真，2.7%的人认为一般。结果表明幼儿教师在进行幼儿团体操训练时态度积极、认真，具有敬业精神。这势必会提高训练效果，使表演获得成功。

表9　幼儿教师的工作态度统计表（N=74）

态度	频数	有效百分比	累积百分比
一般	2	2.7%	2.7%
比较认真	26	35.1%	37.8%
非常认真	46	62.2%	100.0%
总计	74	100.0%	

（4）师资业务能力

幼儿教师掌握专业知识和技术能力的水平，是衡量幼儿教师业务能力的标准。

知识是教师劳动的手段、工具，是取得幼儿信赖的重要条件。为了搞好学前教育工作，幼儿教师必须具备广博的文化素养、精深的专业知识和技能。[①]幼儿团体操的发展和提高需要依靠各学科的介入和支持，除需具备完备的专业知识外，还必须掌握较为全面的科学文化知识。进行幼儿团体操的训练工作，同样需要对团体操知识有所了解。通过调查得知（见表10），有33%的幼儿教师非常了解和比较了解团体操的知识。有52.2%的人了解程度一般，有14.7%的教师不太了解和不了解。所以，加强幼儿教师对团体操知识的了解程度势在必行。

表10　幼儿教师对团体操知识的了解程度统计表

程度	数量	百分比	有效百分比	累积百分比
不了解	3	2.2%	2.2%	2.2%
不太了解	17	12.5%	12.5%	14.7%
一般	71	52.2%	52.2%	66.9%
比较了解	41	30.1%	30.1%	97.1%
非常了解	4	2.9%	2.9%	100.0%
总计	136	100.0%	100.0%	

① 阎水金：《学前教育学》，上海教育出版社2003年版，第331页。

坚实的专业知识和训练知识是训练人员执教的基础，广泛的基础知识是训练人员科学训练的基础。对幼儿团体操训练人员应掌握的知识进行调查，结果显示，幼儿团体操训练人员最应该掌握的是团体操创编与设计知识，列在第二位的是团体操的组织与训练知识，体操、健美操、艺术体操、舞蹈等专业知识被排在第三位，而幼儿心理学、音乐、美术等学科相关知识被列为第四、第五位，列在最后的是幼儿教育学知识和团体操概述与发展历史。可以看出幼儿教师非常渴望获得团体操创编与设计、组织与训练方面的知识。所以，为了更好地指导与进行幼儿团体操的编训工作，对幼儿教师要加强团体操专业知识的培训。结果见图 6：

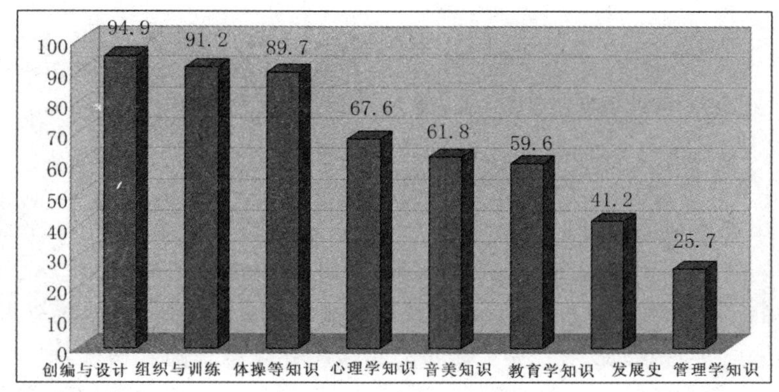

图 6　幼儿团体操训练人员应掌握的知识（N＝136，单位：%）

幼儿教师应具备一系列完成教育活动要求的基本能力，这些能力结合而成的体系，就构成幼儿教师的能力结构。幼儿教师所应具备的能力结构，是搞好幼儿教育工作的重要保证。[①] 训练工作作为实践过程，训练人员仅具备相应的理论知识是不够的，还需要具有把理论知识运用到实际中去的操作能力。对幼儿团体操训练人员需要具备的能力进行调查，结果显示，幼儿团体操的编排能力排在第一位，第二位是组织能力，第三是创新能力，音乐、舞蹈、体操等相关知识运用能力排在第四位，教学能力和训练能力排在第五、第六位，团队协作能力列为第七位，审美能力、管理能力、科研能力列在最后。看来，幼儿教师普遍反映编排能力是幼儿教师的薄弱环节，主管部门应加强这方面的培训与指导。如图 7 所示：

① 阎水金：《学前教育学》，上海教育出版社 2003 年版，第 333 页。

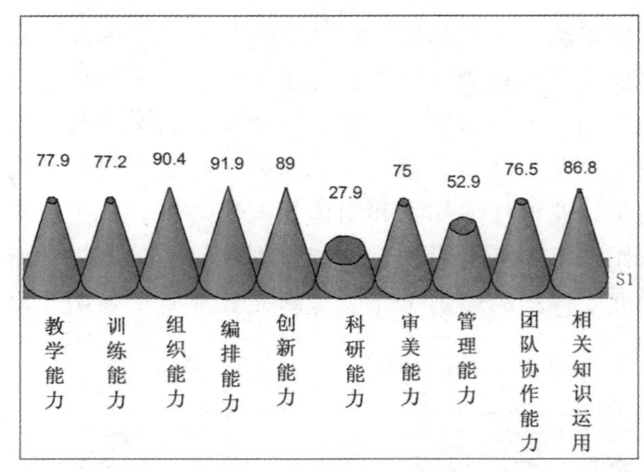

图7　幼儿团体操训练人员需要具备的能力（N=136，单位：%）

4. 广州市幼儿团体操活动的编训情况

（1）编训人员的来源

对开展过幼儿团体操活动的幼儿园园长进行调查，结果显示，81.1%的幼儿园创编幼儿团体操的人员来源主要是幼儿园教师，只有10.8%的幼儿园能聘请团体操专家进行指导，8.1%的幼儿园是请校外体育教师进行编排。对幼儿教师进行调查，结果显示，有87.8%的幼儿园的编训工作是由幼儿教师担任，12.2%的幼儿园由幼儿园教师和外聘专家共同承担。由此看出，幼儿团体操的编训人员来源比较单一，不够专业化。幼儿教师多数不了解团体操专业知识，在设计幼儿团体操时创新性较差，很难创作出高水平的艺术作品，训练时也不够科学化。所以，幼儿园应通过聘请团体操专家进行指导，或者参加团体操编训方面的培训班，来提高编训水平。

表11　编训人员来源统计表（N=74）

来源	创编人员			来源	训练人员	
	频数	有效百分比			频数	有效百分比
幼儿园老师	60	81.1%		幼儿园老师	65	87.8%
校外体育老师	6	8.1%		幼儿园老师和外聘专家共同完成	9	12.2%
团体操专家	8	10.8%				
总计	74	100.0%		总计	74	100.0%

（2）编训人员的工作态度

在幼儿团体操活动创编训练过程中，幼儿教师是否愿意参加编训工作是顺利进行幼儿团体操活动的保证。据调查显示，76.5%的幼儿教师表示非常愿意和比较愿意，19.9%的人态度表示一般，3.7%的人表示不太愿意和不愿意。由此可以看出，大部分幼儿教师很愿意参加幼儿团体操的编训工作，这在很大程度上提高了幼儿团体操的编训效率。所以，加大宣传力度，增强幼儿教师对开展幼儿团体操活动意义的认识，使更多的人热爱幼儿团体操，并参与到活动之中来，是促进幼儿团体操活动快速发展的有效途径。

表 12　参加编训工作态度统计表（N＝136）

态度	数量	百分比	有效百分比	累积百分比
不愿意	2	1.5%	1.5%	1.5%
不太愿意	3	2.2%	2.2%	3.7%
一般	27	19.9%	19.9%	23.5%
比较愿意	60	44.1%	44.1%	67.6%
非常愿意	44	32.4%	32.4%	100.0%
总计	136	100.0%	100.0%	

（3）训练方面

一般意义上讲，训练就是采用好的方法以改进和提高运动员状态水平的活动，它是通过内容、手段以及与目的有关的组织方法，来发展运动员运动水平及身体状况的复杂的教育过程。但对于幼儿团体操活动，其训练对象是身心发展比较脆弱，承受能力较差的4～6岁的幼儿。因此，幼儿教师在选择训练内容、确定训练时数和强度，以及选择运用训练方法手段时，要避免成人化。要首先考虑幼儿生理、心理特征及身心承受能力，以基本姿态和基本技术训练为主，合理安排运动负荷量和训练时间，采用幼儿适合的训练方法，以实现锻炼幼儿身体素质，增进健康水平，从小培养正确的身体姿态和基本运动能力的训练任务。

训练方法是幼儿教师进行训练工作、完成训练任务、提高表演水平的必要手段，好的训练方法可以达到事半功倍的效果。4～6岁的幼儿神经系统发育不成熟，抽象思维能力较差，注意力容易分散而形象思维能力较强，容易被感兴趣的事物吸引。因此，幼儿教师应充分利用幼儿这一特点，采用容易激发幼儿锻炼兴趣和容易被幼儿接受的锻炼方法来提高训练质量。

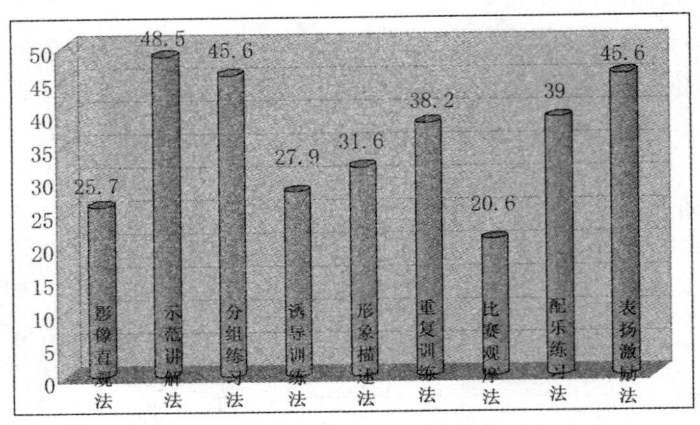

图 8　幼儿团体操训练方法（N=69，单位:%）

统计结果显示（见图 8），示范讲解法被列在幼儿团体操训练方法的首位，分组练习法、表扬激励法并列在第二位，配乐练习法、重复训练法、语言形象描述法位于第四、五、六位。而诱导训练法、影像直观法和比赛观摩法列在最后三位。由此看来，幼儿教师在进行幼儿团体操训练时普遍采用的还是传统的示范讲解法，利用幼儿较强的形象思维特点。如果在训练过程中，适当采用表演激励法和分组练习法，就容易激发幼儿参与练习的兴趣，提高训练效率。

表 13　幼儿团体操训练时数与强度统计表（N=68）

时数	小时/次			强度	次/周	
	数量	百分比			数量	百分比
0.25	1	1.5%		1	1	1.5%
0.50	12	17.6%		2	7	10.3%
0.75	5	7.4%		3	28	41.2%
1.00	29	42.6%		4	6	8.8%
1.50	2	2.9%		5	24	35.3%
2.00	16	23.5%		7	1	1.5%
3.00	2	2.9%		10	1	1.5%
4.00	1	1.5%				
总计	68	100.0%		总计	68	100.0%

从调查结果显示（见表 13），在训练时数方面，有 42.6%的幼儿园选择 1 小时/次，有 23.5%的幼儿园选择 2 小时/次。在训练强度方面，有 41.2%的选

择 3 次/周，35.3%的幼儿园选择 5 次/周。由此得出，1 小时/次的训练时数，3 次/周的训练强度是比较合理的选择。这既不会因为运动负荷量重过大伤害幼儿的身心健康，也能实现在有限的时间进行充分的练习，提高训练效果。

5. 广州市幼儿团体操活动的保障系统

(1) 场地条件

体育场地设施、器材设备是进行体育教育，培养德、智、体全面发展人才的重要物质条件。[①] 由于幼儿团体操参与人数较多，训练场地应安排在大场地上。为保证训练工作顺利进行，幼儿园应设立相对固定的室内训练场地，地板最好是木制地板。有条件的幼儿园应配置地毯、大镜子、把杆等设备。对广州市的幼儿园园长进行幼儿团体操训练场地情况的调查结果见表 14：

表 14 训练场地面积统计表 (N=30)

面积	数量	百分比	有效百分比	累积百分比
<500 m^2以下	22	73.3%	73.3%	73.3%
500～1000m^2	5	16.7%	16.7%	90%
>1000 m^2	3	10%	10%	100.0%
合计	30	100.0%	100.0%	

结果显示（见表 14），73.3%的幼儿园场地面积小于 500m^2，16.7%的幼儿园场地面积在 500～1000m^2 之间，10%的幼儿园场地面积在 1000m^2 以上。

表 15 场地情况统计表 (N=74)

场地情况	频数	百分比	有效百分比	排序
室外水泥场	47	34.6%	63.5%	1
室内木板地	19	14.0%	25.7%	2
室内水泥地	15	11.0%	20.3%	4
租用或借用场地	9	6.6%	12.2%	5
其他	17	12.5%	23.0%	3

对广州市幼儿团体操训练场地的情况进行调查，统计结果显示（见表 15），广州市有 63.5%的幼儿园在训练幼儿团体操活动时主要集中在室外水泥场地上进行。而具有室内训练场地的幼儿园只有 46%，其中拥有木板场地的占

① 何幼华：《幼儿园课程》，北京师范大学出版社 2001 年版。

25.7%，有水泥场地的占20.3%。此外还有12.2%的幼儿园没有自己的训练场地，需要租用或借用场地来进行训练，条件很艰苦。

（2）经费来源

经费是保证体育训练和表演顺利完成的重要因素之一。基层幼儿园平时训练和表演的经费来源主要有以下渠道：主管单位下拨、幼儿园自筹、幼儿园和家长共筹、企业赞助等。对开展过幼儿团体操的幼儿园进行调查，其经费来源统计结果显示，有81.1%的幼儿园训练和表演经费主要要由幼儿园自筹解决；有9.5%的幼儿园由主管单位下拨；由幼儿园和家长共筹的比例为8.1%，其他途径占1.4%，而通过企业赞助途径筹措经费的比例为0%。由此得出，广州市的幼儿园在开展幼儿团体操活动时还主要采用幼儿园自筹的方式，表明广州市的幼儿园资金比较雄厚，能独立解决幼儿团体操活动的资金问题。但也不难看出，幼儿团体操活动的开展也增加了幼儿园的负担。所以幼儿园在开展幼儿团体操活动时，应打破传统筹措资金的方法，及时解放思想，利用市场经济的有力条件，拓宽资金来源渠道，多方筹集训练和比赛经费，保证幼儿团体操活动具有良好的经济基础。

如图9所示：

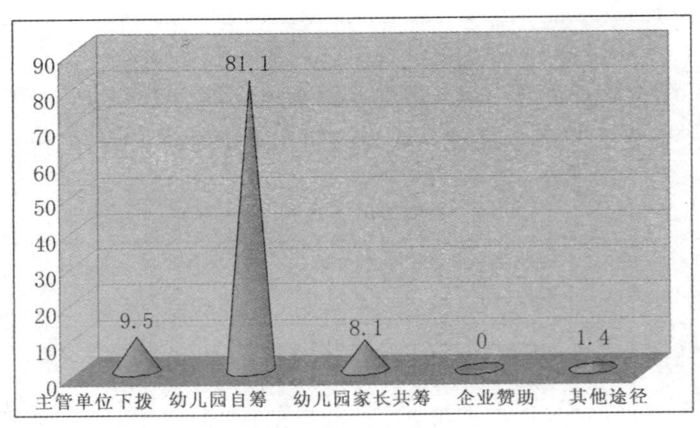

图9 经费来源统计表（N=74，单位：%）

（3）资料来源与传播途径

信息是指事物在运动过程其运动规律和相互联系的表征，可通俗地定义为人类社会共享的一切知识及各种现象中提炼出来的各种消息和情报。对于一个项目来说，丰富的信息资料是十分重要的，它不仅可以提高教师的教学、训练水平，而且也是了解该项运动发展趋势的窗口。以下是幼儿教师对幼儿团体操信息资料是否丰富的评价调查，结果见表16：

表 16　幼儿团体操信息资料统计表（N=69）

程度	频数	有效百分比	有效百分比
非常缺乏	1	1.4%	1.4%
较缺乏	11	15.9%	17.4%
一般	28	40.6%	58.0%
比较丰富	27	39.1%	97.1%
非常丰富	2	2.9%	100.0%
总计	69	100.0%	

调查结果显示，40.6%的幼儿教师认为幼儿团体操资料一般，42%的幼儿教师认为比较丰富和非常丰富，17.3%的幼儿教师认为缺乏。由数据可以看出，目前幼儿团体操的信息资料很不丰富，比较缺乏，基本不能满足幼儿教师的需要。所以，通过编制幼儿团体操视频和文字教材，组织师资培训班，进行观摩表演和经验交流等措施可以丰富幼儿团体操信息资源，为幼儿教师更好地完成编训工作提供信息保障。

主动获取信息资料的及时程度和范围是衡量教学、训练质量的标准之一。幼儿教师直接获得信息的渠道有参加幼儿团体操的培训班、观摩表演或相互交流经验；间接获得的渠道有观看录像和学习教材等。

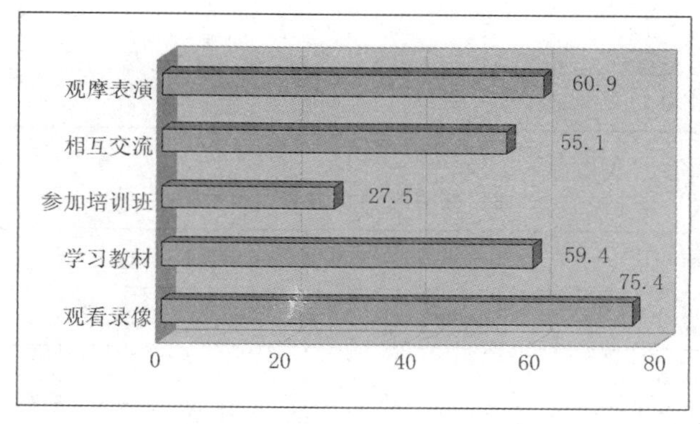

图 10　幼儿团体操传播途径（N=69，单位：%）

在对幼儿教师通过何种途径获得幼儿团体操知识和技能的调查中得知，幼儿教师主要通过观看录像来获得幼儿团体操的信息资料，其次是通过观摩表演，学习教材列在第三位，相互交流排在第四位，参加培训班为第五位。所以，面对幼儿团体操信息资料相对匮乏的事实，幼儿教师应利用尽可能多的渠道来获取资料和信息，以便更好地完成教学和训练工作。

6. 广州市幼儿团体操活动的价值

幼儿是幼儿团体操的表演者，在训练中作为直接参与者，是训练工作的主体。幼儿团体操的表演者多是幼儿园中年龄为4～6岁的幼儿，其生理和心理具有特别的特征。经调查了解，有73.9%的幼儿教师认为幼儿适合参加幼儿团体操活动练习的年龄范围是5～6岁，23.2%认为是4～5岁，所以4～6岁是开展幼儿团体操活动的最佳时期。

幼儿团体操活动是幼儿体育活动的一种，对幼儿身心各方面的发展均有促进作用，使得幼儿在德、智、体方面得到显著提高。在调查中了解到，参加过幼儿团体操训练的幼儿智力水平有所增长，心理素质得到提高，体质也得到了改善。90.4%的家长认为幼儿通过训练空间方位感显著增强，89.2%的家长感觉自己的孩子在训练过程中树立了团队合作意识。此外，占75.9%家长认为训练对孩子形成正确身体姿态作用显著。由此得出，幼儿团体操活动的确是促进幼儿身心和谐发展的有效手段，应该大力推广。

表17　智力影响统计表（N=83）

影响方面	频数	有效百分比	排序
记忆力增强	52	62.7%	2
空间方位感增强	75	90.4%	1
没有作用	1	1.2%	3
学习成绩下降	1	1.2%	3

表18　道德影响统计表（N=83）

影响方面	频数	有效百分比	排序
社会交往能力增强	47	56.6%	2
审美素养提高	43	51.8%	3
比以前懒惰、任性	2	2.4%	5
树立了团队合作意识	74	89.2%	1
开始关爱他人	24	28.9%	4
性格内向，不和人交往	1	1.2%	6

表 19　体育影响统计表（N=83）

影响方面	频数	有效百分比	排序
形成正确身体姿态	63	75.9%	1
体质下降，经常生病	2	2.4%	4
心肺功能增强，抗病能力增强	55	66.3%	3
促进骨骼、肌肉生长	53	63.9%	2

7. 广州市幼儿团体操活动的社会支持

（1）领导层的支持程度

对于体育活动的开展，领导重视，工作就容易开展，困难也容易解决。笔者在对幼儿团体操领导支持程度的调查中了解到，主管部门领导支持率达到77.8%，幼儿园本单位领导支持率达到83.1%。结果表明，广州市幼儿教育主管部门非常重视幼儿团体操活动的开展，幼儿园领导也很支持这项活动。所以，广州市幼儿团体操活动具有很好的支持基础，易于其广泛开展与推广。

表 20　领导层的支持程度统计表

支持程度	主管部门领导			支持程度	本单位领导	
	数量	百分比			数量	百分比
一般	2	22.2%		不支持	2	1.5%
比较支持	1	11.1%		不太支持	4	2.9%
非常支持	6	66.7%		一般	17	12.5%
				比较支持	77	56.6%
				非常支持	36	26.5%
总计	9	100.0%		总计	136	100.0%

（2）家长支持情况

“家长同步教育”是许多幼儿园采用的办园方针之一。家长参与幼儿园教育，在当今幼儿园教育中有着很重要的作用。父母是孩子的第一任教师，家庭是幼儿的第一所学校，父母在幼儿教育中具有不可替代的作用。对孩子参加过幼儿团体操活动的家长进行调查，结果显示，有48.2%的家长比较支持，41.0%的家长表示非常支持，而其中持不太支持态度的家长只占1.2%。由此可以看出家长对幼儿团体操活动开展的支持率很高。如图11所示：

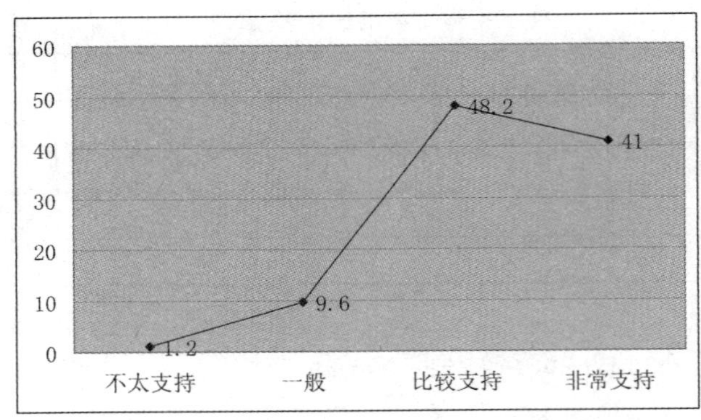

图 11　家长对孩子参加幼儿团体操活动的态度（N=83，单位:%）

此外，笔者还对家长支持孩子参加幼儿团体操活动的目的和方式进行了调查，结果显示，86.7%的家长支持自己孩子参加幼儿团体操活动是为了树立集体主义精神，其次是培养幼儿吃苦耐劳的意志品质。塑造优美体形和提高审美情趣列在第三、四位。在支持方式调查中显示，家长在孩子参加幼儿团体操训练时，首先在饮食和营养方面给以关心，其次是休息与娱乐方面，第三位是学习和思想。在鼓励措施方面，家长主要采取给予口头表扬的方式，其次是用幼儿榜样引导，最后买精美礼品和给金钱进行鼓励。由此可以看出，家长支持孩子参加幼儿团体操训练的主要目的是希望孩子的身体素质和心理素质都能得到提高。面临独生子女问题的出现和社会竞争的加剧，父母更加注重孩子社会交往和社会竞争能力的培养。

表 21　家长支持孩子参加幼儿团体操活动的目的统计表（N=83）

支持目的	频数	百分比	排序
塑造优美体形	44	53.0%	3
树立集体主义精神	72	86.7%	1
提高审美情趣	40	48.2%	4
培养吃苦耐劳的意志品质	64	77.1%	2

表 22　家长支持孩子参加幼儿团体操活动的方式统计表（N=83）

	关心方面					鼓励措施		
	频数	百分比	排序			频数	百分比	排序
饮食、营养	68	81.9%	1		买精美礼品	10	12.0%	3
休息、娱乐	53	63.9%	2		给金钱	0	12.0%	3
学习、思想	49	59.0%	3		给予口头表扬	64	77.1%	1
其他	5	6.0%	4		用幼儿榜样引导	63	75.9%	2

（3）幼儿参加幼儿团体操活动的态度

兴趣是一种带有情绪色彩的认识倾向，它以认识和探索某种事物的需要为基础，是推动人去认识事物，探求真理的一种重要动机。

对幼儿是否愿意参加幼儿团体操活动进行调查，结果显示，79.7%的幼儿愿意参加幼儿团体操活动，只有20.2%的幼儿表示一般或不太愿意。由此看出，幼儿对团体操活动兴趣很浓，积极性很高，这对于开展幼儿团体操活动十分有利。

所以，幼儿教师在日常幼儿生活中要鼓励学生参加幼儿团体操活动，并通过观摩表演和录像，增强幼儿对幼儿团体操的喜爱程度。如图12所示：

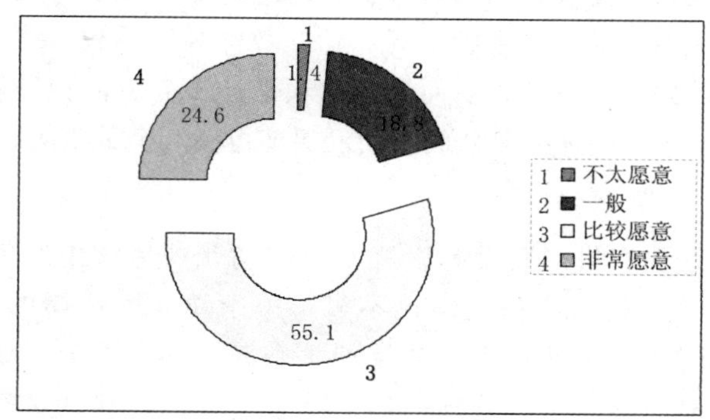

图12　幼儿参加幼儿团体操活动的态度（N=69，单位：%）

（4）社会评价与关注

幼儿团体操活动的发展需要社会的普遍关注与支持，及时了解社会对活动开展的评价是促进幼儿团体操健康、快速发展的需要。笔者向幼儿教师了解幼儿团体操的社会评价情况，结果显示，有65.3%的幼儿教师认为社会对幼儿团体操的评价非常高和比较高，有1.4%的教师认为评价不高。评价结果表明，社会对幼儿团体操活动评价较高，此项活动得到了普遍认可。如图13所示：

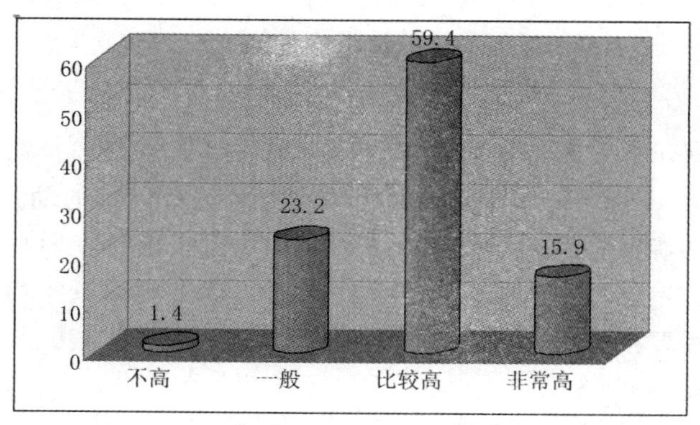

图13　评价情况（N=69，　单位：%）

二、广州市幼儿团体操活动存在的问题

1. 开展数量不够，途径有限

据调查，全市只有54.4%的幼儿园参加过幼儿团体操活动，45.6%的幼儿园没有参加过此项活动，并且多数幼儿园进行表演和比赛活动的频率是时断时续，或者3～4年才搞一次。在日常体育活动中安排幼儿团体操内容的幼儿园仅占总数28.7%，60.3%的幼儿园只是偶尔安排。在日常体育活动中开展幼儿团体操的形式主要以早操为主，而在节日、庆典表演、课堂教学中却很少安排。这说明在幼儿园开展团体操活动还没有被主管领导和幼儿教师高度重视，认识还不高，没有把此项活动真正摆到重要位置，从而导致这项活动没有大面积开展。另外幼儿园活动安排太满，幼儿园团体操开展的时间没保证也是一个重要的原因。

2. 组织与管理不到位

笔者经调查发现广州市还没有设置专门的幼儿团体操组织管理机构，关于幼儿团体操方面的文件制定和下发也不多，关于幼儿团体操的师资培训很少。可见广州市幼儿团体操活动的组织和管理是个薄弱环节。笔者认为，幼儿团体操活动的开展需要严密的组织管理机构，有了它才能对活动进行安排、组织和调控。制定相关文件才能保障活动的顺利开展，进行指导与培训才能使这项活动高质量开展起来。因此，组织和管理的力度，决定了幼儿团体操活动开展的力度和质量。

3. 幼儿教师团体操专业知识和技能掌握不够

调查显示，幼儿教师对团体操知识的了解程度不高，只有33%的幼儿教师非常了解和比较了解，66.9%的教师还处于了解一般或不太了解。调查结果显示，幼儿教师对团体操专业知识和技能掌握不够，大部分幼儿教师都很渴望获得团体操创编与训练方面的知识与技能。所以，幼师培养部门专业设置不全面，社会师资培训不足，是造成上面问题的根本原因。

4. 创编训练不够科学化

调查结果显示，广州市幼儿团体操的创编人员，主要来自幼儿园教师，所占比例为81.1%，而外聘体育教师和团体操专家进行创编的幼儿园不足20%。在训练方面，训练方法也过于单一，主要采用示范讲解法，训练时数安排上也过于机械刻板，不够科学。所以，幼儿团体操的创编要由行家担任，使创编工作专业化。训练要根据幼儿特点规定训练时数，选用训练方法。

5. 保障系统欠完善

从训练场地条件看，室外水泥场地所占比重大，达到63.5%，室内水泥场地

为20.3%，室内木板地才占25.7%；从训练场地面积看，拥有500m²以下训练场地的幼儿园占73.3%，500～1000m²才占16.7%。有的幼儿园尚无训练场地，只能靠租借场地来训练；设施配备上比较简陋，有很多幼儿园达不到要求。从经费来源看，幼儿园自筹占81.1%，上级下拨和其他来源基本很少。保障系统不完善的原因在于幼儿园在幼儿团体操活动方面考虑较少，认识上不够到位。上级下拨资金较少说明领导部门重视此项活动的力度不够。所以，完善保障系统直接关系到幼儿团体操活动能否在广州各幼儿园广泛开展，是个需要重视的大问题。

6. 社会支持存在不足

调查显示，仍有22.2%主管部门领导对幼儿团体操活动表示一般支持；家长中依然有一部分人不支持孩子参加团体操活动；社会各界人士中，有24.6%的人对幼儿团体操评价不高，处于一般状态。笔者认为，主管部门领导对开展幼儿团体操认识不足是造成一般支持和力度不够的主要原因，而个别家长重智育轻体育是不赞成、不支持孩子参加活动的根本原因。少数社会人士也由于幼儿团体操在社会上宣传力度不够缺乏了解，对此项活动不够关注。

三、影响广州市幼儿团体操活动开展的因素分析

目前影响广州市幼儿团体操活动开展的因素是多方面的，在广泛查阅文献资料，访谈团体操专家、社会学家的基础上，确定了31项影响因素。为了能够较全面地了解和分析这些因素，本文对影响广州市幼儿团体操活动的开展因素调查问卷进行五级评分后，采用R型主成分因子分析的方法，对所得数据进行计算处理。结果如下：

表23 KMO与Bartlett检验

Kaiser－Meyer－Olkin 取样适当性度量		.897
Bartlett's球形检验	近似卡方分布	4653.831
	自由度	465
	显著性	.000

KMO是Kaiser－Meyer－Olkin的取样适当性度量，当KMO值愈大时，表示变量间的共同因素愈多，愈适合进行因素分析。如果KMO的值小于0.5时，较不宜进行因素分析，此处的KMO值为0.897，表示适合进行因素分析。Bartlett's球形检验的x2值为4653.831（自由度为465），检验的显著性概率Sig.＝0.000 < 0.05，达到显著，说明采用因子分析法处理样本数据完全适合。

1. 公共因子个数的确定

本文通过对31个因素进行相关分析之后，在主成分分析的基础上得到了各

因素间的相关系数和相关矩阵，及其特征值、贡献率和累积贡献率（见表 24）根据“凯泽法”提出特征值的原则：以特征值≧1 为抽取因素标准，共抽取 6 个因子（主成分），其中前 6 个变量的累积贡献率达到了 63.217。按照社会学统计分析的要求，这 6 个主成分基本上能够反映 31 个原始变量的总体信息。

表 24　解释总变异量

	初始特征值		
成分	特征值	贡献率	累积贡献率
1	**11.238**	**36.252**	**36.252**
2	**2.376**	**7.664**	**43.916**
3	**1.891**	**6.101**	**50.017**
4	**1.602**	**5.167**	**55.184**
5	**1.409**	**4.544**	**59.728**
6	**1.082**	**3.489**	**63.217**
7	.983	3.171	66.388
8	.937	3.022	69.411
9	.837	2.701	72.112
10	.829	2.675	74.787
11	.715	2.306	77.093
12	.652	2.102	79.195
13	.622	2.005	81.200
14	.574	1.851	83.052
15	.554	1.786	84.837
16	.510	1.646	86.483
17	.488	1.575	88.059
18	.447	1.442	89.501
19	.400	1.290	90.791
20	.374	1.207	91.998
21	.347	1.119	93.117
22	.324	1.046	94.163
23	.303	.976	95.140
24	.269	.867	96.007
25	.245	.791	96.797
26	.196	.632	97.429
27	.190	.613	98.043
28	.184	.593	98.636
29	.158	.510	99.146
30	.138	.445	99.590
31	.127	.410	100.000

萃取法：主成分分析

2. 公共因子的命名

在确定主因子的基础上，根据因子分析理论，对31个原始变量进行归类。为了便于对6个主成分进行命名和解释，使各列因子尽可能地向两极转化，本文采用“极大正交旋转法”对初始统计量进行正交旋转，得出正交旋转后的负荷矩阵表，然后选用每个因子轴上负荷较大的若干变量进行命名和分析，以确定影响广州市幼儿团体操活动的影响因素。（见表25）

表25 正交转轴后的成分矩阵 (a)

	成分					
	1	2	3	4	5	6
训练方法	**.735**	.175	.273	.100	−.067	.082
创编内容	**.706**	.153	−.052	.291	−.111	.379
工作态度	**.662**	.161	.225	.389	.166	.071
表演效果	**.599**	.200	.152	.290	−.070	.174
业务能力	**.582**	.091	.158	.428	.293	−.034
设计思想	**.581**	.071	−.090	.289	.003	.417
时数、强度	**.568**	.146	.250	−.102	.042	.063
幼儿兴趣	**.564**	.320	.205	.044	.334	.034
训练内容	**.551**	.187	.159	.277	.138	.163
家长支持情况	.260	**.717**	.227	.240	.038	.038
各界评价与关注	.116	**.683**	.047	.419	.169	.104
决策层重视程度	.180	**.642**	.329	.117	−.089	.335
本单位领导的态度	.345	**.640**	.313	.128	−.100	.224
幼儿心理	.337	.448	−.044	.004	**.614**	−.066
幼体社会化程度	.024	**.538**	.196	.442	.311	.086
幼儿生理	.258	.447	.066	.179	**.505**	−.133
相关赛事活动的安排	.120	.130	**.847**	.134	.088	.139
相关文件的制定	.240	.136	**.779**	.035	.181	.165
管理机构设置	.135	.151	**.747**	.318	.186	.067
管理人员配备	.237	.194	**.635**	.427	−.010	.035
指导与培训	.380	.253	**.491**	.287	−.135	.101
设施配备	.233	.185	.122	**.742**	.159	.159
场地条件	.271	.164	.169	**.720**	.123	.162
经费（来源、使用）	.238	.193	.224	**.630**	.089	−.146

	成　分					
宣传（资料来源、传播途径）	.014	.414	.264	**.544**	.259	−.029
师资学历	−.154	−.032	.075	.137	**.749**	.121
师资来源	.018	.062	.078	.290	**.614**	.165
幼儿智力	.247	.405	.086	.057	**.605**	.004
幼儿年龄	.368	.068	.332	−.104	**.374**	.171
项目特点	.287	.031	.161	−.017	.165	**.752**
项目价值	.170	.165	.249	.090	.151	**.645**

根据上表可以得到影响广州市幼儿团体操活动的6个主因子，根据内在特征进行因子命名。它们是因子一（F1）命名为“创编训练”；因子二（F2）命名为“社会支持”；因子三（F3）命名为“组织管理”；因子四（F4）命名为“保障系统”；因子五（F5）命名为“师生状况”；因子六（F6）命名为“项目情况”。

表26　F1因子命名、内容、载荷量、排序

序号	因子命名	内容	载荷量	排序
F1	创编训练	训练方法	.735	1
		创编内容	.706	2
		工作态度	.662	3
		表演效果	.599	4
		业务能力	.582	5
		设计思想	.581	6
		时数、强度	.568	7
		幼儿兴趣	.564	8
		训练内容	.551	9

表27　F2因子命名、内容、载荷量、排序

序号	因子命名	内容	载荷量	排序
F2	社会支持	家长支持情况	.717	1
		社会评价与关注	.683	2
		主管领导重视程度	.642	3
		本单位领导的态度	.640	4
		幼体社会化程度	.538	5

表 28　F3 因子命名、内容、载荷量、排序

序号	因子命名	内容	载荷量	排序
F3	组织管理	相关赛事活动的安排	.847	1
		相关文件的制定	.779	2
		管理机构设置	.747	3
		管理人员配备	.635	4
		指导与培训	.491	5

表 29　F4 因子命名、内容、载荷量、排序

序号	因子命名	内容	载荷量	排序
F4	保障系统	设施配备	.742	1
		场地条件	.720	2
		经费（来源、使用）	.630	3
		宣传（资料来源、传播途径）	.544	4

表 30　F5 因子命名、内容、载荷量、排序

序号	因子命名	内容	载荷量	排序
F5	师生状况	师资学历	.749	1
		师资来源	.614	2
		幼儿心理	.614	2
		幼儿智力	.605	4
		幼儿生理	.505	5
		幼儿年龄	.374	6

表 31　F6 因子命名、内容、载荷量、排序表

序号	因子命名	内容	载荷量	排序
F6	项目情况	项目特点	.752	1
		项目价值	.645	2

3. 主要因素分析

（1）创编训练对开展幼儿团体操活动的影响

在本因素轴上，设计思想、创编内容、表演效果、训练内容、训练方法、训练时数与强度、教师工作态度和业务能力、幼儿兴趣等九个变量的载荷量较高，故命名为创编训练因子。

团体操的创编工作是团体操全部工作的关键一环，创编工作的好坏直接关系到表演的效果，同时还会影响团体操中其他一系列的工作。幼儿团体操的设计思想要突出“幼儿”特点，反映幼儿天真、活泼、可爱的天性，题材多以幼儿热爱大自然、热爱祖国、热爱生活、热爱劳动等为主题。创编内容多采用模仿动作，以幼儿优美自然的表演，使千变万化的队形和寓意深刻的图案充满艺术魅力。这样，设计思想指导创编内容，创编内容充分体现设计思想，幼儿团体操就会收到显著的表演效果。幼儿团体操创编具有特色，表演效果好，人们就会逐渐了解它、喜爱它，社会各方面相应都会给予支持，幼儿团体操活动就可以顺利开展起来。

团体操表演内容复杂，训练工作繁重，牵涉面广。训练工作要有周密可行的计划，要加强领导，认真组织，充分发动群众，及时总结与交流训练经验，提高训练效果。幼儿团体操的训练应根据幼儿的年龄特点制定目标与要求，注意训练内容、训练方法和训练时数、强度的有机结合。并通过合理选择训练内容和训练方法，科学安排训练时数与强度，充分反映创作意图和表演效果，为成功表演奠定基础，提供保障。

此外，教师的工作态度和业务能力，幼儿的兴趣，也将影响幼儿团体操的创编训练工作。幼儿教师工作态度端正，业务能力强，幼儿团体操的训练效率就高，相反则会阻碍训练进程，影响表演效果。幼儿对幼儿团体操感兴趣，才能大力配合全身心投入到训练之中。因此，提高幼儿教师和幼儿的参与意识是幼儿团体操编训工作顺利进行的有效保证，从而促进幼儿团体操活动的健康发展。

总之，创编训练水平的高低是开展幼儿团体操活动的关键，是幼儿团体操活动保持旺盛生命力的重要影响因素。

（2）社会支持对开展幼儿团体操活动的影响

在本因素轴上，家长支持情况、社会评价与关注、主管领导重视程度、本单位领导的态度、幼体社会化程度等五个变量的载荷量较高，构成了社会支持因子。

社会支持是一定社会网络运用一定的物质和精神手段对社会活动进行无偿帮助的一种选择性社会行为。社会支持的内容和手段包含物质和精神两个层面，分为正式支持和非正式支持两类。前者指来自政府、社会正式组织的各种规章制度的支持，后者是指来自家庭、亲友以及非正式组织的支持。

幼儿团体操活动的开展需要各方面的大力支持，只有主管领导高度重视，本单位领导给予支持，家长大力配合，三方面通力合作，才能保证幼儿团体操活动健康、稳定、快速的发展。

（3）组织管理对开展幼儿团体操活动的影响

在本因素轴上，相关赛事活动的安排、相关文件的制定、管理机构设置、管理人员配备、指导与培训等五个变量的载荷量较高，故命名为组织管理因子。

组织管理是指建立一个适当的管理系统，对现有的人力、物力、财力合理加以组织和利用。开展团体操活动，牵涉的单位多，联系面广，需要一个健全、精干和有力的组织管理机构，从而使团体操活动在统一思想指导下，协同配合来保证团体操表演任务的顺利完成。可见组织与管理不仅是不可缺少的环节，而且也是重要保证。在幼儿团体操活动的开展过程中建立层级管理模式，运行编训监控系统是实现高效率组织管理的有效途径，为推动幼儿团体操的发展起到重要的作用。

（4）保障系统对开展幼儿团体操活动的影响

在此因素轴上，设施配备、场地条件、经费（来源与使用）、宣传（资料来源、传播途径）等四个变量的载荷量较高，构成了物质保障因子。

在幼儿团体操活动开展过程中，保障系统包括设施、场地、经费等，是开展幼儿团体操活动的重要物质条件。没有物质条件做保障，幼儿团体操是无法顺利开展的。因此，幼儿园要高度重视，不断改善场地条件，配备相关设施，多方筹集资金，大力宣传，这样才能保证幼儿团体操活动的顺利开展。

（5）师生状况对开展幼儿团体操活动的影响

在此因素轴上，师资学历、师资来源、幼儿年龄、幼儿智力、幼儿心理和幼儿生理等六个变量的载荷量较高，故命名为师生状况因子。

幼儿教师是在学前教育机构中，对幼儿进行教育的主要工作人员，是受社会委托向学前儿童身心发展施加教育影响，并从事保育和教育工作的工作者。幼儿教师的来源和学历结构等方面都会影响幼儿团体操开展的质量，因此为了促进幼儿团体操健康发展，就要不断提高幼儿团体操师资队伍的整体素质。幼儿是幼儿团体操活动的主体，其年龄、智力、心理和生理各方面都会受到活动的影响。如果幼儿通过幼儿团体操的练习，智力、心理、生理得到了提高，就会有更多的幼儿融入幼儿团体操活动之中，可以扩大幼儿团体操活动的开展范围。

（6）项目情况对开展幼儿团体操活动的影响

在此因素轴上，项目特点和项目价值两个变量的载荷量较高，构成了项目情况因子。

幼儿团体操是幼儿体操的一个分支，具有突出的健身、健美、健心和娱乐价值。它以基本体操为主体，融体育、舞蹈、音乐、美术为一体，是具有综合艺术功能的幼儿体育表演项目。正因为幼儿团体操有突出的项目特点和价值，幼儿团体操活动得以广泛开展，保持着旺盛的生命力。因此，大力宣传幼儿团体操的价值和特点，对幼儿团体操的开展会起到重要作用。

从因子载荷量的大小可以看出，创编训练因子排在第一位，是广州市开展幼儿团体操活动的最重要影响因素，列在第二位的是社会支持因素，第三位是组织管理因素，保障系统因素被列为第四位，师生情况是第五项重要的因素，最后是项目情况因素。

四、广州市幼儿团体操活动的对策研究

笔者对广州市幼儿团体操活动开展现状进行了广泛的调查，并在此基础上针对活动的开展程度、组织管理、师资状况、编训情况、保障系统及社会支持等方面做了深入的分析。分析结果表明，广州市在开展幼儿团体操活动时还存在诸多问题：各区活动开展不平衡、组织管理不到位、师资专业知识技能缺乏、创编训练不够专业化、保障系统欠完善、社会支持不足等。所以，为了更好地开展幼儿团体操活动，在有限的时间、场地、人员、经费的情况下，找到人、财、物最佳的组合方式，创编出能够表现其最佳效果的团体操。笔者在老师和同学的帮助下，共同创编并组织了广州市体育东路幼儿团体操《欢乐童年》的表演活动。试图以此活动为切入点，探寻幼儿团体操活动的发展对策，为幼儿团体操活动更快、更健康的发展提供实践依据。

广州市体育东路幼儿园具有开展幼儿团体操活动的良好基础，其先后创编过《旋趣》《小舵手》两套幼儿团体操，均取得广州市第一名的优异成绩。同时还多次参加广州市大型节日庆典、运动会开幕式的表演活动，受到高度评价，产生了良好的社会效应。实践证明体育东路幼儿园在长期发展中已经逐渐形成了以幼儿团体操活动为代表的体育特色，并具有一定的典型性。故本课题选定体育东路幼儿园作为个案研究对象，进行开展幼儿团体操活动的实验研究，对探究幼儿团体操活动的发展对策具有一定的借鉴性。

幼儿团体操《欢乐童年》经过半年的创编与训练工作，于 2007 年 4 月 25 日在广州市幼儿教师团体操培训讲座上，首次向社会进行展示。幼儿团体操《欢乐童年》表演效果的社会评价结果如图 14 所示：

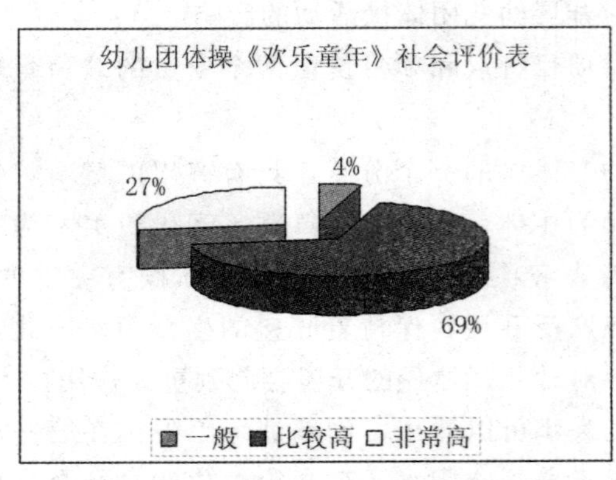

图 14　幼儿团体操《欢乐童年》社会评价图（N=180，单位:%）

统计结果显示，《欢乐童年》的表演效果有27%的观众评价非常高，69%的观众评价比较高，4%的观众评价一般。从上面的数据可以充分证明此次幼儿团体操的表演很成功，已经得到社会人士的普遍认可。因此，应该以此为契机，在广州市幼儿园范围内大力推广幼儿团体操活动。

体育东路幼儿园组织的幼儿团体操《欢乐童年》活动最终能够取得成功，是在开展过程中凭借组织有序、编排新颖、训练效果明显、教师训练经验丰富、资金到位、场地设施齐全、主管领导重视、家长积极支持配合的有利条件，相互协调配和完成的。

依据主成分分析法归纳出六类影响因素的重要程度，结合体育东路《欢乐童年》的成功经验，笔者有针对性地提出广州市幼儿团体操可持续发展的主要对策。

1. 设计新颖独特，训练科学合理

创编是团体操全部活动的基础和先导，为反映创编意图而服务。因此，笔者还向观众对幼儿团体操《欢乐童年》的创编设计方面的评价进行了调查。

调查结果显示，观众对幼儿团体操《欢乐童年》的创编设计评价很高，有68.3%的观众评价其创编设计比较有新意，25.6%的观众评价非常有新意，6.1%评价一般。如表32所示：

表32 《欢乐童年》创编设计方面评价统计表

	频数	百分比	百分比	累计百分比
一般	11	6.1%	6.1%	6.1%
比较有新意	123	68.3%	68.3%	74.4%
非常有新意	46	25.6%	25.6%	100.0%
总计	180	100.0%	100.0%	

团体操是一种体育艺术性的表演活动，通过队形图案、动作造型和艺术装饰（服装、音乐、道具乃至背景、场景、灯光等）最基本的构成要素来反映表演的主题思想。所以，团体操的创编设计是否具有特色、有所创新是团体操成功表演的关键。在对观众进行《欢乐童年》创作特色方面的调查中了解到，观众普遍认为队形图案的设计最具有特色，其次是道具和动作造型，音乐排在第四位，主题思想列为第五位，服装第六位（结果见表33）。

表 33　对幼儿团体操《欢乐童年》哪些方面印象深刻统计表

	频率	百分比	有效百分比	排序
主题思想	72	40.0%	40%	5
动作造型	123	68.3%	68.3%	2
队形图案	155	86.1%	86.1%	1
服装	59	32.8%	32.8%	6
道具	123	68.3%	68.3%	2
音乐	115	63.9%	63.9%	4

通过整理观众对幼儿团体操《欢乐童年》创编特色的意见，统计出团体操各项基本构成要素的特点，结果如表 34：

表 34　《欢乐童年》创编特色统计表（N＝180）

		N	频数	百分比	有效百分比	排序
队形图案	队形简单、图案熟悉	180	121	67.2	67.2	1
	队形变化容易，差异明显	180	91	50.6	50.6	2
	变队以基准人或基准点为准	180	56	31.1	31.1	4
	变队以小动大变化效果为佳	180	75	41.7	41.7	3
道具	道具安全、轻便	180	134	74.4	74.4	1
	道具设计符合幼儿爱玩的心理	180	94	52.2	52.2	4
	道具可改变颜色	180	118	65.6	65.6	3
	道具摆置方向变化形成多种效果	180	131	72.8	72.8	2
动作造型	动作直观形象、生活化	180	132	73.3	73.3	1
	发展柔韧素质为主动作	180	105	58.3	58.3	2
	动作难度适中、简单易学	180	86	47.8	47.8	3
	动作数量适当，对称动作为主	180	84	46.7	46.7	4
音乐	音乐旋律清晰，节奏感强	180	133	73.9	73.9	1
	音乐风格欢快活泼	180	126	70.0	70.0	2
	音乐选择幼儿易记、易听的乐曲	180	77	42.8	42.8	4
	动作变换和队形变化时提示音明显	180	123	68.3	68.3	3
服装	服装结合表演内容设计	180	82	45.6	45.6	2
	突出体育特点	180	82	45.6	45.6	2
	服装简洁，颜色对比鲜明	180	129	71.7	71.7	1
主题	创造生活	180	137	76.1	76.1	1
	热爱大自然	180	87	48.3	48.3	2

团体操是一项在大运动场（馆）或广场表演的项目。由于观众距离表演者较远和团体操表演人数众多的特点，团体操往往以众多人组成的多种多样队形图案来表达主题，并取得较明显的大动势的表演效果。

幼儿团体操《欢乐童年》通过队形图案的变化营造了海滩—课堂—乐园的虚拟场景，表现了幼儿园小朋友在大自然怀抱中健康、快乐地成长，享受天真烂漫的童年生活，用聪明才智创造美好未来的主题思想。整场表演在塑造大海场景时采用了斜排 — 纵队 — 横排的队形；用三角形表现了课堂情景；用十字、花型和 V 字型体现了乐园场面。所选用的队形简单、图案熟悉，易于幼儿掌握，符合幼儿的运动感知觉水平和角色特点。同时队形的设计也从利于显示动作效果，发挥道具特点的角度考虑。在队形变化时以基准人或基准点为标准，队形差异明显，产生了小动大变化的效果。如上表所示，67.2%的观众也普遍认同队形简单、图案熟悉，便于幼儿掌握是表演成功之处。

海滩场景如图 15—图 17：

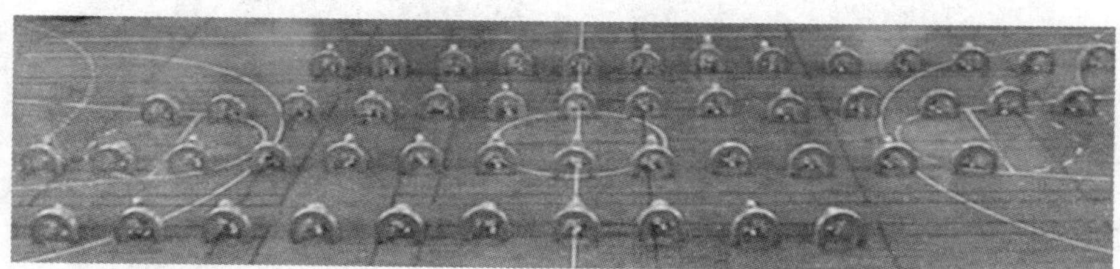

图 15

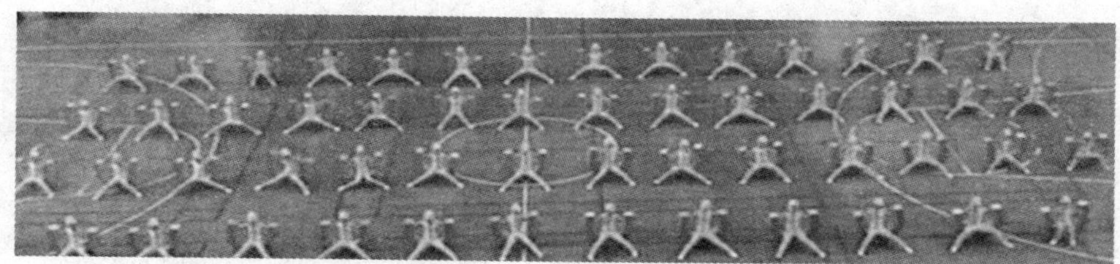

图 16

图 17

课堂场景如图 18：

图 18

乐园场景如图 19—图 22：

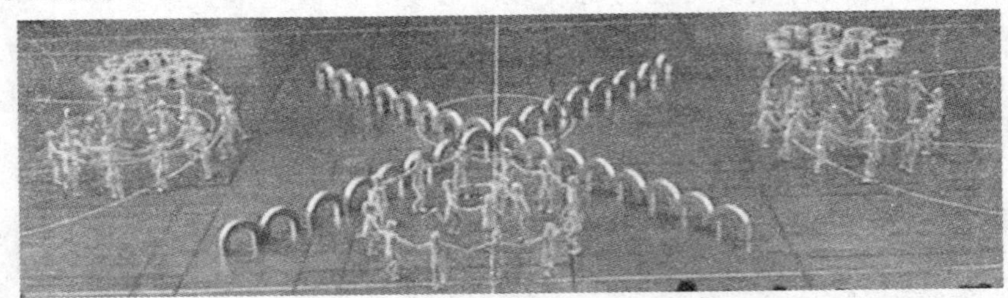

图 19

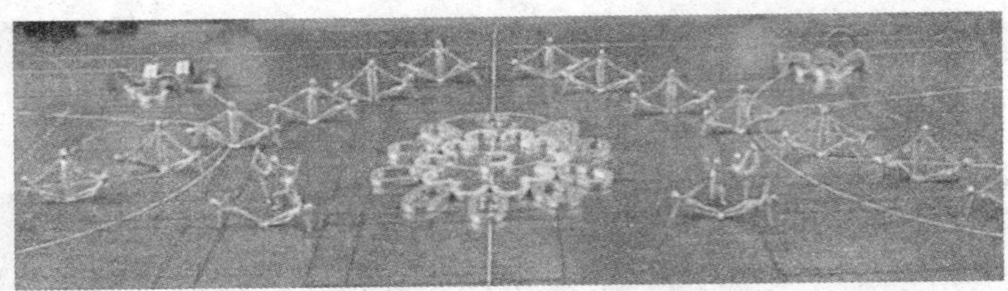

图 20

图 21

图 22

从创编特色的调查结果还得知，68.3%的观众认为幼儿团体操《欢乐童年》中道具的合理选用是其成功表演的关键之处。伟大的思想家、文学家鲁迅先生说过："游戏是儿童最正当的行为，玩具是儿童的天使。"幼儿的思维

是具体形象的，在游戏中学习，凭借着玩具，通过对玩具的感知觉，引起幼儿对所体验的事物的直接联想和想象，以幼儿容易接受的方式，帮助幼儿认识周围世界，发展智力，而且还使幼儿有积极快乐的情绪，又能潜移默化地陶冶幼儿的性格。因此，本次幼儿团体操在道具的选用上大动脑筋，引入儿童最熟识的积木。并且打破传统积木的造型，选用U型塑料积木模型，通过改变颜色和摆置方向的不同形成多种艺术效果。道具巧妙使用效果如下图23—图30：

图 23

图 24

图 25

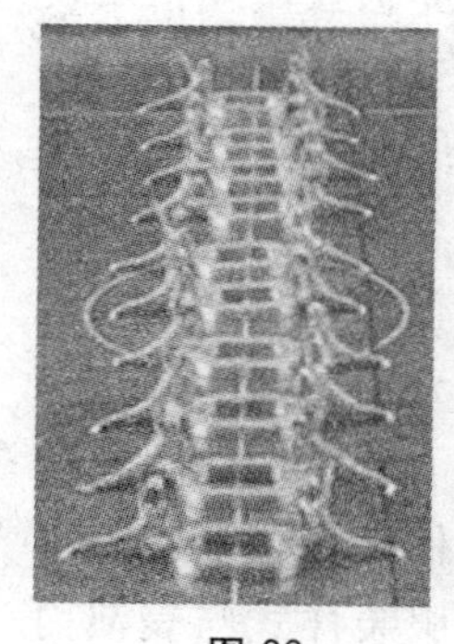

图 26

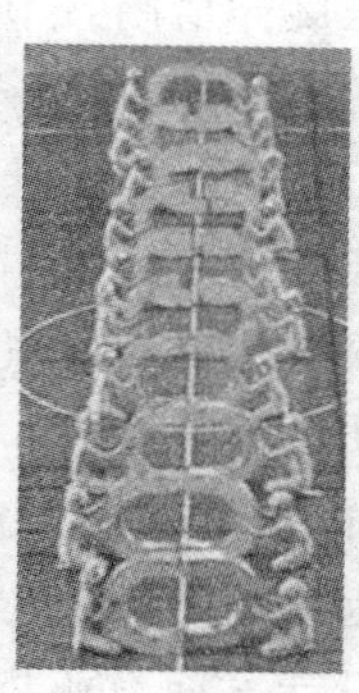

图 27

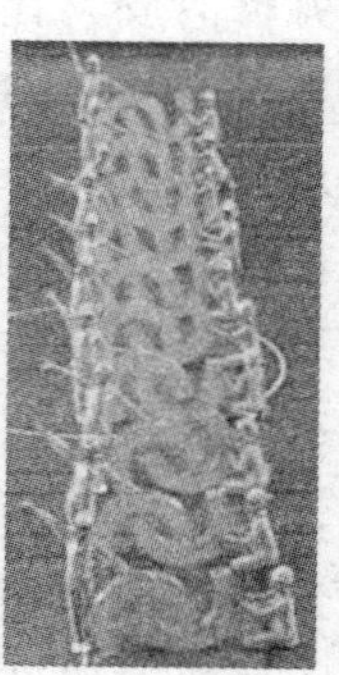

图 28

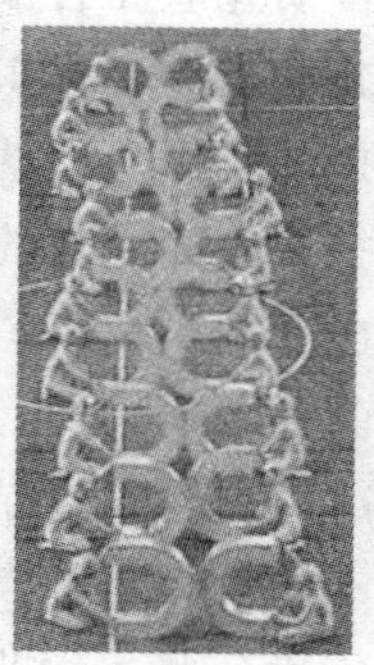

图 29

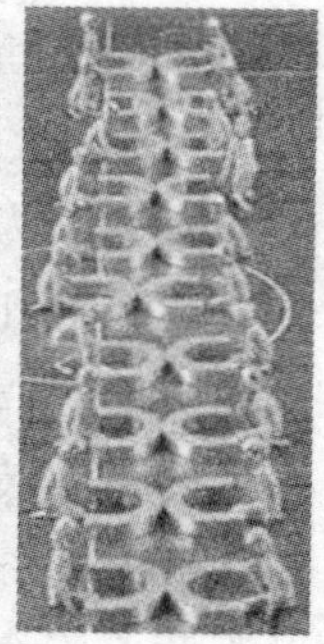

图 30

团体操的动作造型是表演者在灵活多变的队形上，通过各种类型动作的展示，来表现主题思想和内容，借以达到团体操表演目的的一种手段。幼儿团体操的动作要根据幼儿的年龄特点、技术水平来编排。由于幼儿团体操是在大的场地上的表演，动作的设计还要注意夸张性的大效果，并且有利于显示队形、服装和道具。在调查中了解到，73.3%的观众反映幼儿团体操《欢乐童年》的动作直观形象、生活化，同时58.3%的观众赞同幼儿动作应以发展柔韧素质为主。所以，合理选用幼儿动作语汇，富于变化，力求创新是幼儿团体操保持生命力的有利保障。动作造型效果见图31、图32：

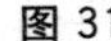

图 31

图 32

音乐是团体操的灵魂，不仅有助于突出操的风格和特点，渲染表演气氛，而且启发表演者轻松自如、富于感情地去进行表演。幼儿团体操《欢乐童年》的音乐是由多首幼儿歌曲合成剪辑而成，音乐旋律清晰，节奏感强，风格欢快活泼，深受幼儿的喜爱。尤其在动作变换和队形变化时插入了音乐动效元素，产生了明显的提示作用。当幼儿听到提示音乐后，就能迅速地准确改变动作或变换队形，为完成整齐一致的表演奠定了基础。

观众对此次《欢乐童年》幼儿团体操的服装也进行了评价，71.7%的人认为服装简练，颜色对比鲜明。幼儿身材小，动作不易整齐，为了达到动作整齐的目的，服装应避免颜色过杂，色彩对比要鲜明。同时，为了不妨碍幼儿在变化队形时的移动跑位，服装设计应以体操服为主，不仅突出体育特色，而且可以避免不安全因素。此次幼儿团体操在服装设计方面，还将服装样式与表演内容相结合，在服装前后绣制了海鸥和浪花的图案，以此来表现幼儿似海鸥在大海上飞翔的情景。表演服装样式如图33、图34：

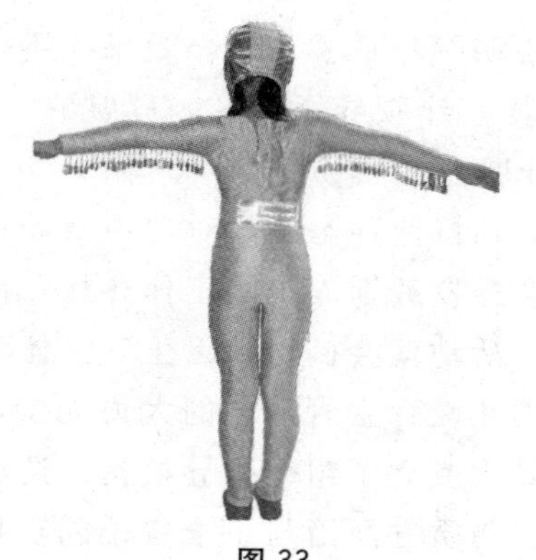

图 33

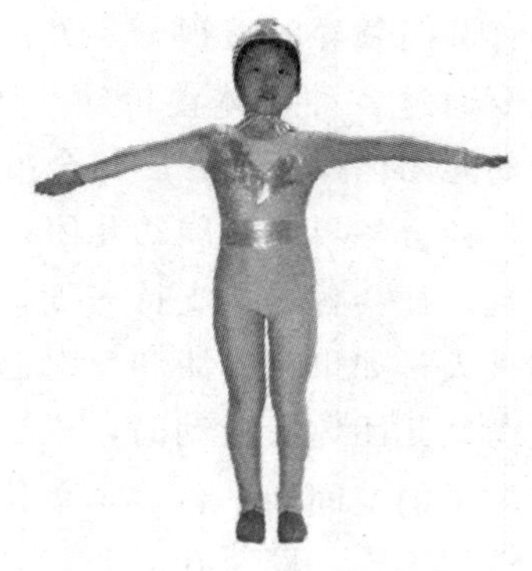

图 34

主题思想是团体操的“灵魂”，统帅全操，贯穿全操，使丰富的表演内容分清层次，突出本质，形成一体。幼儿团体操《欢乐童年》在主题思想方面首次引入了虚拟场景，塑造了海滩—课堂—乐园的艺术场面。以幼儿享受丰富多彩的童年生活为主线，表现了幼儿热爱大自然，创造美好未来的主题思想。

综上所述，幼儿团体操《欢乐童年》的表演正是在主题思想的成功确立、队形图案的巧妙设计、动作造型的创新编排、道具的合理利用、音乐的精心剪辑、服装的适宜选用基础上，实现成功表演。各因素相互影响，相互协助。

团体操的训练工作是各阶段工作中最关键的环节，对反映创编意图及表演效果有着重要的影响。幼儿团体操的训练科学合理，才能使幼儿团体操质量再上新台阶。体育东路幼儿团体操的训练工作主要由幼儿教师负责，编训组成员负责监督检查。训练时根据幼儿的年龄特点，制定训练目标与内容。训练的内容包括了身体素质训练、团体操专项技术训练、心理训练和艺术表现力等几个方面。训练方法也在传统示范讲解法、配乐练习法、分组练习法的基础上，广泛采用了比赛观摩法、表扬激励法，大大激发了幼儿参与练习的兴趣。在训练时数与强度的选择上，每周安排三次训练，每次训练时间为两个小时。这样在训练时以幼儿身心发展为前提，注意劳逸结合，幼儿运动负荷不太高，不仅提高了训练效率，还避免过于劳累而对幼儿产生负面影响。所以，合理安排训练工作是实现最佳表演效果的有效手段。

2. 提高社会认识，扩大支持范围。

在幼儿中开展和普及团体操活动是落实《纲要》的重要举措，对提高中华民族身体素质意义重大。幼儿团体操深受幼儿的喜爱，具有娱乐，健身心、强体魄，培养合作精神的良好作用。实践表明，哪个地区主管部门的领导对开展幼儿团体操活动重视，哪里的幼儿园开展此项活动就会成效显著。广州市体育东路幼儿团体操开展得有声有色，取得了喜人的成绩，赢得了社会各界的称赞，与那里主管部门领导的重视分不开。这说明领导重视与否，效果大不一样。因此，我们要通过各种媒体宣传幼儿团体操，让领导了解它，欣赏它，支持它，从而推动幼儿团体操活动在广州全市的开展。

此外，社会各界对开展幼儿团体操活动持何种态度，对此项活动产生的影响不可忽视。社会各界持支持态度，就会激发编训人员的工作热情，使活动开展得红红火火；如果持冷淡和反对态度，活动就会搞得缺乏生气。体育东路幼儿园在组织幼儿团体操活动时，得到了幼儿教育主管部门的大力支持，为其提供了充分展示的空间和平台。本单位领导也成立了组织领导机构，选派专门的人员负责编训工作，同时在时间、经费、物质方面给与了全方位的支持。本次活动取得成功还应该感谢的是家长的支持。幼儿家长对幼儿团体操活动全力支持，积极送自己的孩子参加幼儿团体操训练，而且在课下能按照幼儿园发放的基本功训练标准督促孩子进行练习。这就在很大程度上，为幼儿团体操的训练工作贡献了力量。在表演期间，幼儿家长还通过不同的方式支持和鼓励幼儿，激发了幼儿的表演热情，使表演活动取得成功。

所以，争取社会各界对幼儿团体操活动的关注度，扩大支持范围：主管部门领导积极支持，本单位领导非常支持，幼儿家长倾全力支持，才能使幼儿团体操活动在广州乃至全国遍地开花，蓬勃开展。

3. 加大组织力度，优化管理模式。

开展团体操活动，牵涉的单位多，联系面广，需要一个健全、精干和有力的组织管理机构，从而使团体操活动在统一思想指导下，协同配合来保证团体操表演任务的顺利完成。可见组织与管理不仅是不可缺少的环节，而且也是重要保证。强化组织管理，充分发挥领导和监督职能，是幼儿团体操活动健康、稳定、快速发展的保证。

幼儿团体操《欢乐童年》活动的成功开展，正是依靠完善的组织管理得以实现。在活动开展过程中采用了层级管理模式和编训监控体系，充分发挥各层的人力、物力、智力等资源，提高工作效率，使各板块的信息能够及时沟通，整体活动得以宏观调控。

层级管理模式是指在管理过程中，明确各职位的职责、权力和利益，各司其职，各行其权，相互协调配合，严格按照组织程序，从而实现统一管理。

幼儿团体操的层级管理模式是以编训组为主线，其他各组为辅助，各部门分工细化，使工作更精确，效率全面提高。在活动开展过程中，合理的层级管理模式贯穿始终，指导整个活动的正常运行（具体的幼儿团体操组织管理的层级分布图见图 35）。在整个层级管理分布图中，每一层相互独立，又相互协调配合。每一层级向上负责的同时也向下起到监督和执行任务，使整个活动体系有条不紊地展开，有计划、有控制地实施。

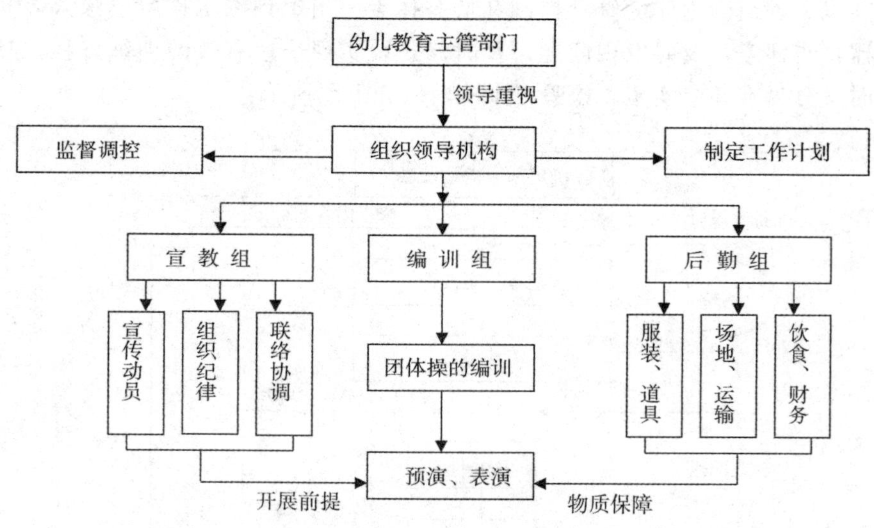

图 35　幼儿团体操组织管理的层级分布

从幼儿团体操组织管理的层级分布图可以看出，整个体系分为三层。幼儿教育主管部门是上层决策层，进行幼儿团体操活动的监督和调控。中层由幼儿园组织领导机构构成，负责幼儿团体操活动的总体策划。下层由宣教、编训和后勤三个组构成，负责宣传、联络、协调、创编、训练、总务等工作。三层机构各司其职，各行其权，又相互协调与配合。在幼儿团体操活动层级管理中，实行组织领导负责制，层级向下指导和监督，层级向上汇报负责制。由编训组全面开展工作，并由其向上协调，向下监督贯穿执行任务。此外，宣教组和后勤组提供全力支持，表演者给以大力配合，整个幼儿团体操活动得以顺利进行

此次体育东路幼儿园所编排的幼儿团体操《欢乐童年》正是合理运用了层级管理模式的典范。本次活动是在幼儿教育主管部门的大力支持下得以开展起来的。广州市武术协会、广州市幼儿体育研究会作为幼儿武术交流花会的主办单位，为了活跃花会气氛，增强幼儿园之间的交流，将幼儿团体操《欢乐童年》作为开幕式的表演内容，为幼儿团体操活动提供了展示的空间和平台。接到这项任务后，体育东路幼儿园成立了幼儿团体操组织领导机构。组织机构成员由园长、副园长、体育老师、舞蹈教师、班主任及后勤管理人员担任。园长、班主任组成宣教组；体育老师、舞蹈教师担任训练任务；副园长和后勤管理人员负责后勤保障工作。而最重要的创编工作则聘请团体操专家进行设计和指导。人员明确之后各负其责、分工合作、严格按工作计划开展各项工作。

为了使表演者在尽可能短的时间里出成效，在幼儿团体操的编训工作中还应建立以编训组为主体的管理控制和监督体系。组织训练工作层层深入，实施分层监督与评定，及时发现问题，及时修正，实现快速有效的训练进程。具体操作时又分为准备、实施、检验三个阶段。如下图所示：

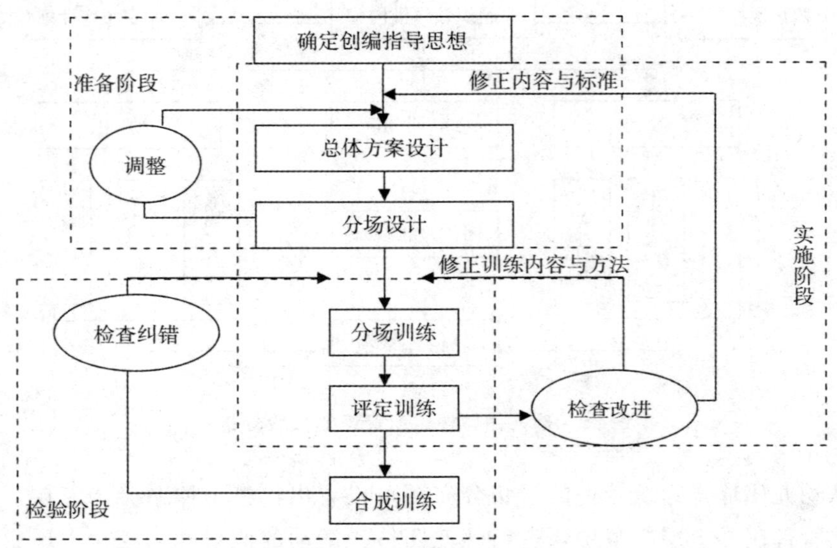

图 36　幼儿团体操编训工作的管理控制流程

体育东路幼儿园在编训监控体系下，各项工作有条不紊地进行着。在编训过程中，幼儿团体操管理控制和监督体系也应用其中。幼儿团体操《欢乐童年》的编训组是由团体操专家和研究生共同组成，他们在了解了体育东路幼儿团体操表演的性质、规模、表演时间和场地条件基础上，确立了正确的创编指导思想，设计了总体设计方案。突出表现了幼儿园小朋友们在大自然怀抱中健康、快乐、茁壮地成长，享受天真烂漫、丰富多彩的童年生活，并用自己的聪明才智创造美好的幸福生活的主题思想。同时，对所创编的幼儿团体操内容、结构、表演人员、时间、艺术装饰、艺术风格等提出了标准和要求。之后，又根据总体设计方案，进行了分场设计，创编出每一部分的队形和动作。在训练阶段，首先对幼儿园教师进行了培训，将整场操的创作思想和风格特点向她们做了详细介绍。在此基础上，又将幼儿教师按照场次分成组，进行分场队形和动作的培训。接下来，对幼儿表演者进行训练，主要经过了基本功训练——表演动作训练——表演队形训练——分场训练——合练几个过程。训练过程中，总编导和研究生随时监督和检查训练工作。不仅帮助幼儿教师解决训练中遇到的问题，还及时纠正训练时出现的错误，并且耐心接受幼儿教师提出的意见，补充修正拟定方案。同时，在训练过程中还安排基本功训练内容的评比活动，以此来督促幼儿团体操中难度技巧动作的完成质量。另外，在幼儿团体操训练中还应注意备好课，提高训练效率；严抓动作的规范程度；队形变化时找准关键人和标准点；以及训练中的情绪调动等项内容的练习。到了训练的检验阶段，体育东路幼儿园多次到表演场地组织合练，针对分场衔接处和队形变化时道具的摆放位置进行了大量的配合练习，为表演的成功奠定了基础。

4. 完善保障系统，资源合理配置。

保障系统包括设施、场地、经费等，是开展幼儿团体操活动的重要物质条件。没有物质条件作保障幼儿团体操是无法开展好的，因此，我们要高度重视这个问题。体育东路幼儿团体操《欢乐童年》的开展正是在完善的保障系统做保证下进行的。幼儿园不仅具备大面积的训练场地，而且还配备了室内舞蹈教室进行基本功难度动作练习。此外，经费供给十分充足，后勤保障也很到位，使得整个活动得以顺利进行。所以为保证幼儿团体操的训练工作顺利开展，应该在大场地上进行练习，并设立相对固定的室内训练场地，地板最好是木地板。有条件的幼儿园应配置地毯、大镜子、把杆等设备。经费是保证训练和表演顺利完成的十分重要的因素，需要高度重视。幼儿园要打破传统筹措资金的方法，及时解放思想，利用市场经济的有力条件，通过吸引企业赞助或举办商业性表演活动等措施，拓宽资金来源渠道，多方筹集训练和比赛经费，保证幼儿团体操活动的顺利开展。

5. 加强师资培训，提高教师专业素质。

幼儿教师是在学前教育机构中，对幼儿进行教育的主要工作人员，是受社会委托向学前儿童身心发展施加教育影响，并从事保育和教育工作的工作者。因此，幼儿教师的学历结构、职称分布、业务能力和工作态度等方面都会影响幼儿团体操活动开展的质量。体育东路幼儿团体操的训练工作由幼儿教师担任，编训组对其进行表演动作和表演队形的培训，让她们掌握动作的正确要领，了解队形变化的规律和方法。由于体育东路幼儿园曾经开展过幼儿团体操活动，其中部分人员参加过训练工作，具有一定的训练经验，所以在训练过程中秉承“传、帮、带”的原则，带动其他幼儿教师进行训练，使她们的业务能力得到提高，训练效率增强，训练效果明显。

所以，加强师资培训，提高教师专业素质是幼儿团体操活动顺利开展的基础。面对幼儿教师对团体操知识了解不多的现状，幼儿教育主管部门要给幼儿教师提供再学习的机会，通过开办短期培训班或在幼儿师范院校的课程中增加幼儿团体操专业知识，努力提高幼儿教师的专业理论知识和技术水平。同时还要加强幼儿教师的思想教育工作，对他们进行职业道德教育，培养其爱岗敬业和无私奉献的精神，从而提高幼儿团体操师资队伍的整体素质。

6. 丰富日常体育活动，推广中小型团体操。

我国幼儿园体育活动内容主要包括基本运动及游戏、体操、小球游戏、律动、大型器械活动、水上活动和冰上活动等。幼儿团体操的开展不要只安排在大型活动中，应该融入幼儿日常的体育活动之中。以促进幼儿德、智、体、美全面发展为原则，让幼儿在体育锻炼中感受到乐趣。幼儿园可以发展以园为单位的幼儿团体操活动，开展二三十人或六十人为主的小型团体操活动。并且将幼儿团体操作为幼儿教材的一部分，列入幼儿教育的内容，通过课堂教学和课间操的形式来开展。

综上所述，在广州市开展幼儿团体操活动，是一个复杂的系统工程，需要多方面高度重视，相互支持，相互配合。并且，在幼儿团体操活动开展过程中贯彻已经通过实验验证行之有效的对策：设计新颖独特、训练科学合理；提高社会认识，扩大支持范围；加大组织力度，优化管理模式；完善保障系统，资源合理配置；加强师资培训，提高教师综合素质。丰富幼儿日常体育活动，推广中小型团体操，必将使幼儿团体操活动在我国得到推广，广泛开展起来。

第四节　结论与建议

一、结论

1. 幼儿团体操作为幼儿体育活动的一种，具有突出的健身、健美、健心和娱乐价值。多年来在我国各省市得以开展，深受人们的喜爱。通过对广州市幼儿团体操活动开展现状的调查，了解到广州市幼儿团体操活动开展较好，有一定的群众基础，社会能为幼儿团体操活动提供展示和交流的平台与空间，其艺术价值和功能也得到了社会各界的充分认可。

2. 但由于活动受时间、场地、人员、经费等多方面的影响，广州市幼儿团体操活动在实际开展过程中也存在诸多问题：活动开展数量少，途径单一，各区间存在差异；缺少专门的幼儿团体操组织管理机构；幼儿团体操师资队伍素质不高，专业知识与技能掌握匮乏；创编训练不够科学，缺乏专业性和系统性；保障系统不完善、社会支持不够等。

3. 影响广州市幼儿团体操活动开展的因素是多方面的，采用主成分分析法进行归类，可以得出六类因素：创编训练、社会支持、组织管理、保障系统、师生情况、项目情况。其中，创编训练是开展幼儿团体操活动中最重要的影响因素，列在第二位的是社会支持因素，组织管理位于第三位。各类因素互相制约，相互配合，影响幼儿团体操活动的开展效果。

4. 依据广州市幼儿团体操活动存在的问题和影响因素的重要程度，结合体育东路幼儿团体操《欢乐童年》的成功经验，有针对性地提出广州市幼儿团体操活动可持续发展的主要对策：(1)设计新颖独特、训练科学合理。(2)提高社会认识，扩大支持范围。(3) 加大组织力度，优化管理模式。(4)完善保障系统，资源合理配置资源。(5)加强师资培训，提高教师专业素质。(6)丰富日常体育活动，推广中小型团体操。

二、建议

1. 希望团体操专家参与到幼儿团体操的创编训练工作中来，将丰富的专业知识和训练经验传授给幼儿教师，同时设计编排适应不同年龄的幼儿团体操规范套路，收编成视频资料，向各幼儿园推荐，推动幼儿团体操活动健康发展。

2. 加强家园合作，大力开展幼儿团体操的“亲子活动”。幼儿园开展幼儿团体操活动时可以邀请家长参与到幼儿团体操的训练和表演之中。这样在家长的配合下，幼儿能够获得参与体育活动的良好体验。

3. 建立完善的管理机制。幼教主管部门应把开展团体操活动作为幼儿教育的主要方式和手段，列入教委的工作计划，督促地方幼教工作的开展。通过组织幼儿团体操表演展示和比赛评比活动，促进幼儿团体操活动水平的提高。

4. 幼儿园应通过多种渠道、多种形式筹措资金，加快场地和设施的建设。为幼儿团体操的发展提供良好的外部环境。

5. 开辟培养幼儿团体操专业师资新途径，建议在全国各体育院校开设团体操课程，增设幼儿团体操内容，进而壮大幼儿团体操师资队伍，提高师资专业技术水平。

6. 大力推广中小型团体操，让幼儿团体操作为幼儿体育教学内容走入课堂。使更多的幼儿掌握幼儿团体操的基本技术，享受锻炼的快乐。

调查问卷一：专家效度评价表

尊敬的专家：

您好！首先感谢您在百忙之中抽出时间为我编写的调查问卷做效度评价。为了保证调查内容和结果有效、真实，特恳请您对我设计的问卷做内容效度检验，请您在阅读问卷后，将您的意见填写在下面的方格中，最后，诚挚感谢您的热情帮助！

此致

敬礼

您的年龄：　　　　　　　　工作单位：

工作年限：　　　　　　　　职称：

有效度的评价分为 5 个等级，即效度很高、较高、一般、较低、很低

评　价	很高	较高	一般	较低	很低
幼儿园园长问卷					
幼儿教师问卷					
幼儿家长问卷					

您还有什么建议和意见，敬请写在下面：

调查问卷二：广州市幼儿团体操活动主管部门访谈

尊敬的主管部门领导：您好！

本人旨在通过本问卷了解广州市幼儿团体操活动的组织管理情况，希望您能为今后更好地开展幼儿团体操活动提供参考依据。感谢您在百忙之中抽出时间，对您的支持与合作表示我最真挚的敬意！

一、基本情况

A1. 您的姓名：__________，您的年龄：________

A2. 您的工作单位：__________________________

A3. 您的职务：__________，职称__________

A4. 您在市幼儿体育研究会的职务：__________

A5. 广州市幼儿体育研究会的工作职能

①幼儿体育活动的组织（ ）　②幼儿体育活动的科学研究（ ）

③ 幼儿体育活动的培训、咨询（ ）　④其他（请补充）__________

二、您对开展幼儿团体操活动的态度

B1. 您对幼儿团体操活动：

①非常喜欢（ ）　② 比较喜欢（ ）　③ 一般（ ）

④ 不太喜欢（ ）　⑤不喜欢（ ）

B2. 您对幼儿园开展幼儿团体操活动的态度是：

①非常支持（ ）　②比较支持（ ）　③一般（ ）

④不太支持（ ）　⑤不支持（ ）

B3. 您认为在广州市开展幼儿团体操活动是否有必要？

①有必要（ ）　② 没有必要（ ）

如有必要，其价值体现为：

①美学价值（ ）　②社会学价值（ ）　③生理学价值（ ）

④运动学价值（ ）　⑤心理学价值（ ）

其他：________________________

B4. 您认为幼儿团体操活动在社会上是否受欢迎：

①非常需要（ ） ②比较需要（ ） ③一般（ ）

④不太需要（ ） ⑤不需要（ ）

B5. 受欢迎，那么开展幼儿团体操活动的意义：（可多选）

①能促进幼儿德、智、体、美身心全面发展（ ）

②可以丰富幼儿体育活动的内容（ ）

③是全面普及团体操活动的需要（ ）

④可以提升幼儿园的知名度（ ）

其他：________________

B6. 不受欢迎，您觉得开展幼儿团体操的弊端：（可多选）

①费时、费力、费钱（ ）

②对幼儿来说是消磨时间、精力、可有可无（ ）

③不如幼儿多识字、多背诗、学绘画、弹琴等，会比练习幼儿团体操学到更多的东西（ ）

其他：________________

三、广州市幼儿团体操活动的组织与管理情况

C1. 广州市是否设置了组织、管理幼儿团体操活动的相关领导机构

①有设置（ ） ②没有设置（ ）

设置的机构名称：__________ 人员配备：__________

C2. 在开展幼儿团体操活动时是否制定相关文件做保障

①有制定（ ） ②没有制定（ ）

文件内容概要：____________________

C3. 广州市是否安排过幼儿团体操的表演或比赛

①有安排（ ） ②没有安排（ ）

安排的时间：____________________

C4. 广州市是否举办过幼儿团体操方面的指导与培训

①举办过（ ） ②没有举办过（ ）

举办的时间：____________________

四、广州市幼儿团体操活动的开展状况

D1. 您认为广州市所开展的幼儿团体操活动开展情况：

①非常理想（ ） ②比较理想（ ） ③一般 （ ）

④不太理想（ ） ⑤不理想（ ）

D2. 您认为广州市开展的幼儿团体操活动规模多大最佳

①百人以上的大型团体操（ ） ②六十人的中型团体操（ ）

③二三十人的小型团体操（ ）

D3. 您认为广州市开展幼儿团体操活动的途径有哪些：（可多选）

①通过课堂教学（ ） ②通过课间操（ ）

③通过节日、庆典表演活动（ ） ④通过比赛（ ）

其他________________________

D4. 活动开展的经费来源

①主管单位下拨（ ） ②企业赞助（ ）

③幼儿园自筹（ ） ④幼儿园和家长共筹（ ）

其他途径（请补充）______________________________

D5. 您认为表演幼儿团体操活动时外界的评价

①非常高（ ） ②比较高（ ） ③一般（ ）

④不太高（ ） ⑤不高（ ）

D6. 您认为广州市开展幼儿团体操活动存在哪些困难？

____

D7. 您对幼儿团体操活动更好的发展有何好的建议：

____

____

____

调查问卷三：幼儿园园长

一、基本情况

A1. 您的性别 ：①女（ ） ②男（ ）

A2. 您的年龄 ：________岁

A3. 您的学历 ：①高中/中专（ ） ②大专（ ） ③本科（ ）
④研究生（ ）

A4. 您的职务 ：__________ 职称 ：__________

A5. 您的工作年限 ：________年

A6. 您所在的幼儿园名称 ：__________________________________
属于________省/ 自治区/直辖市 ________市________区/县

A7. 您所在幼儿园的性质是：
①公办园（政府委托教育部门办园）（ ） ②机关企事业单位办（ ）
③街（镇）村办 （ ） ④公民个人办（ ） ⑤民营单位办（ ）
⑥中外合作办（ ） ⑦其他（请补充）__________

A8. 您所在幼儿园的级别 ：省/市/区________级________类幼儿园，其规模
①6 个班（ ） ②6～12 个班（ ） ③12 个班以上（ ）

二、对开展幼儿团体操活动的态度：

B1. 您对幼儿团体操活动：
①非常喜欢（ ） ②比较喜欢（ ） ③一般（ ）
④不太喜欢（ ） ⑤不喜欢（ ）

B2. 您认为幼儿团体操活动在社会上是否受欢迎：
①非常受欢迎（ ） ②比较受欢迎（ ） ③一般（ ）
④不太受欢迎（ ） ⑤不欢迎（ ）

B3. 受欢迎，那么开展幼儿团体操活动的意义：(可多选)
①能促进幼儿德、智、体、美身心全面发展（ ）
②可以丰富幼儿体育活动的内容（ ）
③是全面普及团体操活动的需要（ ）
④可以提升幼儿园的知名度（ ）
其他：_________________________

B4. 不受欢迎，那么开展幼儿团体操活动的弊端：(可多选)

①费时、费力、费钱（ ）

②对幼儿来说是消磨时间、精力、可有可无（ ）

③不如幼儿多识字、多背诗、学绘画、弹琴等，会比练习幼儿团体操学到更多的东西（ ）

其他：________________

B5. 您对幼儿园开展幼儿团体操活动的态度是：

①非常支持（ ） ②比较支持（ ） ③一般（ ）

④不太支持（ ）⑤不支持（ ）

请说明理由：________________

三、幼儿园开展幼儿团体操活动情况

C1. 在贵园开展的体育活动中是否安排了幼儿团体操的内容

①经常安排（ ） ②偶尔安排（ ） ③不安排（ ）

C2. 若有安排，其开展的途径有哪些：(可多选)(没有安排的此题可跳过)

①通过课堂教学（ ） ②通过课间操（ ）

③通过节日、庆典表演活动（ ） ④通过比赛（ ）

其他：________________

C3. 贵园是否参加过省、市幼儿团体操的比赛或表演活动

①参加过（ ） ②没参加过（ ）

(C3 题选择“参加过”的请继续作答，选择“没参加过”的请绕过 4—15 题，直接对 D 组 1—7 题作答)

C4. 若参加过，其频率

①时断时续（ ）②每年一次（ ）③两年一次（ ）④3－4 年一次（ ）

C5. 若参加过，其规模

①千人以上的团体操（ ） ② 百人以上的团体操（ ）

③六十人的中型团体操（ ） ④二三十人的小型团体操（ ）

C6. 贵园在省、市级幼儿团体操比赛或表演中最好名次是：（ ）等奖、第（ ）名

C7. 贵园开展的幼儿团体操活动其创编人员主要来自

①幼儿园老师（ ） ②校外体育老师（ ）

③团体操专家（ ） ④文艺界专家（ ）

C8. 贵园开展幼儿团体操活动的训练任务主要由谁担当

① 幼儿园老师（ ） ②外聘专家（ ）

③幼儿园老师和外聘专家共同完成（ ）

C9. 您认为贵园在训练幼儿团体操过程中幼儿园教师的工作态度

①非常认真（ ） ②比较认真（ ） ③ 一般（ ）

④不太认真（ ） ⑤不认真（ ）

C10. 您是否选派幼儿教师外出参加幼儿团体操的培训

①经常选派（ ） ②偶尔选派（ ）③从不选派（ ）

C11. 您所在的幼儿园平时训练和表演的经费来自：

①主管单位下拨（ ）②企业赞助（ ）③幼儿园自筹（ ）

④幼儿园和家长共筹（ ） ⑤其他途径（请补充）________________

C12. 您所在的幼儿园训练场地面积约________平方米，场地情况（可多选）

①室外水泥场（ ）②室内木板地（ ）③室内水泥地（ ）

④租用或借用场地（ ） ⑤ 其他（请补充）________________

C13. 您所在的幼儿园在开展幼儿团体操活动时家长

①非常支持（ ） ②比较支持（ ） ③一般（ ）

④不太支持（ ） ⑤不支持（ ）

C14. 您所在的幼儿园在表演幼儿团体操时外界的评价

①非常高（ ） ②比较高（ ） ③一般（ ）

④不太高（ ） ⑤不高（ ）

C14. 您所在的幼儿园在开展幼儿团体操活动时是否经常参与商业性表演

①经常（ ） ② 偶尔（ ） ③ 不参与（ ）

四、对广州市今后开展幼儿团体操活动的建议

D1. 您认为广州市所开展的幼儿团体操活动开展情况：

①非常理想（ ） ②比较理想（ ） ③一般 （ ）

④不太理想（ ） ⑤不理想（ ）

D2. 您认为广州市开展的幼儿团体操活动规模多大最佳

①千人以上的团体操（ ） ② 百人以上的团体操（ ）

③六十人的中型团体操（ ） ④二三十人的小型团体操（ ）

D3. 广州市开展幼儿团体操活动的途径有哪些：(可多选)

①通过课堂教学（ ） ②通过课间操（ ）

③通过节日、庆典表演活动（ ） ④通过比赛（ ）

其他：________________________

D4. 请您写出曾经在广州市开展过的幼儿团体操活动时间、地点及幼儿园名称：

____

D5. 如果您所在幼儿园没有开展过幼儿团体操活动，请标明原因：

____

D6. 您对幼儿团体操的发展有何建议：

____

____

____

调查问卷四：幼儿园教师（编训人员）

一、基本情况

A1. 您的性别：①女（ ）　②男（ ）

A2. 您的年龄：________岁

A3 . 您的学历：①高中/中专（ ）　②大专（ ）　③本科（ ）　④研究生（ ）

A4. 您毕业于________________学校________________专业

A5. 您的职称：____________，工作年限____________年

A6. 您所在的幼儿园名称：________________________

属于________省/自治区/直辖市________市________区/县

二、对开展幼儿团体操活动的态度

B1. 您对幼儿团体操活动：

①非常喜欢（ ）　②比较喜欢（ ）　③ 一般（ ）

④不太喜欢（ ）　⑤不喜欢（ ）

B2. 您认为幼儿团体操活动在社会上是否受欢迎：

①非常受欢迎（ ）　②比较受欢迎（ ）　③一般（ ）

④不太受欢迎（ ）　⑤不欢迎（ ）

B3. 受欢迎，那么开展幼儿团体操活动的意义：(可多选)

①能促进幼儿德、智、体、美身心全面发展（ ）

②可以丰富幼儿体育活动的内容（ ）

③是全面普及团体操活动的需要（ ）

④可以提升幼儿园的知名度（ ）

其他：________________________

B4. 不受欢迎，那么开展幼儿团体操的弊端：(可多选)

①费时、费力、费钱（ ）

②对幼儿来说是消磨时间、精力、可有可无（ ）

③不如幼儿多识字、多背诗、学绘画、弹琴等，会比练习幼儿团体操学到更多的东西（ ）

其他：________________________

B5. 您是否愿意参加幼儿团体操的编训工作

①非常愿意（ ） ②比较愿意（ ） ③一般（ ）
④不太愿意（ ） ⑤不愿意（ ）

三、业务能力

C1. 您对幼儿团体操专业知识：
①非常了解（ ） ②比较了解（ ） ③一般（ ）
④不太了解（ ） ⑤不了解（ ）

C2. 您认为幼儿团体操的训练人员应掌握的知识有：(可多选)
①团体操概述、发展历史（ ） ②团体操的创编与设计（ ）
③团体操的组织与训练（ ） ④幼儿心理学知识（ ）
⑤幼儿教育学知识（ ） ⑥管理学基础知识（ ）
⑦音乐、美术等学科相关知识（ ）
⑧体操、健美操、艺术体操、舞蹈等专业知识（ ）
其他 ____________________

C3. 您认为幼儿团体操训练人员需要具备的能力（可多选）
①教学能力（ ） ②训练能力（ ） ③组织能力（ ）
④编排能力（ ） ⑤创新能力（ ） ⑥科研能力（ ）
⑦审美能力（ ） ⑧管理能力（ ） ⑨团队协作能力（ ）
⑩音乐、舞蹈、体操等相关知识运用能力（ ）
其他____________________

C4. 您是否参加过幼儿团体操的创编工作
①参加过（ ） ②没参加过（ ）

C5. 你是否担任过幼儿团体操的训练工作
①担任过（ ） ②没担任过（ ）

(C5 题选择“担任过”的请继续作答，选择“没担任过”的请绕过 6—10 题和 D、E 组，直接对 F 组 1—7 题作答)

C6. 您训练的幼儿团体操取得过何种成绩：__________

C7. 您进行幼儿团体操的训练时间为________小时/次、________次/周

C8. 您在训练幼儿团体操时训练内容包括，并请排序__________________
①基本体操 ②柔韧素质 ③力量素质 ④灵敏素质 ⑤速度素质
⑥耐力素质 ⑦艺术表现力 ⑧队形、图案训练 ⑨集体配合动作训练
⑩乐感培养 ⑪兴趣培养
其他：(请补充) ____________________

C9. 训练方法包括：(可多选)
①影像直观法 ②示范讲解法 ③分组练习法 ④诱导训练法

⑤语言形象描述法　⑥重复训练法　⑦比赛观摩法

⑧配乐练习法　⑨表扬激励法

其他：（请补充）＿＿＿＿＿＿＿＿＿＿＿＿

C10. 您认为幼儿团体操活动训练时，遇到的主要困难是：

①幼儿感知觉和方位感未成熟，辨别方位能力差，队形变换训练较难（　）

②幼儿活动时耐性差，时间不宜过长，所以训练周期长（　）

③幼儿动作不易整齐（　）

④幼儿凭兴趣练习，不易受约束（　）

⑤动作变换多，记不住（　）

⑥训练时幼儿好动，不好管理（　）

⑦训练场地设施不能满足需要　（　）

⑧训练经费不到位　（　）

其他：＿＿＿＿＿＿＿＿＿＿＿＿

四、幼儿情况

D1. 您认为幼儿适合参加幼儿团体操活动的年龄范围

①3～4 岁（　）　②4～5 岁（　）　③5～6 岁（　）　④3 岁以下（　）

D2. 幼儿是否愿意参加幼儿团体操活动

①非常愿意（　）　②比较愿意（　）　③一般（　）

④不太愿意（　）　⑤不愿意（　）

D3. 您认为幼儿团体操活动对幼儿在智力成长方面有何作用（可多选）

①记忆力增强（　）　②空间方位感增强（　）　③没有作用（　）

④学习成绩下降（　）

D4. 幼儿参加幼儿团体操活动后的心理变化（可多选）

①社会交往能力增强（　）　②审美素养提高（　）

③比以前懒惰、任性（　）　④树立了团队合作意识（　）

⑤开始关爱他人（　）　⑥性格内向，不和人交往（　）

D5. 幼儿参加幼儿团体操活动后的体质变化（可多选）

①形成正确的身体姿态（　）　②体质下降，经常生病（　）

③心肺功能增强，抗病能力增强（　）　④促进骨骼、肌肉生长（　）

五、保障系统情况

E1. 您认为幼儿团体操的教材资料（包括音像资料）：

①非常丰富（　）　②比较丰富（　）　③ 一般（　）

④较缺乏（　）　⑤非常缺乏（　）

E2. 您通过什么途径获得幼儿团体操的知识和技能（可多选）

①观看录像（ ） ②学习教材（ ） ③参加培训班（ ）

④相互交流（ ） ⑤观摩表演（ ）

其他（请补充）________________

E3. 您是否参加过幼儿团体操的培训：①参加过（ ）②没参加过（ ）

参加何种培训：

幼儿团体操（设计人员）培训，级别：全国性（ ）、省级（ ）、市级（ ）

幼儿团体操（训练人员）培训，级别：全国性（ ）、省级（ ）、市级（ ）

E4. 您是否经常观摩幼儿团体操活动的表演

①是（ ） ②否（ ）

如果是，您认为对您的编训工作促进：

①很大（ ） ②较大（ ） ③一般（ ） ④很小（ ）

⑤ 没有（ ）

E5. 您所在的幼儿园平时训练和表演的经费来自：

①主管单位下拨（ ） ②企业赞助（ ） ③幼儿园自筹（ ）

④幼儿园和家长共筹（ ） ⑤其他途径（请补充）________________

E6. 您所在的幼儿园训练场地面积约为________平方米，场地情况（可多选）

①室外水泥场（ ） ②室内木板地（ ） ③室内水泥地（ ）

④租用或借用场地（ ） ⑤ 其他（请补充）________________

E7. 您所在的幼儿园在开展幼儿团体操活动时家长

①非常支持（ ） ②比较支持（ ） ③一般（ ）

④不太支持（ ） ⑤不支持（ ）

E8. 您所在的幼儿园在表演幼儿团体操时外界的评价

①非常高（ ） ②比较高（ ） ③一般（ ）

④不太高（ ） ⑤不高（ ）

E9. 您所在的幼儿园在开展幼儿团体操活动时是否经常参与商业性表演

①经常（ ） ② 偶尔（ ） ③ 不参与（ ）

六、对广州市今后开展幼儿团体操活动的建议

F1. 您认为广州市所开展的幼儿团体操活动开展情况：

①非常理想（ ） ②比较理想（ ） ③一般（ ）

④不太理想（ ） ⑤不理想（ ）

F2. 您认为广州市开展的幼儿团体操活动规模多大最佳

①千人以上的团体操（　）　② 百人以上的团体操（　）
③六十人的中型团体操（　）　④二三十人的小型团体操（　）

F3. 广州市开展幼儿团体操活动的途径有哪些：（可多选）
①通过课堂教学（　）　②通过课间操（　）
③通过节日、庆典表演活动（　）　④通过比赛（　）
其他：＿＿＿＿＿＿＿＿＿＿＿＿＿＿

F4. 请您写出曾经在广州市开展过的幼儿团体操活动时间、地点及幼儿园名称：
＿＿＿＿＿＿＿＿＿＿＿＿＿＿＿＿＿＿＿＿＿＿＿＿＿＿＿＿＿＿

F5. 如果您所在幼儿园没有开展过幼儿团体操活动，请标明原因：
＿＿＿＿＿＿＿＿＿＿＿＿＿＿＿＿＿＿＿＿＿＿＿＿＿＿＿＿＿＿

F6. 您对幼儿团体操的发展有何建议：
＿＿＿＿＿＿＿＿＿＿＿＿＿＿＿＿＿＿＿＿＿＿＿＿＿＿＿＿＿＿

调查问卷五：幼儿家长

一、基本情况：

A1. 您的孩子所在的幼儿园名称：：______________

属于：________省/自治区/直辖市________市________区/县

A2. 您的学历：①高中/中专（ ）②大专（ ）③本科（ ）④研究生（ ）

A3. 您的职业：______________

二、您对幼儿团体操的态度

B1. 您是否观看过幼儿团体操表演

①看过（ ） ②没看过（ ）

B2. 您认为幼儿团体操活动在社会上是否受欢迎：

①非常受欢迎（ ） ②比较受欢迎（ ） ③一般（ ）

④不太受欢迎（ ） ⑤不欢迎（ ）

B3. 受欢迎，那么开展幼儿团体操活动的意义：(可多选)

①能促进幼儿德、智、体、美身心全面发展（ ）

②可以丰富幼儿体育活动的内容（ ）

③是全面普及团体操活动的需要（ ）

④可以提升幼儿园的知名度（ ）

其他：______________

B4. 不受欢迎，那么开展幼儿团体操的弊端：(可多选)

①费时、费力、费钱（ ）

②对幼儿来说是消磨时间、精力、可有可无（ ）

③不如幼儿多识字、多背诗、学绘画、弹琴等，会比练习幼儿团体操学到更多的东西（ ）

其他：______________

B5. 您对幼儿团体操

①非常了解（ ） ②了解（ ） ③一般（ ）

④不太了解（ ） ⑤不了解（ ）

B6. 您对幼儿团体操

①非常喜欢（ ） ②喜欢（ ） ③一般（ ）

④不太喜欢（ ） ⑤不喜欢（ ）

B7. 您的孩子是否参加过幼儿团体操活动（ ）

1 参加过（ ） ②没参加过（ ）

(B4 题选择“参加过”的请继续作答，选择“没参加过”的请绕过 8—13 题和 C 组题，直接对第四题作答)

B8. 您的孩子是否愿意参加幼儿团体操的练习

①非常愿意（ ） ②比较愿意（ ） ③一般（ ）

④不太愿意（ ） ⑤不愿意（ ）

B9. 您对孩子参加幼儿团体操活动的态度

①非常支持（ ） ②比较支持（ ） ③一般（ ）

④不太支持（ ） ⑤不支持（ ）

B10. 您支持女儿（儿子）参加幼儿团体操活动的目的：（可多选）

①塑造优美体形（ ） ②树立集体主义精神（ ）

③提高审美情趣（ ） ④培养吃苦耐劳的意志品质（ ）

⑤其他（请补充）____________________

B11. 您认为幼儿团体操活动对幼儿在智力成长方面有何作用：（可多选）

①记忆力增强（ ） ②空间方位感增强（ ）

③没有作用（ ） ④学习成绩下降（ ）

B12. 幼儿参加幼儿团体操活动后的心理变化（可多选）

①社会交往能力增强（ ） ②审美素养提高（ ）

③比以前懒惰、任性（ ） ④树立了团队合作意识（ ）

⑤开始关爱他人（ ） ⑥性格内向，不和人交往（ ）

B13. 幼儿参加幼儿团体操活动后的体质变化（可多选）

①形成正确的身体姿态（ ） ②体质下降，经常生病（ ）

③心肺功能增强，抗病能力增强（ ） ④促进骨骼、肌肉生长（ ）

三、家长如何支持孩子参加幼儿团体操训练

C1. 孩子参加幼儿团体操训练，您在哪些方面给予关心（可多选）

①饮食、营养（ ） ②休息、娱乐（ ） ③学习、思想（ ）

④其他：____________________

C2. 鼓励孩子参加幼儿团体操训练，您采取的措施：

①买精美礼品（ ） ②给金钱（ ） ③给予口头表扬（ ）

④用幼儿榜样引导（ ）

其他：____________________

四、您对幼儿团体操的发展有何建议：

1. ______________________________
2. ______________________________
3. ______________________________

再次感谢您在百忙之中，对本研究提供帮助！

调查问卷六：幼儿团体操社会评价与师资培训情况

尊敬的各位老师：您好！

本人旨在通过本问卷了解您对幼儿团体操《欢乐童年》表演效果的评价，以及广州市举办幼儿团体操师资培训的情况。希望您能为今后更好地开展幼儿团体操活动提供参考意见。感谢您在百忙之中抽出时间填答此问卷，对您的支持与合作表示最真挚的敬意！

一、基本情况

A1. 您的工作单位 ____________________

A2. 您的职务____________________

二、对开展幼儿团体操活动的态度

B1. 您是否观看过幼儿团体操表演：

①看过（ ）　②没看过（ ）

B2. 您对幼儿团体操：

①非常喜欢（ ）　②喜欢（ ）　③一般（ ）

④不太喜欢（ ）　⑤不喜欢（ ）

B3. 您认为幼儿团体操活动在社会上是否受欢迎：

①非常受欢迎（ ）　②比较受欢迎（ ）　③一般（ ）

④不太受欢迎（ ）　⑤不欢迎（ ）

B4. 如果幼儿团体操在社会上受欢迎，为什么：（可多选）

①能促进幼儿德、智、体、美身心全面发展（ ）

②可以丰富幼儿体育活动的内容（ ）

③是全面普及团体操活动的需要（ ）

④可以提升幼儿园的知名度（ ）

其他：____________________

B5. 如果幼儿团体操在社会上不受欢迎，为什么：（可多选）

①费时、费力、费钱（ ）

②对幼儿来说是消磨时间、精力、可有可无（ ）

③不如幼儿多识字、多背诗、学绘画、弹琴等，会比练习幼儿团体操学到更多的东西（ ）

其他：____________________

B6. 您认为广州市所开展的幼儿团体操活动开展情况：

①非常理想（　）　②比较理想（　）　③一般（　）

④不太理想（　）　⑤不理想（　）

B7. 您所在的幼儿园是否开展过幼儿团体操活动

①开展过（　）　② 没有开展过（　）

B8. 若有开展，其途径有哪些：（可多选）（没有开展的此题可跳过）

①通过课堂教学（　）　②通过课间操（　）

③通过节日、庆典表演活动（　）　④通过比赛（　）

其他：____________________

三、开展幼儿团体操师资培训情况

D1. 您认为幼儿团体操的教材资料（包括音像资料）：

①非常丰富（　）　②比较丰富（　）　③ 一般（　）

④较缺乏（　）　⑤非常缺乏（　）

D2. 您通过什么途径获得幼儿团体操的知识和技能：（可多选）

①观看录像（　）　②学习教材（　）　③参加培训班（　）

④相互交流（　）⑤观摩表演（　）

其他（请补充）____________________

D3. 您认为参加幼儿团体操师资培训活动：

①非常有必要（　）　②比较有必要（　）　③一般（　）

④没多大必要（　）⑤没必要（　）

D4. 您认为举办幼儿团体操师资培训班的意义：（可多选）

①提高幼儿教师的业务能力（　）

②为幼儿园开展团体操活动提供资料（　）

③ 通过观摩表演，促进幼儿团体操活动的交流（　）

④ 丰富幼儿体育活动内容，促进团体操活动的普及（　）

D5. 您想从幼儿团体操的指导与培训中了解的知识：（可多选）

①团体操概述、发展历史（　）　②团体操的创编与设计（　）

③团体操的组织与训练（　）　④幼儿心理学知识（　）

⑤幼儿教育学知识（　）　⑥管理学基础知识（　）

⑦音乐、美术等学科相关知识（　）

⑧体操、健美操、艺术体操、舞蹈等专业知识（　）

其他 ____________________

D6. 为了更广泛地扩大幼儿团体操活动的宣传范围，您认为还应该：（可多选）

①利用新闻媒体（电视或报刊）加强宣传力度（ ）

②参与社会性表演活动（庆典开、闭幕式，晚会等）（ ）

③举办全国或地域性的表演交流大会（ ）

④编制幼儿团体操视频和文字教材（ ）

四、对幼儿团体操《欢乐童年》表演效果的评价

C1. 您认为幼儿团体操《欢乐童年》的表演效果：

①非常成功（ ）　②比较成功（ ）　③一般（ ）

④不太成功（ ）　⑤不成功（ ）

C2. 您对幼儿团体操《欢乐童年》表演的评价：

① 非常高（ ）　②比较高（ ）　③一般（ ）

④不太高（ ）　⑤不高（ ）

C3. 幼儿团体操《欢乐童年》哪些方面令您印象深刻：（可多选）

①主题思想（ ）　②动作造型（ ）　③队形图案（ ）

④服装（ ）　⑤道具（ ）　⑥音乐（ ）

并请排序：________________________

C4. 您认为幼儿团体操《欢乐童年》在创编设计方面：

①非常有新意（ ）　②比较有新意（ ）　③一般（ ）

④没什么新意（ ）　⑤没新意（ ）

C5. 您认为幼儿团体操《欢乐童年》在创编设计上具有哪些特点：（可多选）

（1）主题思想方面

①引入虚拟场景：海滩—课堂—乐园（ ）

②反映热爱大自然的主题（ ）

其他：________________________

（2）动作造型方面

① 动作直观形象、生活化，符合幼儿特点（ ）

② 发展以柔韧素质为主的动作，如：劈叉、结环、平衡、桥等（ ）

③ 动作难度适中，简单易学（ ）

④ 动作数量适当，以对称动作为主（ ）

其他：________________________

（3）队形图案方面

①队形简单、图案熟悉，便于幼儿掌握（ ）

②队形变化容易，队形差异明显（ ）

③变队以基准人或基准点为标准（ ）

④变队以小动大变化效果为佳（ ）

其他：________________

（4）服装、道具、音乐方面

服　装

①服装结合表演内容设计，刻画表演人物形象（　）

② 突出体育特点（　）

③ 服装简洁，颜色对比鲜明（　）

其他：________________

道　具

①道具安全、轻便，以轻器械为主（　）

②道具设计符合幼儿爱玩的心理特点（　）

③道具可改变颜色（　）

④道具摆置方向不同可形成多种效果（　）

其他：________________

音　乐

①音乐旋律清晰，节奏感强（　）

②音乐风格欢快活泼（　）

③音乐选择幼儿易记、易听的乐曲（　）

④动作变换和队形变化时提示音明显（　）

其他：________________

五、对广州市今后开展幼儿团体操活动的建议

E1. 您认为在广州市幼儿园中，开展日常幼儿团体操活动多大规模最佳

①千人以上的团体操（　）　② 百人以上的团体操（　）

③六十人的中型团体操（　）　④ 二三十人的小型团体操（　）

E2. 广州市开展幼儿团体操活动的途径有哪些：(可多选)

①作为课堂教学的内容（　）　②作为课间操内容（　）

③作为课外体育活动内容（　）　④作为文体表演、比赛活动内容（　）

其他：________________

E3. 您对幼儿团体操的发展有何建议：

____

____

____

对您的支持与合作表示我们最真诚的感谢！

调查问卷七：影响因素表

下面是从幼儿团体操活动入手，用图表列出影响幼儿团体操活动开展的因素，请您在影响因素对应的影响程度下面选项打"√"，如有其他建议，请附在下页空白处。谢谢。

主因素	子因素	影响程度				
名　称	序　号　　名　称	影响很大	影响大	影响一般	影响较小	没有影响
1. 项目因素	1. 特　点					
	2. 价　值					
2. 创编因素	3. 设计思想					
	4. 创编内容					
	5. 表演效果					
3. 训练因素	6. 训练内容					
	7. 训练方法					
	8. 时数、强度					
4. 师资因素	9. 来　源					
	10. 学　历					
	11. 工作态度					
	12. 业务能力					
5. 幼儿因素	13. 年　龄					
	14. 兴　趣					
	15. 智　力					
	16. 心　理					
	17. 生　理					
6. 组织管理因素	18. 相关文件的制定					
	19. 相关赛事活动的安排					
	20. 机构设置					
	21. 人员配备					
	22. 指导与培训					

主因素	子因素	影响程度				
7. 保障系统因素	23. 场地条件					
	24. 设施配备					
	25. 经费（来源与使用）					
	26. 宣传（资料来源、传播途径）					
	27. 幼体社会化程度					
8. 社会支持因素	28. 决策层重视程度					
	29. 本单位领导的态度					
	30. 家长支持情况					
	31. 各界评价与关注					

附　录

附录一　幼儿园工作规程

（1996 年 3 月 9 日国家教委令第 25 号发布）

第一章　总则

第一条　为了加强幼儿园的科学管理，提高保育和教育质量，依据《中华人民共和国教育法》制定本规程。

第二条　幼儿园是对 3 周岁以上学龄前幼儿实施保育和教育的机构，是基础教育的有机组成部分。是学校教育制度的基础阶段。

第三条　幼儿园的任务是实行保育与教育相结合的原则，对幼儿实施体、智、德、美诸方面全面发展的教育，促进其身心和谐发展。幼儿园同时为家长参加工作、学习提供便利条件。

第四条　幼儿园适龄幼儿为 3 周岁至 6 周岁（或 7 周岁）。

幼儿园一般为三年制，亦可设一年制或两年制的幼儿园。

第五条　幼儿园保育和教育的主要目标是：

促进幼儿身体正常发育和机能的协调发展，增强体质。培养良好的生活习惯、卫生习惯和参加体育活动的兴趣。

发展幼儿智力，培养正确运用感官和运用语言交往的基本能力，增进对环境的认识，培养有益的兴趣和求知欲望，培养初步的动手能力。

萌发幼儿爱家乡、爱祖国、爱集体、爱劳动、爱科学的情感，培养诚实、自信、好问、友爱、勇敢、爱护公物、克服困难、讲礼貌、守纪律等良好的品德行为和习惯，以及活泼开朗的性格。

培养幼儿初步的感受美和表现美的情趣和能力。

第六条　尊重、爱护幼儿。严禁虐待、歧视、体罚和变相体罚、侮辱幼儿人格等损害幼儿身心健康的行为。

第七条 幼儿园可分为全日制、半日制、定时制、季节制和寄宿制等，上述形式可分别设置，也可混合设置。

第二章 幼儿入园和编班

第八条 幼儿园每年秋季招生，平时如有缺额，可随时补招。

幼儿园对烈士子女、家中无人照顾的残疾人子女和单亲子女等入园，应予照顾。

第九条 企业、事业单位和机关、团体、部队设置的幼儿园，除招收本单位工作人员的子女外，有条件的应向社会开放，招收附近居民子女入园。

第十条 幼儿入园前，须按照卫生部门制定的卫生保健制度进行体格检查，合格者方可入园。

幼儿入园除进行体格检查外，严禁任何形式的考试或测查。

第十一条 幼儿园规模以有利于幼儿身心健康，便于管理为原则，不宜过大。

幼儿园每班幼儿人数一般为小班（3 至 4 周岁）25 人，中班（4 至 5 周岁）30 人，大班（5 周岁至 6 或 7 周岁）35 人，混合班 30 人。学前幼儿班不超过 40 人。

寄宿制幼儿园每班幼儿人数酌减。

幼儿园可按年龄分别编班，也可混合编班。

第三章 幼儿园的卫生保健

第十二条 幼儿园必须切实做好幼儿生理和心理卫生保健工作。

幼儿园应严格执行卫生部颁发的《托儿所、幼儿园卫生保健制度》以及其他有关卫生保健的法规、规章和制度。

第十三条 幼儿园应制订合理的幼儿一日生活作息制度，两餐间隔时间不得少于 3 小时半。幼儿户外活动时间在正常情况下每天不得少于 2 小时，寄宿制幼儿园不得少于 3 小时。高寒、高温地区可酌情增减。

第十四条 幼儿园应建立幼儿健康检查制度和幼儿健康卡或档案。每年体检一次，每半年测身高、视力一次，每季度量体重一次，并对幼儿身体健康发展状况定期进行分析、评价。

应注意幼儿口腔卫生，保护视力。

第十五条 幼儿园应建立卫生消毒、病儿隔离制度，认真做好计划免疫和疾病防治工作。

幼儿园内严禁吸烟。

第十六条　幼儿园应建立房屋、设备、消防、交通等安全防护和检查制度；建立食品、药物等管理制度和幼儿接送制度，防止发生各种意外事故。

应加强对幼儿的安全教育。

第十七条　供给膳食的幼儿园应为幼儿提供合理膳食，编制营养平衡的幼儿食谱，定期计算和分析幼儿的进食量和营养素摄取量。

第十八条　幼儿园应保证供给幼儿饮水，为幼儿饮水提供便利条件。

要培养幼儿良好的大、小便习惯，不得限制幼儿便溺的次数、时间等。

第十九条　积极开展适合幼儿的体育活动，每日户外体育活动不得少于1小时。加强冬季锻炼。要充分利用日光、空气、水等自然因素，以及本地自然环境，有计划地锻炼幼儿肌体，增强身体的适应和抵抗能力。

对体弱或有残疾的幼儿予以特殊照顾。

第二十条 幼儿园夏季要做好防暑降温工作，冬季要做好防寒保暖工作，防止中暑和冻伤。

第四章　幼儿园的教育

第二十一条　幼儿园教育工作的原则是体、智、德、美诸方面的教育应互相渗透，有机结合。

遵循幼儿身心发展的规律，符合幼儿的年龄特点，注重个体差异，因人施教，引导幼儿个性健康发展。

面向全体幼儿，热爱幼儿，坚持积极鼓励、启发诱导的正面教育。

合理地综合组织各方面的教育内容，并渗透于幼儿一日生活的各项活动中，充分发挥各种教育手段的交互作用。

创设与教育相适应的良好环境，为幼儿提供活动和表现能力的机会与条件。

以游戏为基本活动，寓教育于各项活动之中。

第二十二条　幼儿一日活动的组织应动静交替，注重幼儿的实践活动，保证幼儿愉快的、有益的自由活动。

第二十三条　幼儿园日常生活组织要从实际出发，建立必要的合理的常规，坚持一贯性、一致性和灵活性的原则，培养幼儿的良好习惯和初步的生活自理能力。

第二十四条　幼儿园的教育活动应是有目的、有计划引导幼儿生动、活泼、主动活动的多种形式的教育过程。

教育活动的内容应根据教育目的，幼儿的实际水平和兴趣，以循序渐进为原则，有计划地选择和组织。

组织活动应根据不同的教育内容，充分利用周围环境的有利条件，积极发挥幼儿感官作用，灵活地运用集体或个别活动的形式，为幼儿提供充分活动的机会，注重活动的过程，促进每个幼儿在不同水平上得到发展。

第二十五条　游戏是对幼儿进行全面发展教育的重要形式。

应根据幼儿的年龄特点选择和指导游戏。

应因地制宜地为幼儿创设游戏条件（时间、空间、材料），游戏材料应强调多功能和可变性。

应充分尊重幼儿选择游戏的意愿，鼓励幼儿制作玩具，根据幼儿的实际经验和兴趣，在游戏过程中给予适当指导，保持愉快的情绪，促进幼儿能力和个性的全面发展。

第二十六条　幼儿园的品德教育应以情感教育和培养良好行为习惯为主，注重潜移默化的影响，并贯穿于幼儿生活以及各项活动之中。

第二十七条　幼儿园应在各项活动的过程中，根据幼儿不同的心理发展水平，注重培养幼儿良好的个性心理品质，尤应注意根据幼儿个体差异，研究有效的活动形式和方法，不要强求一律。

第二十八条　幼儿园应当使用全国通用的普通话。招收少数民族幼儿为主的幼儿园，可使用当地少数民族通用的语言。

第二十九条　幼儿园和小学应密切联系，互相配合，注意两个阶段教育的相互衔接。

第五章　幼儿园的园舍、设备

第三十条　幼儿园应设活动室、儿童厕所、盥洗室、保健室、办公用房和厨房。有条件的幼儿园可单独设音乐室、游戏室、体育活动室和家长接待室等。

寄宿制幼儿园应设寝室、隔离室、浴室、洗衣间和教职工值班室等。

第三十一条　幼儿园应有与其规模相适应的户外活动场地，配备必要的游戏和体育活动设施，并创造条件开辟沙地、动物饲养角和种植园地。

应根据幼儿园特点，绿化、美化园地。

第三十二条　幼儿园应配备适合幼儿待点的桌椅、玩具架、盥洗卫生用具以及必要的教具玩具、图书和乐器等。

寄宿制幼儿园应配备儿童单人床。

幼儿园的教具、玩具应有教育意义并符合安全、卫生的要求。

幼儿园应因地制宜，就地取材，自制教具、玩具。

第三十三条　幼儿园建筑规划面积定额、建筑设计要求和教具玩具的配备，参照国家有关部门的规定执行。

第六章　幼儿园的工作人员

第三十四条　幼儿园按照编制标准设园长、副园长、教师、保育员、医务人员、事务人员、炊事员和其他工作人员。

各省、自治区、直辖市教育行政部门可会同有关部门参照国家教育委员会和原劳动人事部制定的《全日制、寄宿制幼儿园编制标准》，制定具体规定。

第三十五条　幼儿园工作人员应拥护党的基本路线，热爱幼儿教育事业，爱护幼儿，努力学习专业知识和技能，提高文化和专业水平，品德良好，为人师表，忠于职责。身体健康。

第三十六条　幼儿园园长除符合本规程第三十五条要求外，应具备幼儿师范学校（包括职业学校幼儿教育专业）毕业及其以上学历。

幼儿园园长还应有一定的教育工作经验和组织管理能力，并获得幼儿园园长岗位培训合格证书。

幼儿园园长由举办者任命或聘任。非地方人民政府设置的幼儿园园长应报当地教育行政部门备案。

幼儿园园长负责幼儿园的全面工作，其主要职责如下：

（一）贯彻执行国家的有关法律、法规、方针、政策和上级主管部门的规定；

（二）领导教育、卫生保健、安全保卫工作；

（三）负责建立并组织执行各种规章制度；

（四）负责聘任、调配工作人员，指导、检查和评估教师以及其他工作人员的工作，并给予奖惩；

（五）负责工作人员的思想工作，组织文化、业务学习，并为他们的政治和文化、业务进修创造必要的条件；关心和逐步改善工作人员的生活、工作条件，维护他们的合法权益；

（六）组织管理园舍、设备和经费；

（七）组织和指导家长工作；

（八）负责与社区的联系和合作。

第三十七条　幼儿园教师必须具有《教师资格条例》规定的幼儿园教师资格，并符合本规程第三十五条规定。

幼儿园教师实行聘任制。

幼儿园教师对本班工作全面负责，其主要职责如下：

（一）观察了解幼儿，依据国家规定的幼儿园课程标准，结合本班幼儿的具体情况，制订和执行教育工作计划，完成教育任务

（二）严格执行幼儿园安全、卫生保健制度，指导并配合保育员管理本班幼儿生活和做好卫生保健工作；

（三）与家长保持经常联系，了解幼儿家庭的教育环境，商讨符合幼儿特点的教育措施，共同配合完成教育任务；

（四）参加业务学习和幼儿教育研究活动；

（五）定期向园长汇报，接受其检查和指导。

第三十八条　幼儿园保育员除符合本规程第三十五条规定外，还应具备初中毕业以上学历，并受过幼儿保育职业培训。

幼儿园保育员的主要职责如下：

（一）负责本班房舍、设备、环境的清洁卫生工作；

（二）在教师指导下，管理幼儿生活，并配合本班教师组织教育活动；

（三）在医务人员和本班教师指导下，严格执行幼儿园安全、卫生保健制度；

（四）妥善保管幼儿衣物和本班的设备、玩具。

第三十九条　幼儿园医务人员除符合本规程第三十五条规定外，医师应按国家有关规定和程序取得医师资格；医士和护士应当具备中等卫生学校毕业学历，或取得卫生行政部门的资格认可；保健员应当具备高中毕业学历，并受过幼儿保健职业培训。

幼儿园医务人员对全园幼儿身体健康负责，其主要职责如下：

（一）协助园长组织实施有关卫生保健方面的法规、规章和制度，并监督执行；

（二）负责指导调配幼儿膳食，检查食品、饮水和环境卫生；

（三）密切与当地卫生保健机构的联系，及时做好计划免疫和疾病防治等工作；

（四）向全国工作人员和家长宣传幼儿卫生保健等常识；

（五）妥善管理医疗器械、消毒用具和药品。

第四十条　幼儿园其他工作人员的资格和职责参照政府的有关规定执行。

第四十一条　对认真履行职责，成绩优良者，应按有关规定给予奖励。

对不履行职责者，应给予批评教育；情节严重的，应给予行政处分；构成犯罪的，由司法机关依法追究刑事责任。

第七章　幼儿园的经费

第四十二条　幼儿园的经费由举办者依法筹措，保障有必备的办园资金和稳定的经费来源。

第四十三条　幼儿园收费按省、自治区、直辖市或地（市）级教育行政部门会同有关部门制定的收费项目、标准和办法执行。

幼儿园不得以培养幼儿某种专项技能为由另外收取费用，亦不得以幼儿表演为手段，进行以营利为目的的活动。

第四十四条　省、自治区、直辖市或地（市）级教育行政部门应会同有关部门制定各类幼儿园经费管理办法。

幼儿园的经费应按规定的使用范围合理开支，坚持专款专用，不得挪作他用。

第四十五条　任何组织和个人举办幼儿园不得以营利为目的，举办者筹措的经费，应保证保育和教育的需要，有一定比例用于改善办园条件，并可提留一定比例的幼儿园基金。

第四十六条　幼儿膳食费应实行民主管理制度，保证全部用于幼儿膳食，每月向家长公布账目。

第四十七条　幼儿园应建立经费预算和决算审核制度，严格执行有关财务制度，经费预算和决算，应提交园务委员会或教职工大会审议，并接受财务和审计部门的监督检查。

第八章　幼儿园、家庭和社区

第四十八条　幼儿园应主动与幼儿家庭配合，帮助家长建设良好的家庭教育环境，向家长宣传科学保育、教育幼儿的知识，共同担负教育幼儿的任务。

第四十九条　应建立幼儿园与家长联系的制度。

幼儿园可采取多种形式，指导家长正确了解幼儿园保育和教育的内容、方法，定期召开家长会议，并接待家长的来访和咨询。

幼儿园应认真分析、吸收家长对幼儿园教育与管理工作的意见与建议。

幼儿园可实行对家长开放日的制度。

第五十条　幼儿园应成立家长委员会。

家长委员会的主要任务是帮助家长了解幼儿园工作计划和要求协助幼儿园工作；反映家长对幼儿园工作的意见和建议；协助幼儿园组织交流家庭教育的经验。

家长委员会在幼儿园园长指导下工作。

第五十一条　幼儿园应密切同社区的联系与合作，宣传幼儿教育的知识，支持社区开展有益的文化教育活动，争取社区支持和参与幼儿园建设。

第九章　幼儿园的管理

第五十二条　幼儿园实行园长负责制。园长在举办者和教育行政部门领导下，依据本规程负责领导全园工作。

幼儿园可建立园务委员会。园务委员会由保教、医务、财会等人员的代表以及家长的代表组成。园长任园务委员会主任。

园长定期召开园务会议（遇重大问题可临时召集）对全园工作计划，工作总结，人员奖惩，财务预算和决算方案，规章制度的建立、修改、废除，以及其他涉及全园工作的重要问题进行审议。

不设园务委员会的幼儿园，上述重大事项由园长召集全体教职工会议商议。

第五十三条　幼儿园应建立教职工大会制度，或以教师为主体的教职工代表会议制度，加强民主管理和监督。

第五十四条　党在幼儿园的基层组织要发挥政治核心作用。

园长要充分发挥共青团、工会等其他组织在幼儿园工作中的作用。

第五十五条　幼儿园应制定年度工作计划，定期部署、总结和报告工作。每学年末应向行政主管部门和教育行政部门报告工作，必要时随时报告。

第五十六条　幼儿园应接受上级教育督导人员的检查、监督和指导，要根据督导的内容和要求，切实报告工作，反映情况。

第五十七条　幼儿园应建立教育研究、业务档案、财务管理、园务会议、人员奖惩、安全管理以及与家庭、小学联系等制度。

幼儿园应建立工作人员名册、幼儿名册和其他统计表册，每年向教育行政部门报送统计表。

第五十八条　幼儿园在当地小学寒、暑假期间，以不影响家长工作为原则，工作人员可轮流休假，具体办法由举办者自定。

第十章　附则

第五十九条　本规程适用于城乡各类幼儿园。

第六十条　各省、自治区、直辖市教育行政部门可根据本规程，制订具体实施办法。

各省、自治区、直辖市教育行政部门，可根据规程对不同地区、不同类别的幼儿园分别提出不同要求，分期分批地有步骤地组织实施，亦可制订本地区不同类型幼儿园的工作规程。

第六十一条　本规程由国家教育委员会负责解释。

第六十一条　本规程自 1996 年 6 月 1 日起施行，1989 年 6 月 5 日国家教育委员会第 2 号令发布的《幼儿园工作规程（试行）》同时废止。

附录二　幼儿园教育指导纲要（试行）

（2001 年 9 月）

第一部分　总则

一、为贯彻《中华人民共和国教育法》《幼儿园管理条例》和《幼儿园工作规程》，指导幼儿园深入实施素质教育，特制定本纲要。

二、幼儿园教育是基础教育的重要组成部分，是我国学校教育和终身教育的奠基阶段。城乡各类幼儿园都应从实际出发，因地制宜地实施素质教育，为幼儿一生的发展打好基础。

三、幼儿园应与家庭、社区密切合作，与小学相互衔接，综合利用各种教育资源，共同为幼儿的发展创造良好的条件。

四、幼儿园应为幼儿提供健康、丰富的生活和活动环境，满足他们多方面发展的需要，使他们在快乐的童年生活中获得有益于身心发展的经验。

五、幼儿园教育应尊重幼儿的人格和权利，尊重幼儿身心发展的规律和学习特点，以游戏为基本活动，保教并重，关注个别差异，促进每个幼儿富有个性的发展。

第二部分　教育内容与要求

幼儿园的教育内容是全面的、启蒙性的，可以相对划分为健康、语言、社会、科学、艺术等五个领域，也可作其他不同的划分。各领域的内容相互渗透，从不同的角度促进幼儿情感、态度、能力、知识、技能等方面的发展。

一、健康

（一）目标

1. 身体健康，在集体生活中情绪安定、愉快；

2. 生活、卫生习惯良好，有基本的生活自理能力；

3. 知道必要的安全保健常识，学习保护自己；

4. 喜欢参加体育活动，动作协调、灵活。

（二）内容与要求

1. 建立良好的师生、同伴关系，让幼儿在集体生活中感到温暖，心情愉快，形成安全感、信赖感。

2. 与家长配合，根据幼儿的需要建立科学的生活常规。培养幼儿良好的饮食、睡眠、盥洗、排泄等生活习惯和生活自理能力。

3. 教育幼儿爱清洁、讲卫生，注意保持个人和生活场所的整洁和卫生。

4. 密切结合幼儿的生活进行安全、营养和保健教育，提高幼儿的自我保护意识和能力。

5. 开展丰富多彩的户外游戏和体育活动，培养幼儿参加体育活动的兴趣和习惯，增强体质，提高对环境的适应能力。

6. 用幼儿感兴趣的方式发展基本动作，提高动作的协调性、灵活性。

7. 在体育活动中，培养幼儿坚强、勇敢、不怕困难的意志品质和主动、乐观、合作的态度。

（三）指导要点

1. 幼儿园必须把保护幼儿的生命和促进幼儿的健康放在工作的首位。树立正确的健康观念，在重视幼儿身体健康的同时，要高度重视幼儿的心理健康。

2. 既要高度重视和满足幼儿受保护、受照顾的需要，又要尊重和满足他们不断增长的独立要求，避免过度保护和包办代替，鼓励并指导幼儿自理、自立的尝试。

3. 健康领域的活动要充分尊重幼儿生长发育的规律，严禁以任何名义进行有损幼儿健康的比赛、表演或训练等。

4. 培养幼儿对体育活动的兴趣是幼儿园体育的重要目标，要根据幼儿的特点组织生动有趣、形式多样的体育活动，吸引幼儿主动参与。

二、语言

（一）目标

1. 乐意与人交谈，讲话礼貌；

2. 注意倾听对方讲话，能理解日常用语；

3. 能清楚地说出自己想说的事；

4. 喜欢听故事、看图书；

5. 能听懂和会说普通话。

（二）内容与要求

1. 创造一个自由、宽松的语言交往环境，支持、鼓励、吸引幼儿与教师、同伴或其他人交谈，体验语言交流的乐趣，学习使用适当的、礼貌的语言交往。

2. 养成幼儿注意倾听的习惯，发展语言理解能力。

3. 鼓励幼儿大胆、清楚地表达自己的想法和感受，尝试说明、描述简单的事物或过程，发展语言表达能力和思维能力。

4. 引导幼儿接触优秀的儿童文学作品，使之感受语言的丰富和优美，并通过多种活动帮助幼儿加深对作品的体验和理解。

5. 培养幼儿对生活中常见的简单标记和文字符号的兴趣。

6. 利用图书、绘画和其他多种方式，引发幼儿对书籍、阅读和书写的兴趣，培养前阅读和前书写技能。

7. 提供普通话的语言环境，帮助幼儿熟悉、听懂并学说普通话。少数民族地区还应帮助幼儿学习本民族语言。

（三）指导要点

1. 语言能力是在运用的过程中发展起来的，发展幼儿语言的关键是创设一个能使他们想说、敢说、喜欢说、有机会说并能得到积极应答的环境。

2. 幼儿语言的发展与其情感、经验、思维、社会交往能力等其他方面的发展密切相关，因此，发展幼儿语言的重要途径是通过互相渗透的各领域的教育，在丰富多彩的活动中去扩展幼儿的经验，提供促进语言发展的条件。

3. 幼儿的语言学习具有个别化的特点，教师与幼儿的个别交流、幼儿之间的自由交谈等，对幼儿语言发展具有特殊意义。

4. 对有语言障碍的儿童要给予特别关注，要与家长和有关方面密切配合，积极地帮助他们提高语言能力。

三、社会

（一）目标

1. 能主动地参与各项活动，有自信心；

2. 乐意与人交往，学习互助、合作和分享，有同情心；

3. 理解并遵守日常生活中基本的社会行为规则；

4. 能努力做好力所能及的事，不怕困难，有初步的责任感；

5. 爱父母长辈、老师和同伴，爱集体、爱家乡、爱祖国。

（二）内容与要求

1. 引导幼儿参加各种集体活动，体验与教师、同伴等共同生活的乐趣，帮助他们正确认识自己和他人，养成对他人、社会亲近、合作的态度，学习初步的人际交往技能。

2. 为每个幼儿提供表现自己长处和获得成功的机会，增强其自尊心和自信心。

3. 提供自由活动的机会，支持幼儿自主地选择、计划活动，鼓励他们通过多方面的努力解决问题，不轻易放弃克服困难的尝试。

4. 在共同的生活和活动中，以多种方式引导幼儿认识、体验并理解基本的社会行为规则，学习自律和尊重他人。

5. 教育幼儿爱护玩具和其他物品，爱护公物和公共环境。

6. 与家庭、社区合作，引导幼儿了解自己的亲人以及与自己生活有关的各行各业人们的劳动，培养其对劳动者的热爱和对劳动成果的尊重。

7. 充分利用社会资源，引导幼儿实际感受祖国文化的丰富与优秀，感受家乡的变化和发展，激发幼儿爱家乡、爱祖国的情感。

8. 适当向幼儿介绍我国各民族和世界其他国家、民族的文化，使其感知人类文化的多样性和差异性，培养理解、尊重、平等的态度。

（三）指导要点

1. 社会领域的教育具有潜移默化的特点。幼儿社会态度和社会情感的培养尤应渗透在多种活动和一日生活的各个环节之中，要创设一个能使幼儿感受到接纳、关爱和支持的良好环境，避免单一呆板的言语说教。

2. 幼儿与成人、同伴之间的共同生活、交往、探索、游戏等，是其社会学习的重要途径。应为幼儿提供人际间相互交往和共同活动的机会和条件，并加以指导。

3. 社会学习是一个漫长的积累过程，需要幼儿园、家庭和社会密切合作，协调一致，共同促进幼儿良好社会性品质的形成。

四、科学

1. 对周围的事物、现象感兴趣，有好奇心和求知欲；

2. 能运用各种感官，动手动脑，探究问题；

3. 能用适当的方式表达、交流探索的过程和结果；

4. 能从生活和游戏中感受事物的数量关系并体验到数学的重要和有趣；

5. 爱护动植物，关心周围环境，亲近大自然，珍惜自然资源，有初步的环保意识。

（二）内容与要求

1. 引导幼儿对身边常见事物和现象的特点、变化规律产生兴趣和探究的欲望。

2. 为幼儿的探究活动创造宽松的环境，让每个幼儿都有机会参与尝试，支持、鼓励他们大胆提出问题，发表不同意见，学会尊重别人的观点和经验。

3. 提供丰富的可操作的材料，为每个幼儿都能运用多种感官、多种方式进行探索提供活动的条件。

4. 通过引导幼儿积极参加小组讨论、探索等方式，培养幼儿合作学习的意识和能力，学习用多种方式表现、交流、分享探索的过程和结果。

5. 引导幼儿对周围环境中的数、量、形、时间和空间等现象产生兴趣，建构初步的数概念，并学习用简单的数学方法解决生活和游戏中某些简单的问题。

6. 从生活或媒体中幼儿熟悉的科技成果入手，引导幼儿感受科学技术对生活的影响，培养他们对科学的兴趣和对科学家的崇敬。

7. 在幼儿生活经验的基础上，帮助幼儿了解自然、环境与人类生活的关系。从身边的小事入手，培养初步的环保意识和行为。

（三）指导要点

1. 幼儿的科学教育是科学启蒙教育，重在激发幼儿的认识兴趣和探究欲望。

2. 要尽量创造条件让幼儿实际参加探究活动，使他们感受科学探究的过程和方法，体验发现的乐趣。

3. 科学教育应密切联系幼儿的实际生活进行，利用身边的事物与现象作为科学探索的对象。

五、艺术

（一）目标

1. 能初步感受并喜爱环境、生活和艺术中的美；

2. 喜欢参加艺术活动，并能大胆地表现自己的情感和体验；

3. 能用自己喜欢的方式进行艺术表现活动。

（二）内容与要求

1. 引导幼儿接触周围环境和生活中美好的人、事、物，丰富他们的感性经验和审美情趣，激发他们表现美、创造美的情趣。

2. 在艺术活动中面向全体幼儿，要针对他们的不同特点和需要，让每个幼儿都得到美的熏陶和培养。对有艺术天赋的幼儿要注意发展他们的艺术潜能。

3. 提供自由表现的机会，鼓励幼儿用不同艺术形式大胆地表达自己的情感、理解和想象，尊重每个幼儿的想法和创造，肯定和接纳他们独特的审美感受和表现方式，分享他们创造的快乐。

4. 在支持、鼓励幼儿积极参加各种艺术活动并大胆表现的同时，帮助他们提高表现的技能和能力。

5. 指导幼儿利用身边的物品或废旧材料制作玩具、手工艺品等来美化自己的生活或开展其他活动。

6. 为幼儿创设展示自己作品的条件，引导幼儿相互交流、相互欣赏、共同提高。

（三）指导要点

1．艺术是实施美育的主要途径，应充分发挥艺术的情感教育功能，促进幼儿健全人格的形成。要避免仅仅重视表现技能或艺术活动的结果，而忽视幼儿在活动过程中的情感体验和态度的倾向。

2．幼儿的创作过程和作品是他们表达自己的认识和情感的重要方式，应支持幼儿富有个性和创造性的表达，克服过分强调技能技巧和标准化要求的偏向。

3．幼儿艺术活动的能力是在大胆表现的过程中逐渐发展起来的，教师的作用应主要在于激发幼儿感受美、表现美的情趣，丰富他们的审美经验，使之体验自由表达和创造的快乐。在此基础上，根据幼儿的发展状况和需要，对表现方式和技能技巧给予适时、适当的指导。

第三部分　组织与实施

一、幼儿园的教育是为所有在园幼儿的健康成长服务的，要为每一个儿童，包括有特殊需要的儿童提供积极的支持和帮助。

二、幼儿园的教育活动，是教师以多种形式有目的、有计划地引导幼儿生动、活泼、主动活动的教育过程。

三、教育活动的组织与实施过程是教师创造性地开展工作的过程。教师要根据本《纲要》，从本地、本园的条件出发，结合本班幼儿的实际情况，制定切实可行的工作计划并灵活地执行。

四、教育活动目标要以《幼儿园工作规程》和本《纲要》所提出的各领域目标为指导，结合本班幼儿的发展水平、经验和需要来确定。

五、教育活动内容的选择应遵照本《纲要》第二部分的有关条款进行，同时体现以下原则：

（一）既适合幼儿的现有水平，又有一定的挑战性。

（二）既符合幼儿的现实需要，又有利于其长远发展。

（三）既贴近幼儿的生活来选择幼儿感兴趣的事物和问题，又有助于拓展幼儿的经验和视野。

六、教育活动内容的组织应充分考虑幼儿的学习特点和认识规律，各领域的内容要有机联系，相互渗透，注重综合性、趣味性、活动性，寓教育于生活、游戏之中。

七、教育活动的组织形式应根据需要合理安排，因时、因地、因内容、因材料灵活地运用。

八、环境是重要的教育资源，应通过环境的创设和利用，有效地促进幼儿的发展。

（一）幼儿园的空间、设施、活动材料和常规要求等应有利于引发、支持幼儿的游戏和各种探索活动，有利于引发、支持幼儿与周围环境之间积极的相互作用。

（二）幼儿同伴群体及幼儿园教师集体是宝贵的教育资源，应充分发挥这一资源的作用。

（三）教师的态度和管理方式应有助于形成安全、温馨的心理环境；言行举止应成为幼儿学习的良好榜样。

（四）家庭是幼儿园重要的合作伙伴。应本着尊重、平等、合作的原则，争取家长的理解、支持和主动参与，并积极支持、帮助家长提高教育能力。

（五）充分利用自然环境和社区的教育资源，扩展幼儿生活和学习的空间。幼儿园同时应为社区的早期教育提供服务。

九、科学、合理地安排和组织一日生活。

（一）时间安排应有相对的稳定性与灵活性，既有利于形成秩序，又能满足幼儿的合理需要，照顾到个体差异。

（二）教师直接指导的活动和间接指导的活动相结合，保证幼儿每天有适当的自主选择和自由活动时间。教师直接指导的集体活动要能保证幼儿的积极参与，避免时间的隐性浪费。

（三）尽量减少不必要的集体行动和过渡环节，减少和消除消极等待现象。

（四）建立良好的常规，避免不必要的管理行为，逐步引导幼儿学习自我管理。

十、教师应成为幼儿学习活动的支持者、合作者、引导者。

（一）以关怀、接纳、尊重的态度与幼儿交往。耐心倾听，努力理解幼儿的想法与感受，支持、鼓励他们大胆探索与表达。

（二）善于发现幼儿感兴趣的事物、游戏和偶发事件中所隐含的教育价值，把握时机，积极引导。

（三）关注幼儿在活动中的表现和反应，敏感地察觉他们的需要，及时以适当的方式应答，形成合作探究式的师生互动。

（四）尊重幼儿在发展水平、能力、经验、学习方式等方面的个体差异，因人施教，努力使每一个幼儿都能获得满足和成功。

（五）关注幼儿的特殊需要，包括各种发展潜能和不同发展障碍，与家庭密切配合，共同促进幼儿健康成长。

十一、幼儿园教育要与0—3岁儿童的保育教育以及小学教育相互衔接。

第四部分　教育评价

一、教育评价是幼儿园教育工作的重要组成部分，是了解教育的适宜性、有效性，调整和改进工作，促进每一个幼儿发展，提高教育质量的必要手段。

二、管理人员、教师、幼儿及其家长均是幼儿园教育评价工作的参与者。评价过程是各方共同参与、相互支持与合作的过程。

三、评价的过程，是教师运用专业知识审视教育实践，发现、分析、研究、解决问题的过程，也是其自我成长的重要途径。

四、幼儿园教育工作评价实行以教师自评为主，园长以及有关管理人员、其他教师和家长等参与评价的制度。

五、评价应自然地伴随着整个教育过程进行。综合采用观察、谈话、作品分析等多种方法。

六、幼儿的行为表现和发展变化具有重要的评价意义，教师应视之为重要的评价信息和改进工作的依据。

七、教育工作评价宜重点考察以下方面：

（一）教育计划和教育活动的目标是否建立在了解本班幼儿现状的基础上。

（二）教育的内容、方式、策略、环境条件是否能调动幼儿学习的积极性。

（三）教育过程是否能为幼儿提供有益的学习经验，并符合其发展需要。

（四）教育内容、要求能否兼顾群体需要和个体差异，使每个幼儿都能得到发展，都有成功感。

（五）教师的指导是否有利于幼儿主动、有效地学习。

八、对幼儿发展状况的评估，要注意：

（一）明确评价的目的是了解幼儿的发展需要，以便提供更加适宜的帮助和指导。

（二）全面了解幼儿的发展状况，防止片面性，尤其要避免只重知识和技能，忽略情感、社会性和实际能力的倾向。

（三）在日常活动与教育教学过程中采用自然的方法进行。平时观察所获的具有典型意义的幼儿行为表现和所积累的各种作品等，是评价的重要依据。

（四）承认和关注幼儿的个体差异，避免用划一的标准评价不同的幼儿，在幼儿面前慎用横向的比较。

（五）以发展的眼光看待幼儿，既要了解现有水平，更要关注其发展的速度、特点和倾向等。

附录三 3－6岁儿童学习与发展指南

（教育部2012年9月）

说 明

一、为深入贯彻《国家中长期教育改革和发展规划纲要（2010—2020年）》和《国务院关于当前发展学前教育的若干意见》（国发〔2010〕41号），指导幼儿园和家庭实施科学的保育和教育，促进幼儿身心全面和谐发展，制定《3－6岁儿童学习与发展指南》（以下简称《指南》）。

二、《指南》以为幼儿后继学习和终身发展奠定良好素质基础为目标，以促进幼儿体、智、德、美各方面的协调发展为核心，通过提出3－6岁各年龄段儿童学习与发展目标和相应的教育建议，帮助幼儿园教师和家长了解3－6岁幼儿学习与发展的基本规律和特点，建立对幼儿发展的合理期望，实施科学的保育和教育，让幼儿度过快乐而有意义的童年。

三、《指南》从健康、语言、社会、科学、艺术五个领域描述幼儿的学习与发展。每个领域按照幼儿学习与发展最基本、最重要的内容划分为若干方面。每个方面由学习与发展目标和教育建议两部分组成。

目标部分分别对3～4岁、4～5岁、5～6岁三个年龄段末期幼儿应该知道什么、能做什么，大致可以达到什么发展水平提出了合理期望，指明了幼儿学习与发展的具体方向；教育建议部分列举了一些能够有效帮助和促进幼儿学习与发展的教育途径与方法。

四、实施《指南》应把握以下几个方面：

1. 关注幼儿学习与发展的整体性。儿童的发展是一个整体，要注重领域之间、目标之间的相互渗透和整合，促进幼儿身心全面协调发展，而不应片面追求某一方面或几方面的发展。

2. 尊重幼儿发展的个体差异。幼儿的发展是一个持续、渐进的过程，同时也表现出一定的阶段性特征。每个幼儿在沿着相似进程发展的过程中，各自的发展速度和到达某一水平的时间不完全相同。要充分理解和尊重幼儿发展进程中的个别差异，支持和引导他们从原有水平向更高水平发展，按照自身的速度和方式到达《指南》所呈现的发展“阶梯”，切忌用一把“尺子”衡量所有幼儿。

3. 理解幼儿的学习方式和特点。幼儿的学习是以直接经验为基础，在游戏和日常生活中进行的。要珍视游戏和生活的独特价值，创设丰富的教育环境，合理安排一日生活，最大限度地支持和满足幼儿通过直接感知、实际操作和亲身体验获取经验的需要，严禁“拔苗助长”式的超前教育和强化训练。

4. 重视幼儿的学习品质。幼儿在活动过程中表现出的积极态度和良好行为倾向是终身学习与发展所必需的宝贵品质。要充分尊重和保护幼儿的好奇心和学习兴趣，帮助幼儿逐步养成积极主动、认真专注、不怕困难、敢于探究和尝试、乐于想象和创造等良好学习品质。忽视幼儿学习品质培养，单纯追求知识技能学习的做法是短视而有害的。

一、健康

健康是指人在身体、心理和社会适应方面的良好状态。幼儿阶段是儿童身体发育和机能发展极为迅速的时期，也是形成安全感和乐观态度的重要阶段。发育良好的身体、愉快的情绪、强健的体质、协调的动作、良好的生活习惯和基本生活能力是幼儿身心健康的重要标志，也是其他领域学习与发展的基础。

为有效促进幼儿身心健康发展，成人应为幼儿提供合理均衡的营养，保证充足的睡眠和适宜的锻炼，满足幼儿生长发育的需要；创设温馨的人际环境，让幼儿充分感受到亲情和关爱，形成积极稳定的情绪情感；帮助幼儿养成良好的生活与卫生习惯，提高自我保护能力，形成使其终身受益的生活能力和文明生活方式。

幼儿身心发育尚未成熟，需要成人的精心呵护和照顾，但不宜过度保护和包办代替，以免剥夺幼儿自主学习的机会，养成过于依赖的不良习惯，影响其主动性、独立性的发展。

（一）身心状况

目标 1　具有健康的体态

3～4 岁	4～5 岁	5～6 岁
1. 身高和体重适宜。参考标准： 男孩： 身高：94.9～111.7 厘米 体重：12.7～21.2 公斤 女孩： 身高：94.1～111.3 厘米 体重：12.3～21.5 公斤 2. 在提醒下能自然坐直、站直。	1. 身高和体重适宜。参考标准： 男孩： 身高：100.7～119.2 厘米 体重：14.1～24.2 公斤 女孩： 身高：99.9～118.9 厘米 体重：13.7～24.9 公斤 2. 在提醒下能保持正确的站、坐和行走姿势。	1. 身高和体重适宜。参考标准： 男孩： 身高：106.1～125.8 厘米体重：15.9～27.1 公斤 女孩： 身高：104.9～125.4 厘米体重：15.3～27.8 公斤 2. 经常保持正确的站、坐和行走姿势。

注：身高和体重数据来源：《2006 年世界卫生组织儿童生长标准》4、5、6 周岁儿童身高和体重的参考数据。

教育建议：

1. 为幼儿提供营养丰富、健康的饮食。如：

（1）参照《中国孕期、哺乳期妇女和0～6岁儿童膳食指南》，为幼儿提供谷物、蔬菜、水果、肉、奶、蛋、豆制品等多样化的食物，均衡搭配。

（2）烹调方式要科学，尽量少煎炸、烧烤、腌制。

2. 保证幼儿每天睡11～12小时，其中午睡一般应达到2小时左右。午睡时间可根据幼儿的年龄、季节的变化和个体差异适当减少。

3. 注意幼儿的体态，帮助他们形成正确的姿势。如：

（1）提醒幼儿要保持正确的站、坐、走姿势；发现有八字脚、罗圈腿、驼背等骨骼发育异常的情况，应及时就医矫治。

（2）桌、椅和床要合适。椅子的高度以幼儿写画时双脚能自然着地、大腿基本保持水平状为宜；桌子的高度以写画时身体能坐直，不驼背、不耸肩为宜；床不宜过软。

4. 每年为幼儿进行健康检查。

目标2　情绪安定愉快

3～4岁	4～5岁	5～6岁
1. 情绪比较稳定，很少因一点小事哭闹不止。 2. 有比较强烈的情绪反应时，能在成人的安抚下逐渐平静下来。	1. 经常保持愉快的情绪，不高兴时能较快缓解 。 2. 有比较强烈情绪反应时，能在成人提醒下逐渐平静下来。 3. 愿意把自己的情绪告诉亲近的人，一起分享快乐或求得安慰。	1. 经常保持愉快的情绪。知道引起自己某种情绪的原因，并努力缓解。 2. 表达情绪的方式比较适度，不乱发脾气。 3. 能随着活动的需要转换情绪和注意。

教育建议：

1. 营造温暖、轻松的心理环境，让幼儿形成安全感和信赖感。如：

（1）保持良好的情绪状态，以积极、愉快的情绪影响幼儿。

（2）以欣赏的态度对待幼儿。注意发现幼儿的优点，接纳他们的个体差异，不简单与同伴做横向比较。

（3）幼儿做错事时要冷静处理，不厉声斥责，更不能打骂。

2. 帮助幼儿学会恰当表达和调控情绪。如：

（1）成人用恰当的方式表达情绪，为幼儿做出榜样。如生气时不乱发脾气，不迁怒于人。

（2）成人和幼儿一起谈论自己高兴或生气的事，鼓励幼儿与人分享自己的情绪。

（3）允许幼儿表达自己的情绪，并给予适当的引导。如幼儿发脾气时不硬性压制，等其平静后告诉他什么行为是可以接受的。

（4）发现幼儿不高兴时，主动询问情况，帮助他们化解消极情绪。

目标3　具有一定的适应能力

3～4岁	4～5岁	5～6岁
1. 能在较热或较冷的户外环境中活动。 2. 换新环境时情绪能较快稳定，睡眠、饮食基本正常。 3. 在帮助下能较快适应集体生活。	1. 能在较热或较冷的户外环境中连续活动半小时左右。 2. 换新环境时较少出现身体不适。 3. 能较快适应人际环境中发生的变化。如换了新老师能较快适应。	1. 能在较热或较冷的户外环境中连续活动半小时以上。 2. 天气变化时较少感冒，能适应车、船等交通工具造成的轻微颠簸。 3. 能较快融入新的人际关系环境。如换了新的幼儿园或班级能较快适应。

教育建议：

1. 保证幼儿的户外活动时间，提高幼儿适应季节变化的能力。

（1）幼儿每天的户外活动时间一般不少于两小时，其中体育活动时间不少于1小时，季节交替时要坚持。

（2）气温过热或过冷的季节或地区应因地制宜，选择温度适当的时间段开展户外活动，也可根据气温的变化和幼儿的个体差异，适当减少活动的时间。

2. 经常与幼儿玩拉手转圈、秋千、转椅等游戏活动，让幼儿适应轻微的摆动、颠簸、旋转，促进其平衡机能的发展。

3. 锻炼幼儿适应生活环境变化的能力。如：

（1）注意观察幼儿在新环境中的饮食、睡眠、游戏等方面的情况，采取相应的措施帮助他们尽快适应新环境。

（2）经常带幼儿接触不同的人际环境，如参加亲戚朋友聚会，多和不熟悉的小朋友玩，使幼儿较快适应新的人际关系。

（二）动作发展

目标 1　具有一定的平衡能力，动作协调、灵敏

3～4 岁	4～5 岁	5～6 岁
1. 能沿地面直线或在较窄的低矮物体上走一段距离。 2. 能双脚灵活交替上下楼梯。 3. 能身体平稳地双脚连续向前跳。 4. 分散跑时能躲避他人的碰撞。 5. 能双手向上抛球。	1. 能在较窄的低矮物体上平稳地走一段距离。 2. 能以匍匐、膝盖悬空等多种方式钻爬。 3. 能助跑跨跳过一定距离，或助跑跨跳过一定高度的物体。 4. 能与他人玩追逐、躲闪跑的游戏。 5. 能连续自抛自接球。	1. 能在斜坡、荡桥和有一定间隔的物体上较平稳地行走。 2. 能以手脚并用的方式安全地爬攀登架、网等。 3. 能连续跳绳。 4. 能躲避他人滚过来的球或扔过来的沙包。 5. 能连续拍球。

教育建议：

1. 利用多种活动发展身体平衡和协调能力。如：

（1）走平衡木，或沿着地面直线、田埂行走。

（2）玩跳房子、踢毽子、蒙眼走路、踩小高跷等游戏活动。

2. 发展幼儿动作的协调性和灵活性。如：

（1）鼓励幼儿进行跑跳、钻爬、攀登、投掷、拍球等活动。

（2）玩跳竹竿、滚铁环等传统体育游戏。

3. 对于拍球、跳绳等技能性活动，不要过于要求数量，更不能机械训练。

4. 结合活动内容对幼儿进行安全教育，注重在活动中培养幼儿的自我保护能力。

目标 2　具有一定的力量和耐力

3～4 岁	4～5 岁	5～6 岁
1. 能双手抓杠悬空吊起 10 秒左右。 2. 能单手将沙包向前投掷 2 米左右。 3. 能单脚连续向前跳 2 米左右。 4. 能快跑 15 米左右。 5. 能行走 1 公里左右（途中可适当停歇）。	1. 能双手抓杠悬空吊起 15 秒左右。 2. 能单手将沙包向前投掷 4 米左右。 3. 能单脚连续向前跳 5 米左右。 4. 能快跑 20 米左右。 5. 能连续行走 1.5 公里左右（途中可适当停歇）。	1. 能双手抓杠悬空吊起 20 秒左右。 2. 能单手将沙包向前投掷 5 米左右。 3. 能单脚连续向前跳 8 米左右。 4. 能快跑 25 米左右。 5. 能连续行走 1.5 公里以上（途中可适当停歇）。

教育建议：

1. 开展丰富多样、适合幼儿年龄特点的各种身体活动，如走、跑、跳、攀、爬等，鼓励幼儿坚持下来，不怕累。

2. 日常生活中鼓励幼儿多走路、少坐车；自己上下楼梯、自己背包。

目标 3 手的动作灵活协调

3～4 岁	4～5 岁	5～6 岁
1. 能用笔涂涂画画。 2. 能熟练地用勺子吃饭。 3. 能用剪刀沿直线剪，边线基本吻合。	1. 能沿边线较直地画出简单图形，或能边线基本对齐地折纸。 2. 会用筷子吃饭。 3. 能沿轮廓线剪出由直线构成的简单图形，边线吻合。	1. 能根据需要画出图形，线条基本平滑。 2. 能熟练使用筷子。 3. 能沿轮廓线剪出由曲线构成的简单图形，边线吻合且平滑。 4. 能使用简单的劳动工具或用具。

教育建议：

1. 创造条件和机会，促进幼儿手的动作灵活协调。如：

（1）提供画笔、剪刀、纸张、泥团等工具和材料，或充分利用各种自然、废旧材料和常见物品，让幼儿进行画、剪、折、粘等美工活动。

（2）引导幼儿生活自理或参与家务劳动，发展其手的动作。如练习自己用筷子吃饭、扣扣子，帮助家人择菜叶、做面食等。

（3）幼儿园在布置娃娃家、商店等活动区时，多提供原材料和半成品，让幼儿有更多机会参与制作活动。

2. 引导幼儿注意活动安全。如：

（1）为幼儿提供的塑料粒、珠子等活动材料要足够大，材质要安全，以免造成异物进入气管、铅中毒等伤害。提供幼儿用安全剪刀。

（2）为幼儿示范拿筷子、握笔的正确姿势以及使用剪刀、锤子等工具的方法。

（3）提醒幼儿不要拿剪刀等锋利工具玩耍，用完后要放回原处。

（三）生活习惯与生活能力

目标 1　具有良好的生活与卫生习惯

3～4 岁	4～5 岁	5～6 岁
1. 在提醒下，按时睡觉和起床，并能坚持午睡。 2. 喜欢参加体育活动。 3. 在引导下，不偏食、挑食。喜欢吃瓜果、蔬菜等新鲜食品。 4. 愿意饮用白开水，不贪喝饮料。 5. 不用脏手揉眼睛，连续看电视等不超过 15 分钟。 6. 在提醒下，每天早晚刷牙、饭前便后洗手。	1. 每天按时睡觉和起床，并能坚持午睡。 2. 喜欢参加体育活动。 3. 不偏食、挑食，不暴饮暴食。喜欢吃瓜果、蔬菜等新鲜食品。 4. 常喝白开水，不贪喝饮料。 5. 知道保护眼睛，不在光线过强或过暗的地方看书，连续看电视等不超过 20 分钟。 6. 每天早晚刷牙、饭前便后洗手，方法基本正确。	1. 养成每天按时睡觉和起床的习惯。 2. 能主动参加体育活动。 3. 吃东西时细嚼慢咽。 4. 主动饮用白开水，不贪喝饮料。 5. 主动保护眼睛。不在光线过强或过暗的地方看书，连续看电视等不超过 30 分钟。 6. 每天早晚主动刷牙，饭前便后主动洗手，方法正确。

教育建议：

1. 让幼儿保持有规律的生活，养成良好的作息习惯。如：早睡早起、每天午睡、按时进餐、吃好早餐等。

2. 帮助幼儿养成良好的饮食习惯。如：

（1）合理安排餐点，帮助幼儿养成定点、定时、定量进餐的习惯。

（2）帮助幼儿了解食物的营养价值，引导他们不偏食不挑食、少吃或不吃不利于健康的食品；多喝白开水，少喝饮料。

（3）吃饭时不过分催促，提醒幼儿细嚼慢咽，不要边吃边玩。

3. 帮助幼儿养成良好的个人卫生习惯。如：

（1）早晚刷牙、饭后漱口。

（2）勤为幼儿洗澡、换衣服、剪指甲。

（3）提醒幼儿保护五官，如不乱挖耳朵、鼻孔，看电视时保持 3 米左右的距离等。

4. 激发幼儿参加体育活动的兴趣，养成锻炼的习惯。如：

（1）为幼儿准备多种体育活动材料，鼓励他选择自己喜欢的材料开展活动。

（2）经常和幼儿一起在户外运动和游戏，鼓励幼儿和同伴一起开展体育活动。

（3）和幼儿一起观看体育比赛或有关体育赛事的电视节目，培养他对体育活动的兴趣。

目标 2　具有基本的生活自理能力

3～4 岁	4～5 岁	5～6 岁
1. 在帮助下能穿脱衣服或鞋袜。 2. 能将玩具和图书放回原处。	1. 能自己穿脱衣服、鞋袜、扣钮扣。 2. 能整理自己的物品。	1. 能知道根据冷热增减衣服。 2. 会自己系鞋带。 3. 能按类别整理好自己的物品。

教育建议：

1. 鼓励幼儿做力所能及的事情，对幼儿的尝试与努力给予肯定，不因做不好或做得慢而包办代替。

2. 指导幼儿学习和掌握生活自理的基本方法，如穿脱衣服和鞋袜、洗手洗脸、擦鼻涕、擦屁股的正确方法。

3. 提供有利于幼儿生活自理的条件。如：

（1）提供一些纸箱、盒子，供幼儿收拾和存放自己的玩具、图书或生活用品等。

（2）幼儿的衣服、鞋子等要简单实用，便于自己穿脱。

目标 3　具备基本的安全知识和自我保护能力

3～4 岁	4～5 岁	5～6 岁
1. 不吃陌生人给的东西，不跟陌生人走。 2. 在提醒下能注意安全，不做危险的事。 3. 在公共场所走失时，能向警察或有关人员说出自己和家长的名字、电话号码等简单信息。	1. 知道在公共场合不远离成人的视线单独活动。 2. 认识常见的安全标志，能遵守安全规则。 3. 运动时能主动躲避危险。 4. 知道简单的求助方式。	1. 未经大人允许不给陌生人开门。 2. 能自觉遵守基本的安全规则和交通规则。 3. 运动时能注意安全，不给他人造成危险。 4. 知道一些基本的防灾知识。

教育建议：

1. 创设安全的生活环境，提供必要的保护措施。如：

（1）要把热水瓶、药品、火柴、刀具等物品放到幼儿够不到的地方；阳台或窗台要有安全保护措施；要使用安全的电源插座等。

（2）在公共场所要注意照看好幼儿；幼儿乘车、乘电梯时要有成人陪伴；

不把幼儿单独留在家里或汽车里等。

2. 结合生活实际对幼儿进行安全教育。如：

（1）外出时，提醒幼儿要紧跟成人，不远离成人的视线，不跟陌生人走，不吃陌生人给的东西；不在河边和马路边玩耍；要遵守交通规则等。

（2）帮助幼儿了解周围环境中不安全的事物，不做危险的事。如不动热水壶，不玩火柴或打火机，不摸电源插座，不攀爬窗户或阳台等。

（3）帮助幼儿认识常见的安全标识，如：小心触电、小心有毒、禁止下河游泳、紧急出口等。

（4）告诉幼儿不允许别人触摸自己的隐私部位。

3. 教给幼儿简单的自救和求救的方法。如：

（1）记住自己家庭的住址、电话号码、父母的姓名和单位，一旦走失时知道向成人求助，并能提供必要信息。

（2）遇到火灾或其他紧急情况时，知道要拨打 110、120、119 等求救电话。

（3）可利用图书、音像等材料对幼儿进行逃生和求救方面的教育，并运用游戏方式模拟练习。

（4）幼儿园应定期进行火灾、地震等自然灾害的逃生演习。

二、语言

语言是交流和思维的工具。幼儿期是语言发展，特别是口语发展的重要时期。幼儿语言的发展贯穿于各个领域，也对其他领域的学习与发展有着重要的影响：幼儿在运用语言进行交流的同时，也在发展着人际交往能力、理解他人和判断交往情境的能力、组织自己思想的能力。通过语言获取信息，幼儿的学习逐步超越个体的直接感知。

幼儿的语言能力是在交流和运用的过程中发展起来的。应为幼儿创设自由、宽松的语言交往环境，鼓励和支持幼儿与成人、同伴交流，让幼儿想说、敢说、喜欢说并能得到积极回应。为幼儿提供丰富、适宜的低幼读物，经常和幼儿一起看图书、讲故事，丰富其语言表达能力，培养阅读兴趣和良好的阅读习惯，进一步拓展学习经验。

幼儿的语言学习需要相应的社会经验支持，应通过多种活动扩展幼儿的生活经验，丰富语言的内容，增强理解和表达能力。应在生活情境和阅读活动中引导幼儿自然而然地产生对文字的兴趣，用机械记忆和强化训练的方式让幼儿过早识字不符合其学习特点和接受能力。

（一）倾听与表达

目标 1　认真听并能听懂常用语言

3～4 岁	4～5 岁	5～6 岁
1. 别人对自己说话时能注意听并做出回应。 2. 能听懂日常会话。	1. 在群体中能有意识地听与自己有关的信息。 2. 能结合情境感受到不同语气、语调所表达的不同意思。 3. 方言地区和少数民族幼儿能基本听懂普通话。	1. 在集体中能注意听老师或其他人讲话。 2. 听不懂或有疑问时能主动提问。 3. 能结合情境理解一些表示因果、假设等相对复杂的句子。

教育建议：

1. 多给幼儿提供倾听和交谈的机会。如：经常和幼儿一起谈论他感兴趣的话题，或一起看图书、讲故事。

2. 引导幼儿学会认真倾听。如：

（1）成人要耐心倾听别人（包括幼儿）的讲话，等别人讲完再表达自己的观点。

（2）与幼儿交谈时，要用幼儿能听得懂的语言。

（3）对幼儿提要求和布置任务时要求他注意听，鼓励他主动提问。

3. 对幼儿讲话时，注意结合情境使用丰富的语言，以便于幼儿理解。如：

（1）说话时注意语气、语调，让幼儿感受语气、语调的作用。如对幼儿的不合理要求以比较坚定的语气表示不同意；讲故事时，尽量把故事人物高兴、悲伤的心情用不同的语气、语调表现出来。

（2）根据幼儿的理解水平有意识地使用一些反映因果、假设、条件等关系的句子。

目标 2　愿意讲话并能清楚地表达

3～4 岁	4～5 岁	5～6 岁
1. 愿意在熟悉的人面前说话，能大方地与人打招呼。 2. 基本会说本民族或本地区的语言。 3. 愿意表达自己的需要和想法，必要时能配以手势动作。 4. 能口齿清楚地说儿歌、童谣或复述简短的故事。	1. 愿意与他人交谈，喜欢谈论自己感兴趣的话题。 2. 会说本民族或本地区的语言，基本会说普通话。少数民族聚居地区幼儿会用普通话进行日常会话。 3. 能基本完整地讲述自己的所见所闻和经历的事情。 4. 讲述比较连贯。	1. 愿意与他人讨论问题，敢在众人面前说话。 2. 会说本民族或本地区的语言和普通话，发音正确清晰。少数民族聚居地区幼儿基本会说普通话。 3. 能有序、连贯、清楚地讲述一件事情。 4. 讲述时能使用常见的形容词、同义词等，语言比较生动。

教育建议：

1. 为幼儿创造说话的机会并体验语言交往的乐趣。

（1）每天有足够的时间与幼儿交谈。如谈论他感兴趣的话题，询问和听取他对自己事情的意见等。

（2）尊重和接纳幼儿的说话方式，无论幼儿的表达水平如何，都应认真地倾听并给予积极的回应。

（3）鼓励和支持幼儿与同伴一起玩耍、交谈，相互讲述见闻、趣事或看过的图书、动画片等。

（4）方言和少数民族地区应积极为幼儿创设用普通话交流的语言环境。

2. 引导幼儿清楚地表达。如：

（1）和幼儿讲话时，成人自身的语言要清楚、简洁。

（2）当幼儿因为急于表达而说不清楚的时候，提醒他不要着急，慢慢说；同时要耐心倾听，给予必要的补充，帮助他理清思路并清晰地说出来。

目标 3 具有文明的语言习惯

3～4 岁	4～5 岁	5～6 岁
1. 与别人讲话时知道眼睛要看着对方。 2. 说话自然，声音大小适中。 3. 能在成人的提醒下使用恰当的礼貌用语。	1. 别人对自己讲话时能回应。 2. 能根据场合调节自己说话声音的大小。 3. 能主动使用礼貌用语，不说脏话、粗话。	1. 别人讲话时能积极主动地回应。 2. 能根据谈话对象和需要，调整说话的语气。 3. 懂得按次序轮流讲话，不随意打断别人。 4. 能依据所处情境使用恰当的语言。如在别人难过时会用恰当的语言表示安慰。

教育建议：

1. 成人注意语言文明，为幼儿做出表率。如：

（1）与他人交谈时，认真倾听，使用礼貌用语。

（2）在公共场合不大声说话，不说脏话、粗话。

（3）幼儿表达意见时，成人可蹲下来，眼睛平视幼儿，耐心听他把话说完。

2. 帮助幼儿养成良好的语言行为习惯。如：

（1）结合情境提醒幼儿一些必要的交流礼节。如对长辈说话要有礼貌，客人来访时要打招呼，得到帮助时要说谢谢等。

（2）提醒幼儿遵守集体生活的语言规则，如轮流发言，不随意打断别人讲话等。

（3）提醒幼儿注意公共场所的语言文明，如不大声喧哗。

（二）阅读与书写准备

目标 1 喜欢听故事，看图书

3～4 岁	4～5 岁	5～6 岁
1. 主动要求成人讲故事、读图书。 2. 喜欢跟读韵律感强的儿歌、童谣。 3. 爱护图书，不乱撕、乱扔。	1. 反复看自己喜欢的图书。 2. 喜欢把听过的故事或看过的图书讲给别人听。 3. 对生活中常见的标识、符号感兴趣，知道它们表示一定的意义。	1. 专注地阅读图书。 2. 喜欢与他人一起谈论图书和故事的有关内容。 3. 对图书和生活情境中的文字符号感兴趣，知道文字表示一定的意义。

教育建议：

1. 为幼儿提供良好的阅读环境和条件。如：

（1）提供一定数量、符合幼儿年龄特点、富有童趣的图画书。

（2）提供相对安静的地方，尽量减少干扰，保证幼儿自主阅读。

2. 激发幼儿的阅读兴趣，培养阅读习惯。如：

（1）经常抽时间与幼儿一起看图书、讲故事。

（2）提供童谣、故事和诗歌等不同体裁的儿童文学作品，让幼儿自主选择和阅读。

（3）当幼儿遇到感兴趣的事物或问题时，和他一起查阅图书资料，让他感受图书的作用，体会通过阅读获取信息的乐趣。

3. 引导幼儿体会标识、文字符号的用途。如：

（1）向幼儿介绍医院、公用电话等生活中的常见标识，让他知道标识可以代表具体事物。

（2）结合生活实际，帮助幼儿体会文字的用途。如买来新玩具时，把说明书上的文字念给幼儿听，了解玩具的玩法。

目标 2　具有初步的阅读理解能力

3～4 岁	4～5 岁	5～6 岁
1. 能听懂短小的儿歌或故事。 2. 会看画面，能根据画面说出图中有什么，发生了什么事等。 3. 能理解图书上的文字是和画面对应的，是用来表达画面意义的。	1. 能大体讲出所听故事的主要内容。 2. 能根据连续画面提供的信息，大致说出故事的情节。 3. 能随着作品的展开产生喜悦、担忧等相应的情绪反应，体会作品所表达的情绪情感。	1. 能说出所阅读的幼儿文学作品的主要内容。 2. 能根据故事的部分情节或图书画面的线索猜想故事情节的发展，或续编、创编故事。 3. 对看过的图书、听过的故事能说出自己的看法。 4. 能初步感受文学语言的美。

教育建议：

1. 经常和幼儿一起阅读，引导他以自己的经验为基础理解图书的内容。如：

（1）引导幼儿仔细观察画面，结合画面讨论故事内容，学习建立画面与故事内容的联系。

（2）和幼儿一起讨论或回忆书中的故事情节，引导他有条理地说出故事的大致内容。

（3）在给幼儿读书或讲故事时，可先不告诉名字，让幼儿听完后自己命名，并说出这样命名的理由。

（4）鼓励幼儿自主阅读，并与他人讨论自己在阅读中的发现、体会和想法。

2. 在阅读中发展幼儿的想象和创造能力。如：

（1）鼓励幼儿依据画面线索讲述故事，大胆推测、想象故事情节的发展，改编故事部分情节或续编故事结尾。

（2）鼓励幼儿用故事表演、绘画等不同的方式表达自己对图书和故事的理解。

（3）鼓励和支持幼儿自编故事，并为自编的故事配上图画，制成图画书。

3. 引导幼儿感受文学作品的美。如：

（1）有意识地引导幼儿欣赏或模仿文学作品的语言节奏和韵律。

（2）给幼儿读书时，通过表情、动作和抑扬顿挫的声音传达书中的情绪情感，让幼儿体会作品的感染力和表现力。

目标 3　具有书面表达的愿望和初步技能

3～4 岁	4～5 岁	5～6 岁
1. 喜欢用涂涂画画表达一定的意思。	1. 愿意用图画和符号表达自己的愿望和想法。 2. 在成人提醒下，写写画画时姿势正确。	1. 愿意用图画和符号表现事物或故事。 2. 会正确书写自己的名字。 3. 写画时姿势正确。

教育建议：

1. 让幼儿在写写画画的过程中体验文字符号的功能，培养书写兴趣。如：

（1）准备供幼儿随时取放的纸、笔等材料，也可利用沙地、树枝等自然材料，满足幼儿自由涂画的需要。

（2）鼓励幼儿将自己感兴趣的事情或故事画下来并讲给别人听，让幼儿体会写写画画的方式可以表达自己的想法和情感。

（3）把幼儿讲过的事情用文字记录下来，并念给他听，使幼儿知道说的话可以用文字记录下来，从中体会文字的用途。

2. 在绘画和游戏中做必要的书写准备，如：

（1）通过把虚线画出的图形轮廓连成实线等游戏，促进手眼协调，同时帮助幼儿学习由上至下、由左至右的运笔技能。

（2）鼓励幼儿学习书写自己的名字。

（3）提醒幼儿写画时保持正确姿势。

三、社会

幼儿社会领域的学习与发展过程是其社会性不断完善并奠定健全人格基础的过程。人际交往和社会适应是幼儿社会学习的主要内容，也是其社会性发展的基本途径。幼儿在与成人和同伴交往的过程中，不仅学习如何与人友好相处，也在学习如何看待自己、对待他人，不断发展适应社会生活的能力。良好的社会性发展对幼儿身心健康和其他各方面的发展都具有重要影响。

家庭、幼儿园和社会应共同努力，为幼儿创设温暖、关爱、平等的家庭和集体生活氛围，建立良好的亲子关系、师生关系和同伴关系，让幼儿在积极健康的人际关系中获得安全感和信任感，发展自信和自尊，在良好的社会环境及文化的熏陶中学会遵守规则，形成基本的认同感和归属感。

幼儿的社会性主要是在日常生活和游戏中通过观察和模仿潜移默化地发展起来的。成人应注重自己言行的榜样作用，避免简单生硬的说教。

（一）人际交往

目标1　愿意与人交往

3～4岁	4～5岁	5～6岁
1. 愿意和小朋友一起游戏。 愿意与熟悉的长辈一起活动。	1. 喜欢和小朋友一起游戏，有经常一起玩的小伙伴。 2. 喜欢和长辈交谈，有事愿意告诉长辈。	1. 有自己的好朋友，也喜欢结交新朋友。 2. 有问题愿意向别人请教。 3. 有高兴的或有趣的事愿意与大家分享。

教育建议：

1. 主动亲近和关心幼儿，经常和他一起游戏或活动，让幼儿感受到与成人交往的快乐，建立亲密的亲子关系和师生关系。

2. 创造交往的机会，让幼儿体会交往的乐趣。如：

（1）利用走亲戚、到朋友家做客或有客人来访的时机，鼓励幼儿与他人接触和交谈。

（2）鼓励幼儿参加小朋友的游戏，邀请小朋友到家里玩，感受有朋友一起玩的快乐。

（3）幼儿园应多为幼儿提供自由交往和游戏的机会，鼓励他们自主选择、自由结伴开展活动。

目标 2　能与同伴友好相处

3～4 岁	4～5 岁	5～6 岁
1. 想加入同伴的游戏时，能友好地提出请求。 2. 在成人指导下，不争抢、不独霸玩具。 3. 与同伴发生冲突时，能听从成人的劝解。	1. 会运用介绍自己、交换玩具等简单技巧加入同伴游戏。 2. 对大家都喜欢的东西能轮流、分享。 3. 与同伴发生冲突时，能在他人帮助下和平解决。 4. 活动时愿意接受同伴的意见和建议。 5. 不欺负弱小。	1. 能想办法吸引同伴和自己一起游戏。 2. 活动时能与同伴分工合作，遇到困难能一起克服。 3. 与同伴发生冲突时能自己协商解决。 4. 知道别人的想法有时和自己不一样，能倾听和接受别人的意见，不能接受时会说明理由。 5. 不欺负别人，也不允许别人欺负自己。

教育建议：

1. 结合具体情境，指导幼儿学习交往的基本规则和技能。如：

（1）当幼儿不知怎样加入同伴游戏，或提出请求不被接受时，建议他拿出玩具邀请大家一起玩；或者扮成某个角色加入同伴的游戏。

（2）对幼儿与别人分享玩具、图书等行为给予肯定，让他对自己的表现感到高兴和满足。

（3）当幼儿与同伴发生矛盾或冲突时，指导他尝试用协商、交换、轮流玩、合作等方式解决冲突。

（4）利用相关的图书、故事，结合幼儿的交往经验，和他讨论什么样的行为受大家欢迎，想要得到别人的接纳应该怎样做。

（5）幼儿园应多为幼儿提供需要大家齐心协力才能完成的活动，让幼儿在具体活动中体会合作的重要性，学习分工合作。

2. 结合具体情境，引导幼儿换位思考，学习理解别人。如：

幼儿有争抢玩具等不友好行为时，引导他们想想“假如你是那个小朋友，你有什么感受?”让幼儿学习理解别人的想法和感受。

3. 和幼儿一起谈谈他的好朋友，说说喜欢这个朋友的原因，引导他多发现同伴的优点、长处。

目标 3　具有自尊、自信、自主的表现

3～4 岁	4～5 岁	5～6 岁
1. 能根据自己的兴趣选择游戏或其他活动。 2. 为自己的好行为或活动成果感到高兴。 3. 自己能做的事情愿意自己做。 4. 喜欢承担一些小任务。	1. 能按自己的想法进行游戏或其他活动。 2. 知道自己的一些优点和长处，并对此感到满意。 3. 自己的事情尽量自己做，不愿意依赖别人。 4. 敢于尝试有一定难度的活动和任务。	1. 能主动发起活动或在活动中出主意、想办法。 2. 做了好事或取得了成功后还想做得更好。 3. 自己的事情自己做，不会的愿意学。 4. 主动承担任务，遇到困难能够坚持而不轻易求助。 5. 与别人的看法不同时，敢于坚持自己的意见并说出理由。

教育建议：

1. 关注幼儿的感受，保护其自尊心和自信心。如：

（1）能以平等的态度对待幼儿，使幼儿切实感受到自己被尊重。

（2）对幼儿好的行为表现多给予具体、有针对性的肯定和表扬，让他对自己优点和长处有所认识并感到满足和自豪。

（3）不要拿幼儿的不足与其他幼儿的优点做比较。

2. 鼓励幼儿自主决定，独立做事，增强其自尊心和自信心。如：

（1）与幼儿有关的事情要征求他的意见，即使他的意见与成人不同，也要认真倾听，接受他的合理要求。

（2）在保证安全的情况下，支持幼儿按自己的想法做事；或提供必要的条件，帮助他实现自己的想法。

（3）幼儿自己的事情尽量放手让他自己做，即使做得不够好，也应鼓励并给予一定的指导，让他在做事中树立自尊和自信。

（4）鼓励幼儿尝试有一定难度的任务，并注意调整难度，让他感受经过努力获得的成就感。

目标 4　关心尊重他人

3～4 岁	4～5 岁	5～6 岁
1. 长辈讲话时能认真听，并能听从长辈的要求。 2. 身边的人生病或不开心时表示同情。 3. 在提醒下能做到不打扰别人。	1. 会用礼貌的方式向长辈表达自己的要求和想法。 2. 能注意到别人的情绪，并有关心、体贴的表现。 3. 知道父母的职业，能体会到父母为养育自己所付出的辛劳。	1. 能有礼貌地与人交往。 2. 能关注别人的情绪和需要，并能给予力所能及的帮助。 3. 尊重为大家提供服务的人，珍惜他们的劳动成果。 4. 接纳、尊重与自己的生活方式或习惯不同的人。

教育建议：

1. 成人以身作则，以尊重、关心的态度对待自己的父母、长辈和其他人。如：

（1）经常问候父母，主动做家务。

（2）礼貌地对待老年人，如坐车时主动为老人让座。

（3）看到别人有困难能主动关心并给予一定的帮助。

2. 引导幼儿尊重、关心长辈和身边的人，尊重他人劳动及成果。如：

（1）提醒幼儿关心身边的人，如妈妈累了，知道让她安静休息一会儿。

（2）借助故事、图书等给幼儿讲讲父母抚育孩子成长的经历，让幼儿理解和体会父爱与母爱。

（3）结合实际情境，提醒幼儿注意别人的情绪，了解他们的需要，给予适当的关心和帮助。

（4）利用生活机会和角色游戏，帮助幼儿了解与自己关系密切的社会服务机构及其工作，如商场、邮局、医院等，体会这些机构给大家提供的便利和服务，懂得尊重工作人员的劳动，珍惜劳动成果。

3. 引导幼儿学习用平等、接纳和尊重的态度对待差异。如：

（1）了解每个人都有自己的兴趣、爱好和特长，可以相互学习。

（2）利用民间游戏、传统节日等，适当向幼儿介绍我国主要民族和世界其他国家和民族的文化，帮助幼儿感知文化的多样性和差异性，理解人们之间是平等的，应该互相尊重，友好相处。

（二）社会适应

目标 1　喜欢并适应群体生活

3～4 岁	4～5 岁	5～6 岁
1. 对群体活动有兴趣。 2. 对幼儿园的生活好奇，喜欢上幼儿园。	1. 愿意并主动参加群体活动。 2. 愿意与家长一起参加社区的一些群体活动。	1. 在群体活动中积极、快乐。 2. 对小学生活有好奇和向往。

教育建议：

1. 经常和幼儿一起参加一些群体性的活动，让幼儿体会群体活动的乐趣。如：参加亲戚、朋友和同事间的聚会以及适合幼儿参加的社区活动等，支持幼儿和不同群体的同伴一起游戏，丰富其群体活动的经验。

2. 幼儿园组织活动时，可以经常打破班级的界限，让幼儿有更多机会参加不同群体的活动。

3. 带领大班幼儿参观小学，讲讲小学有趣的活动，唤起他们对小学生活的好奇和向往，为入学做好心理准备。

目标 2　遵守基本的行为规范

3～4 岁	4～5 岁	5～6 岁
1. 在提醒下，能遵守游戏和公共场所的规则。 2. 知道不经允许不能拿别人的东西，借别人的东西要归还。 3. 在成人提醒下，爱护玩具和其他物品。	1. 感受规则的意义，并能基本遵守规则。 2. 不私自拿不属于自己的东西。 3. 知道说谎是不对的。 4. 知道接受了的任务要努力完成。 5. 在提醒下，能节约粮食、水电等。	1. 理解规则的意义，能与同伴协商制定游戏和活动规则。 2. 爱惜物品，用别人的东西时也知道爱护。 3. 做了错事敢于承认，不说谎。 4. 能认真负责地完成自己所接受的任务。 5. 爱护身边的环境，注意节约资源。

教育建议：

1. 成人要遵守社会行为规则，为幼儿树立良好的榜样。如：答应幼儿的事一定要做到、尊老爱幼、爱护公共环境、节约水电等。

2. 结合社会生活实际，帮助幼儿了解基本行为规则或其他游戏规则，体会规则的重要性，学习自觉遵守规则。如：

（1）经常和幼儿玩带有规则的游戏，遵守共同约定的游戏规则。

（2）利用实际生活情境和图书故事，向幼儿介绍一些必要的社会行为规则，以及为什么要遵守这些规则。

（3）在幼儿园的区域活动中，创设情境，让幼儿体会没有规则的不方便，鼓励他们讨论制定规则并自觉遵守。

（4）对幼儿表现出的遵守规则的行为要及时肯定，对违规行为给予纠正。如：幼儿主动为老人让座时要表扬；幼儿损害别人的物品或公共物品时要及时制止并主动赔偿。

3. 教育幼儿要诚实守信。如：

（1）对幼儿诚实守信的行为要及时肯定。

（2）允许幼儿犯错误，告诉他改了就好。不要打骂幼儿，以免他因害怕惩罚而说谎。

（3）小年龄幼儿经常分不清想象和现实，成人不要误认为他是在说谎。

（4）发现幼儿说谎时，要反思是否是因自己对幼儿的要求过高过严造成的。如果是，要及时调整自己的行为，同时要严肃地告诉幼儿说谎是不对的。

（5）经常给幼儿分配一些力所能及的任务，要求他完成并及时给予表扬，培养他的责任感和认真负责的态度。

目标 3　具有初步的归属感

3～4 岁	4～5 岁	5～6 岁
1. 知道和自己一起生活的家庭成员及与自己的关系，体会到自己是家庭的一员。 2. 能感受到家庭生活的温暖，爱父母，亲近与信赖长辈。 3. 能说出自己家所在街道、小区（乡镇、村）的名称。 4. 认识国旗，知道国歌。	1. 喜欢自己所在的幼儿园和班级，积极参加集体活动。 2. 能说出自己家所在地的省、市、县（区）名称，知道当地有代表性的物产或景观。 3. 知道自己是中国人。 4. 奏国歌、升国旗时能自动站好。	1. 愿意为集体做事，为集体的成绩感到高兴。 2. 能感受到家乡的发展变化并为此感到高兴。 3. 知道自己的民族，知道中国是一个多民族的大家庭，各民族之间要互相尊重，团结友爱。 4. 知道国家一些重大成就，爱祖国，为自己是中国人感到自豪。

教育建议：

1. 亲切地对待幼儿，关心幼儿，让他感到长辈是可亲、可近、可信赖的，家庭和幼儿园是温暖的。如：

（1）多和孩子一起游戏、谈笑，尽量在家庭和班级中营造温馨的氛围。

（2）通过和幼儿一起翻阅照片、讲幼儿成长的故事等，让幼儿感受到家庭和幼儿园的温暖，老师的和蔼可亲，对养育自己的人产生感激之情。

2. 吸引和鼓励幼儿参加集体活动，萌发集体意识。如：

（1）幼儿园和班级里的重大事情和计划，请幼儿集体讨论决定。

（2）幼儿园应经常组织多种形式的集体活动，萌发幼儿的集体荣誉感。

3. 运用幼儿喜闻乐见和能够理解的方式激发幼儿爱家乡、爱祖国的情感。如：

（1）和幼儿说一说或在地图上找一找自己家所在的省、市、县（区）名称。

（2）和幼儿一起外出游玩，一起看有关的电视节目或画报等；和他们一起收集有关家乡、祖国各地的风景名胜、著名的建筑、独特物产的图片等，在观看和欣赏的过程中激发幼儿的自豪感和热爱之情。

（3）利用电视节目或参加升旗等活动，向幼儿介绍国旗、国歌以及观看升旗、奏国歌的礼仪。

（4）向幼儿介绍反映中国人聪明才智的发明和创造，激发幼儿的民族自豪感。

四、科学

幼儿的科学学习是在探究具体事物和解决实际问题中，尝试发现事物间的异同和联系的过程。幼儿在对自然事物的探究和运用数学解决实际生活问题的过程中，不仅获得丰富的感性经验，充分发展形象思维，而且初步尝试归类、排序、判断、推理，逐步发展逻辑思维能力，为其他领域的深入学习奠定基础。

幼儿科学学习的核心是激发探究兴趣，体验探究过程，发展初步的探究能力。成人要善于发现和保护幼儿的好奇心，充分利用自然和实际生活机会，引导幼儿通过观察、比较、操作、实验等方法，学习发现问题、分析问题和解决问题；帮助幼儿不断积累经验，并运用于新的学习活动，形成受益终身的学习态度和能力。

幼儿的思维特点是以具体形象思维为主，应注重引导幼儿通过直接感知、亲身体验和实际操作进行科学学习，不应为追求知识和技能的掌握，对幼儿进行灌输和强化训练。

（一）科学探究

目标 1　亲近自然，喜欢探究

3～4 岁	4～5 岁	5～6 岁
1. 喜欢接触大自然，对周围的很多事物和现象感兴趣。 2. 经常问各种问题，或好奇地摆弄物品。	1. 喜欢接触新事物，经常问一些与新事物有关的问题。 2. 常常动手动脑探索物体和材料，并乐在其中。	1. 对自己感兴趣的问题总是刨根问底。 2. 能经常动手动脑寻找问题的答案。 3. 探索中有所发现时感到兴奋和满足。

教育建议：

1. 经常带幼儿接触大自然，激发其好奇心与探究欲望。如：

（1）为幼儿提供一些有趣的探究工具，用自己的好奇心和探究积极性感染和带动幼儿。

（2）和幼儿一起发现并分享周围新奇、有趣的事物或现象，一起寻找问题的答案。

（3）通过拍照和画图等方式保留和积累有趣的探索与发现。

2. 真诚地接纳、多方面支持和鼓励幼儿的探索行为。如：

（1）认真对待幼儿的问题，引导他们猜一猜、想一想，有条件时和幼儿一起做一些简易的调查或有趣的小实验。

（2）容忍幼儿因探究而弄脏、弄乱、甚至破坏物品的行为，引导他们活动后做好收拾整理。

（3）多为幼儿选择一些能操作、多变化、多功能的玩具材料或废旧材料，在保证安全的前提下，鼓励幼儿拆装或动手自制玩具。

目标2　具有初步的探究能力

3～4岁	4～5岁	5～6岁
1. 对感兴趣的事物能仔细观察，发现其明显特征。 2. 能用多种感官或动作去探索物体，关注动作所产生的结果。	1. 能对事物或现象进行观察比较，发现其相同与不同。 2. 能根据观察结果提出问题，并大胆猜测答案。 3. 能通过简单的调查收集信息。 4. 能用图画或其他符号进行记录。	1. 能通过观察、比较与分析，发现并描述不同种类物体的特征或某个事物前后的变化。 2. 能用一定的方法验证自己的猜测。 3. 在成人的帮助下能制定简单的调查计划并执行。 4. 能用数字、图画、图表或其他符号记录。 5. 探究中能与他人合作与交流。

教育建议：

1. 有意识地引导幼儿观察周围事物，学习观察的基本方法，培养观察与分类能力。如：

（1）支持幼儿自发的观察活动，对其发现表示赞赏。

（2）通过提问等方式引导幼儿思考并对事物进行比较观察和连续观察。

（3）引导幼儿在观察和探索的基础上，尝试进行简单的分类、概括。如：根据运动方式给动物分类，根据生长环境给植物分类，根据外部特征给物体分类等等。

2. 支持和鼓励幼儿在探究的过程中积极动手动脑寻找答案或解决问题。如：

（1）鼓励幼儿根据观察或发现提出值得继续探究的问题，或成人提出有探究意义且能激发幼儿兴趣的问题。如：皮球、轮胎、竹筒等物体滚动时都走直线吗？怎样让橡皮泥球浮在水面上？

（2）支持和鼓励幼儿大胆联想、猜测问题的答案，并设法验证。如：玩风车时，鼓励幼儿猜测风车转动方向及速度快慢的原因和条件，并实际去验证。

（3）支持、引导幼儿学习用适宜的方法探究和解决问题，或为自己的想法收集证据。如：想知道院子里有多少种植物，可以进行实地调查；想知道球在平地上还是在斜坡上滚得快，可以动手试一试；想证明影子的方向与太阳的位置有关，可以做个小实验进行验证等。

3. 鼓励和引导幼儿学习做简单的计划和记录，并与他人交流分享。如：

（1）和幼儿共同制定调查计划，讨论调查对象、步骤和方法等，也可以和幼儿一起设法用图画、箭头等标识呈现计划。

(2) 鼓励幼儿用绘画、照相、做标本等办法记录观察和探究的过程与结果，注意要让记录有意义，通过记录帮助幼儿丰富观察经验、建立事物之间的联系和分享发现。

(3) 支持幼儿与同伴合作探究与分享交流，引导他们在交流中尝试整理、概括自己探究的成果，体验合作探究和发现的乐趣。如一起讨论和分享自己的问题与发现，一起想办法收集资料和验证猜测。

4. 帮助幼儿回顾自己探究过程，讨论自己做了什么，怎么做的，结果与计划目标是否一致，分析一下原因以及下一步要怎样做等。

目标 3　在探究中认识周围事物和现象

3～4 岁	4～5 岁	5～6 岁
1. 认识常见的动植物，能注意并发现周围的动植物是多种多样的。 2. 能感知和发现物体和材料的软硬、光滑和粗糙等特性。 3. 能感知和体验天气对自己生活和活动的影响。 4. 初步了解和体会动植物和人们生活的关系。	1. 能感知和发现动植物的生长变化及其基本条件。 2. 能感知和发现常见材料的溶解、传热等性质或用途。 3. 能感知和发现简单物理现象，如物体形态或位置变化等。 4. 能感知和发现不同季节的特点，体验季节对动植物和人的影响。 5. 初步感知常用科技产品与自己生活的关系，知道科技产品有利也有弊。	1. 能察觉到动植物的外形特征、习性与生存环境的适应关系。 2. 能发现常见物体的结构与功能之间的关系。 3. 能探索并发现常见的物理现象产生的条件或影响因素，如影子、沉浮等。 4. 感知并了解季节变化的周期性，知道变化的顺序。 5. 初步了解人们的生活与自然环境的密切关系，知道尊重和珍惜生命，保护环境。

教育建议：

1. 支持幼儿在接触自然、生活事物和现象中积累有益的直接经验和感性认识。如：

(1) 和幼儿一起通过户外活动、参观考察、种植和饲养活动，感知生物的多样性和独特性，以及生长发育、繁殖和死亡的过程。

(2) 给幼儿提供丰富的材料和适宜的工具，支持幼儿在游戏过程中探索并感知常见物质、材料的特性和物体的结构特点。

2. 引导幼儿在探究中思考，尝试进行简单的推理和分析，发现事物之间明显的关联。如：

(1) 引导 5 岁以上幼儿关注和思考动植物的外部特征、习性与生活环境对动植物生存的意义。如兔子的长耳朵具有自我保护的作用；植物种子的形状有助于其传播等。

（2）引导幼儿根据常见物质、材料的特性和物体的结构特点，推测和证实它们的用途。如：带轮子的物体方便移动；不同用途的车辆有不同的结构等等。

3. 引导幼儿关注和了解自然、科技产品与人们生活的密切关系，逐渐懂得热爱、尊重、保护自然。如：

（1）结合幼儿的生活需要，引导他们体会人与自然、动植物的依赖关系。如：动植物、季节变化与人们生活的关系、常见灾害性天气给人们生产和生活带来的影响等。

（2）和幼儿一起讨论常见科技产品的用途和弊端，如：汽车等交通工具给生活带来的方便和对环境的污染等。

（二）数学认知

目标 1　初步感知生活中数学的有用和有趣

3～4 岁	4～5 岁	5～6 岁
1. 感知和发现周围物体的形状是多种多样的，对不同的形状感兴趣。 2. 体验和发现生活中很多地方都用到数。	1. 在指导下，感知和体会有些事物可以用形状来描述。 2. 在指导下，感知和体会有些事物可以用数来描述，对环境中各种数字的含义有进一步探究的兴趣。	1. 能发现事物简单的排列规律，并尝试创造新的排列规律。 2. 能发现生活中许多问题都可以用数学的方法来解决，体验解决问题的乐趣。

教育建议：

1. 引导幼儿注意事物的形状特征，尝试用表示形状的词来描述事物，体会描述的生动形象性和趣味性。如：

（1）参观游览后，和幼儿一起谈论所看到的事物的形状，鼓励幼儿产生联想，并用自己的语言进行描述。如：熊猫的身体圆圆的，全身好像是一个个的圆形组成的。

（2）和幼儿交谈或读书讲故事时，适当地运用一些有关形状的词汇来描述事物，如看图片时，和幼儿讨论奥运会场馆的形状，体会为什么有的场馆叫“水立方”，有的叫“鸟巢”。

2. 引导幼儿感知和体会生活中很多地方都用到数，关注周围与自己生活密切相关的数的信息，体会数可以代表不同的意义。如：

（1）和幼儿一起寻找发现生活中用数字作标识的事物，如电话号码、时钟、日历和商品的价签等。

（2）引导幼儿了解和感受数用在不同的地方，表示的意义是不一样的。如天气预报中表示气温的数代表冷热状况；钟表上的数表明时间的早晚等。

（3）鼓励幼儿尝试使用数的信息进行一些简单的推理。如知道今天是星期五，能推断明天是星期六，爸爸妈妈休息。

3. 引导幼儿观察发现按照一定规律排列的事物，体会其中的排列特点与规律，并尝试自己创造出新的排列规律。如：

（1）和幼儿一起发现和体会按一定顺序排列的队形整齐有序。

（2）提供具有重复性旋律和词语的音乐、儿歌和故事，或利用环境中有序排列的图案（如按颜色间隔排列的瓷砖、按形状间隔排列的珠帘等），鼓励幼儿发现和感受其中的规律。

（3）鼓励幼儿尝试自己设计有规律的花边图案、创编有一定规律的动作，或者按某种规律进行搭建活动。

（4）引导幼儿体会生活中很多事情都是有一定顺序和规律的，如一周七天的顺序是从周一到周日，一年四季按照春夏秋冬轮回等。

4. 鼓励和支持幼儿发现、尝试解决日常生活中需要用到数学的问题，体会数学的用处。如：

（1）拍球、跳绳、跳远或投沙包时，可通过数数、测量的方法确定名次。

（2）讨论春游去哪里玩时，让幼儿商量想去哪里玩？每个想去的地方有多少人？根据统计结果做出决定。

（3）滑滑梯时，按照“先来先玩”的规则有序地排队玩。

目标 2　感知和理解数、量及数量关系

3～4 岁	4～5 岁	5～6 岁
1. 能感知和区分物体的大小、多少、高矮长短等量方面的特点，并能用相应的词表示。 2. 能通过一一对应的方法比较两组物体的多少。 3. 能手口一致地点数 5 个以内的物体，并能说出总数。能按数取物。 4. 能用数词描述事物或动作。如我有 4 本图书。	1. 能感知和区分物体的粗细、厚薄、轻重等量方面的特点，并能用相应的词语描述。 2. 能通过数数比较两组物体的多少。 3. 能通过实际操作理解数与数之间的关系，如 5 比 4 多 1；2 和 3 合在一起是 5。 4. 会用数词描述事物的排列顺序和位置。	1. 初步理解量的相对性。 2. 借助实际情境和操作（如合并或拿取）理解“加”和“减”的实际意义。 3. 能通过实物操作或其他方法进行 10 以内的加减运算。 4. 能用简单的记录表、统计图等表示简单的数量关系。

教育建议：

1. 引导幼儿感知和理解事物“量”的特征。如：

（1）感知常见事物的大小、多少、高矮、粗细等量的特征，学习使用相应的词汇描述这些特征。

（2）结合具体事物让幼儿通过多次比较逐渐理解“量”是相对的。如小亮比小明高，但比小强矮。

（3）收拾物品时，根据情况，鼓励幼儿按照物体量的特征分类整理。如整理图书时按照大小摆放。

2. 结合日常生活，指导幼儿学习通过对应或数数的方式比较物体的多少。如：

（1）鼓励幼儿在一对一配对的过程中发现两组物体的多少。如，在给桌子上的每个碗配上勺子时，发现碗和勺多少的不同。

（2）鼓励幼儿通过数数比较两样东西的多少。如数一数有多少个苹果，多少个梨，判断苹果和梨哪个多，哪个少。

3. 利用生活和游戏中的实际情境，引导幼儿理解数概念。如：

（1）结合生活需要，和幼儿一起手口一致点数物体，得出物体的总数。

（2）通过点数的方式让幼儿体会物体的数量不会因排列形式、空间位置的不同而发生变化。如鼓励幼儿将一定数量的扣子以不同的形式摆放，体会扣子的数量是不变的。

（3）结合日常生活，为幼儿提供“按数取物”的机会，如游戏时，请幼儿按要求拿出几个球。

4. 通过实物操作引导幼儿理解数与数之间的关系，并用“加”或“减”的办法来解决问题。如：

（1）游戏中遇到让 4 个小动物住进两间房子的问题，或生活中遇到将 5 块饼干分给两个小朋友问题时，让幼儿尝试不同的分法。

（2）鼓励幼儿尝试自己解决生活中的数学问题。如家里来了 5 位客人，桌子上只有 3 个杯子，还需要几个杯子等。

（3）购少量物品时，有意识地鼓励幼儿参与计算和付款的过程等。

目标3 感知形状与空间关系

3～4岁	4～5岁	5～6岁
1. 能注意物体较明显的形状特征，并能用自己的语言描述。 2. 能感知物体基本的空间位置与方位，理解上下、前后、里外等方位词。	1. 能感知物体的形体结构特征，画出或拼搭出该物体的造型。 2. 能感知和发现常见几何图形的基本特征，并能进行分类。 3. 能使用上下、前后、里外、中间、旁边等方位词描述物体的位置和运动方向。	1. 能用常见的几何形体有创意地拼搭和画出物体的造型。 2. 能按语言指示或根据简单示意图正确取放物品。 3. 能辨别自己的左右。

教育建议：

1. 用多种方法帮助幼儿在物体与几何形体之间建立联系。如：

（1）引导幼儿感受生活中各种物品的形状特征，并尝试识别和描述。如感受和识别盘子、桌子、车轮、地砖等物品的形状特征。

（2）鼓励和支持幼儿用积木、纸盒、拼板等各种形状材料进行建构游戏或制作活动。如用长方形的纸盒加两个圆形瓶盖制作“汽车”。

（3）收拾整理积木时，引导幼儿体验图形之间的转换。如两个三角形可组合成一个正方形，两个正方形可组合成一个长方形。

（4）引导幼儿注意观察生活物品的图形特征，鼓励他们按形状分类整理物品。

2. 丰富幼儿空间方位识别的经验，引导幼儿运用空间方位经验解决问题。如：

（1）请幼儿取放物体时，使用他们能够理解的方位词，如把桌子下面的东西放到窗台上，把花盆放在大树旁边等。

（2）和幼儿一起识别熟悉场所的位置。如超市在家的旁边，邮局在幼儿园的前面。

（3）在体育、音乐和舞蹈活动中，引导幼儿感受空间方位和运动方向。

（4）和幼儿玩按指令找宝的游戏。对年龄小的幼儿要求他们按语言指令寻找，对年龄大些的幼儿可要求按照简单的示意图寻找。

五、艺术

艺术是人类感受美、表现美和创造美的重要形式，也是表达自己对周围世界的认识和情绪态度的独特方式。

每个幼儿心里都有一颗美的种子。幼儿艺术领域学习的关键在于充分创造条件和机会，在大自然和社会文化生活中萌发幼儿对美的感受和体验，丰富其想象力和创造力，引导幼儿学会用心灵去感受和发现美，用自己的方式去表现和创造美。

幼儿对事物的感受和理解不同于成人，他们表达自己认识和情感的方式也有别于成人。幼儿独特的笔触、动作和语言往往蕴含着丰富的想象和情感，成人应对幼儿的艺术表现给予充分的理解和尊重，不能用自己的审美标准去评判幼儿，更不能为追求结果的“完美”而对幼儿进行千篇一律的训练，以免扼杀其想象与创造的萌芽。

（一）感受与欣赏

目标 1　喜欢自然界与生活中美的事物

3～4 岁	4～5 岁	5～6 岁
1. 喜欢观看花草树木、日月星空等大自然中美的事物。 2. 容易被自然界中的鸟鸣、风声、雨声等好听的声音所吸引。	1. 在欣赏自然界和生活环境中美的事物时，关注其色彩、形态等特征。 2. 喜欢倾听各种好听的声音，感知声音的高低、长短、强弱等变化。	1. 乐于收集美的物品或向别人介绍所发现的美的事物。 2. 乐于模仿自然界和生活环境中有特点的声音，并产生相应的联想。

教育建议：

1. 和幼儿一起感受、发现和欣赏自然环境和人文景观中美的事物。如：

（1）让幼儿多接触大自然，感受和欣赏美丽的景色和好听的声音。

（2）经常带幼儿参观园林、名胜古迹等人文景观，讲讲有关的历史故事、传说，与幼儿一起讨论和交流对美的感受。

2. 和幼儿一起发现美的事物的特征，感受和欣赏美。如：

（1）让幼儿观察常见动植物以及其他物体，引导幼儿用自己的语言、动作等描述它们美的方面，如颜色、形状、形态等。

（2）让幼儿倾听和分辨各种声响，引导幼儿用自己的方式来表达他对音色、强弱、快慢的感受。

（3）支持幼儿收集喜欢的物品并和他一起欣赏。

目标 2　喜欢欣赏多种多样的艺术形式和作品

3～4 岁	4～5 岁	5～6 岁
1. 喜欢听音乐或观看舞蹈、戏剧等表演。 2. 乐于观看绘画、泥塑或其他艺术形式的作品。	1. 能够专心地观看自己喜欢的文艺演出或艺术品，有模仿和参与的愿望。 2. 欣赏艺术作品时会产生相应的联想和情绪反应。	1. 艺术欣赏时常常用表情、动作、语言等方式表达自己的理解。 2. 愿意和别人分享、交流自己喜爱的艺术作品和美感体验。

教育建议：

1. 创造条件让幼儿接触多种艺术形式和作品。如：

（1）经常让幼儿接触适宜的、各种形式的音乐作品，丰富幼儿对音乐的感受和体验。

（2）和幼儿一起用图画、手工制品等装饰和美化环境。

（3）带幼儿观看或共同参与传统民间艺术和地方民俗文化活动，如皮影戏、剪纸和捏面人等。

（4）有条件的情况下，带幼儿去剧院、美术馆、博物馆等欣赏文艺表演和艺术作品。

2. 尊重幼儿的兴趣和独特感受，理解他们欣赏时的行为。如：

（1）理解和尊重幼儿在欣赏艺术作品时的手舞足蹈、即兴模仿等行为。

（2）当幼儿主动介绍自己喜爱的舞蹈、戏曲、绘画或工艺品时，要耐心倾听并给予积极回应和鼓励。

（二）表现与创造

目标 1　喜欢进行艺术活动并大胆表现

3～4 岁	4～5 岁	5～6 岁
1. 经常自哼自唱或模仿有趣的动作、表情和声调。 2. 经常涂涂画画、粘粘贴贴并乐在其中。	1. 经常唱唱跳跳，愿意参加歌唱、律动、舞蹈、表演等活动。 2. 经常用绘画、捏泥、手工制作等多种方式表现自己的所见所想。	1. 积极参与艺术活动，有自己比较喜欢的活动形式。 2. 能用多种工具、材料或不同的表现手法表达自己的感受和想象。 3. 艺术活动中能与他人相互配合，也能独立表现。

教育建议：

1. 创造机会和条件，支持幼儿自发的艺术表现和创造。

（1）提供丰富的便于幼儿取放的材料、工具或物品，支持幼儿进行自主绘画、手工、歌唱、表演等艺术活动。

（2）经常和幼儿一起唱歌、表演、绘画、制作，共同分享艺术活动的乐趣。

2. 营造安全的心理氛围，让幼儿敢于并乐于表达表现。如：

（1）欣赏和回应幼儿的哼哼唱唱、模仿表演等自发的艺术活动，赞赏他独特的表现方式。

（2）在幼儿自主表达创作过程中，不做过多干预或把自己的意愿强加给幼儿，在幼儿需要时再给予具体的帮助。

（3）了解并倾听幼儿艺术表现的想法或感受，领会并尊重幼儿的创作意图，不简单用“像不像”“好不好”等成人标准来评价。

（4）展示幼儿的作品，鼓励幼儿用自己的作品或艺术品布置环境。

目标 2　具有初步的艺术表现与创造能力

3～4 岁	4～5 岁	5～6 岁
1. 能模仿学唱短小歌曲。 2. 能跟随熟悉的音乐做身体动作。 3. 能用声音、动作、姿态模拟自然界的事物和生活情景。 4. 能用简单的线条和色彩大体画出自己想画的人或事物。	1. 能用自然的、音量适中的声音基本准确地唱歌。 2. 能通过即兴哼唱、即兴表演或给熟悉的歌曲编词来表达自己的心情。 3. 能用拍手、踏脚等身体动作或可敲击的物品敲打节拍和基本节奏。 4. 能运用绘画、手工制作等表现自己观察到或想象的事物。	1. 能用基本准确的节奏和音调唱歌。 2. 能用律动或简单的舞蹈动作表现自己的情绪或自然界的情景。 3. 能自编自演故事，并为表演选择和搭配简单的服饰、道具或布景。 4. 能用自己制作的美术作品布置环境、美化生活。

教育建议：

尊重幼儿自发的表现和创造，并给予适当的指导。如：

（1）鼓励幼儿在生活中细心观察、体验，为艺术活动积累经验与素材。如，观察不同树种的形态、色彩等。

（2）提供丰富的材料，如图书、照片、绘画或音乐作品等，让幼儿自主选择，用自己喜欢的方式去模仿或创作，成人不做过多要求。

（3）根据幼儿的生活经验，与幼儿共同确定艺术表达表现的主题，引导幼儿围绕主题展开想象，进行艺术表现。

（4）幼儿绘画时，不宜提供范画，特别不应要求幼儿完全按照范画来画。

（5）肯定幼儿作品的优点，用表达自己感受的方式引导其提高。如，“你的画用了这么多红颜色，感觉就像过年一样喜庆”“你扮演的大灰狼声音真像，要是表情再凶一点就更好了”等。

附录四　儿童权利公约

（1989 年 11 月 20 日联合国大会通过）

序　言

本公约缔约国，考虑到按照《联合国宪章》所宣布的原则，对人类家庭所有成员的固有尊严及其平等和不移的权利的承认，乃是世界自由、正义与和平的基础，铭记联合国人民在《宪章》中重申对基本人权和人格尊严与价值的信念，并决心促成更广泛自由中的社会进步及更高的生活水平，认识到联合国在《世界人权宣言》和关于人权的两项国际公约中宣布和同意：人人有资格享受这些文书中所载的一切权利和自由，不因种族、肤色、性别、语言、宗教、政治或其他观点、国籍或社会出身、财产、出生或其他身份等而有任何区别，回顾联合国在《世界人权宣言》中宣布：儿童有权享受特别照料和帮助，深信家庭作为社会的基本群体，作为家庭所有成员，特别是儿童生长和幸福的自然环境，应获得必要的保护和帮助，以充分担负起它在社区的责任，认识到为了充分而和谐地发展其个性，儿童应该在家庭环境里，在幸福、爱抚和理解的气氛中成长，考虑到儿童应该做好在社会上独立生活的准备，在《联合国宪章》宣布的理想的精神下，特别是在和平、尊严、宽容、自由、平等和团结的精神下，抚育他们成长，铭记给予儿童特殊照料的需要已在 1924 年《日内瓦儿童权利宣言》和在 1959 年 11 月 20 日大会通过的《儿童权利宣言》中予以申明，并且在《世界人权宣言》《公民权利和政治权利国际公约》（特别是第 23 条和 24 条）、《经济、社会、文化权利国际公约》（特别是第 10 条）以及关心儿童福利的各专门机构和国际组织的章程及有关文书中得到确认，铭记如《儿童权利宣言》所示，“儿童因身心尚未成熟，在其出生以前和以后均需要特殊的保护和照料，包括适当的法律上的保护”，回顾颁布了《关于儿童保护和儿童福利，特别是国内和国际寄养和收养办法的社会和法律原则宣言》《联合国少年司法最低限度标准规则》（北京规则）以及《在非常状态下和武装冲突中保护妇女和儿童宣言》，认识到世界各国都有生活在极端困难情况下的儿童，这些儿童需要给予特别的照顾，适当考虑每一民族的传统及文化价值对儿童的保护及和谐发展的重要性，认识国际合作对于改善每一个国家，特别是发展中国家儿童的生活条件的重要性，兹协议如下：

第一部分

第 1 条

为本公约之目的，儿童系指 18 岁以下的任何人，除非对其适用之法律规定成年年龄低于 18 岁。

第 2 条

1. 缔约国应尊重本公约所载列的权利，并确保其管辖范围内的每一个儿童均享受此种权利，不因儿童或其父母或法定监护人的种族、肤色、性别、语言、宗教、政治或其他观点、民族、族裔或社会出身、财产、伤残、出生或其他身份而有任何歧视。

2. 缔约国应采取一切适当措施确保儿童得到保护，不应该基于儿童父母、法定监护人或家庭成员的身份、活动、所表达的观点或信仰而受到一切形式的歧视或惩罚。

第 3 条

1. 涉及儿童的一切行为，不论是由公立或私立社会福利机构、法院、行政当局或立法机构执行，均应以儿童的最大利益为一种首要考虑。

2. 缔约国应承担确保儿童享有其幸福所必需的保护和照顾，考虑其父母、法定监护人或任何对其负有法律责任的个人的权利和义务，并为此采取一切适当的立法和行政措施。

3. 缔约国应确保负责照料或保护儿童的机构、服务部门及设施符合主管当局规定的标准，尤其是安全、卫生、工作人员数目和资格以及有效监督等方面的标准。

第 4 条

缔约国应采取一切适当的立法、行政和其他措施以实现本公约所允许的权利。关于经济、社会及文化权利，缔约国应根据其现有资源所允许的最大限度并视需要在国际合作范围内采取此类措施。

第 5 条

缔约国应尊重父母的责任、权利和义务，在个别地区尊重当地习俗认定的家族或社区成员、法定监护人或其他对儿童负有法律责任的人，以符合儿童不同阶段接受能力的方式适当指导和帮助儿童先例本公约所允许的权利。

第6条

1. 缔约国承认每个儿童享有固有的生命权。

2. 缔约国应最大限度地确保儿童的生存与发展。

第7条

1. 儿童出生后应立即登记，并有自出生之日起获得姓名的权利，有获得国籍的权利，以及尽可能知道谁是其父母并受其父母照料的权利。

2. 缔约国应确保这些权利按照本国法律及其根据有关国际文书在这一领域所做承诺予以实施，尤应注意不如此儿童即无国籍。

第8条

1. 缔约国承担尊重儿童维护其身份包括法律所承认的国籍、姓名及家庭关系而不受非法干扰的权利。

2. 如有儿童被部分或全部非法剥夺其身份者，缔约国应提供适当协助和保护，以便迅速重新确立其身份。

第9条

1. 缔约国应确保不违背儿童父母的意愿使儿童与父母分离，除非主管当局按照适当的法律和程序，经法院审查，判定这样的分离符合儿童的最大利益而确有必要。在诸如由于父母的虐待或忽视，或因父母分居而必须确定儿童居住地点的特殊情况下，这种裁决可能有必要。

2. 凡按本条第1款进行诉讼，均应给予所有有关方面以参加诉讼并阐明自己意见的机会。

3. 缔约国应尊重与父母一方或双方分离的儿童同父母经常保持个人关系及直接交往的权利，但违反儿童最大利益者除外。

4. 如果这种分离是因缔约国对父母一方或双方或对儿童所采取的任何行动，诸如拘留、监禁、流放、驱逐或死亡（包括该人在该国拘禁中因任何原因而死亡）所致，该缔约国应按请求将该家庭所缺成员下落的基本情况告知父母、儿童或视具体情况告知家庭其他成员，除非提供这类情况会有损儿童的福利，缔约国还应确保有关人员不致因提出这类请求而承受不利后果。

第10条

1. 按照第9条第1款所规定的缔约国的义务，对于儿童或其父母要求进入或离开一缔约国以便与家人团聚的申请，缔约国应以积极的人道主义态度迅速予以办理。缔约国还应确保申请人及其家庭成员不致因提出这类请求而承受不利后果。

2. 父母居住在不同国家的儿童，除特殊情况以外，应有权同父母双方经常保持个人关系和直接联系。为此目的，按照第9条第1款所规定的缔约国的义务，缔约国应尊重儿童及其父母离开，包括其本国在内的，任何国家和进入自己国家的权利。离开任何国家的权利只应受法律所规定并为保护国家安全、公共秩序、公共卫生或道德，或他人的权利和自由所必需且与本公约所承认的其他权利不相抵触的限制。

第11条

1. 缔约国应采取措施制止非法将儿童转移国外和不使其返回本国的行为。

2. 为此目的，缔约国应致力缔结双边或多边协定或加入现有协定。

第12条

1. 缔约国应确保能够形成自己看法的儿童有权对影响儿童的一切事项自由发表自己的意见，对儿童的意见应按照其年龄和成熟程度给以适当的重视。

2. 为此目的，儿童应特别享有机会在影响到儿童的任何司法和行政诉讼中阐述见解，以符合国家法律的诉讼规则的方式，直接或通过代表或适当机构陈述意见。

第13条

1. 儿童应有自由发表言论的权利，此项权利应包括通过口头、书面或印刷、艺术形式或儿童所选择的任何其他媒介，不论国界，寻求、接受和传递各种信息和思想的自由。

2. 此项权利的行使可受某些制约，但这些制约仅限于法律所规定并有必要：

(a) 尊重他人的权利和名誉；或

(b) 保护国家安全或公共秩序或公共卫生或道德。

第14条

1. 缔约国应尊重儿童享有思想、信仰和宗教自由的权利。

2. 缔约国应尊重父母，适当的时候尊重法定监护人的权利和义务，以符合儿童不同阶段接受能力的规律指导儿童先例其权利。

3. 表明个人宗教或信仰的自由，仅受法律所描述的限制并为保护公共安全、秩序、卫生或道德或他人之基本权利和自由所必需的这类限制约束。

第15条

1. 缔约国认识到儿童享有结社自由及和平集会自由的权利。

2. 对此项权利的行使不得加以限制，除非符合法律所规定并在民主社会中为国家安全或公共安全、公共秩序、保护公共卫生或道德或保护他们的权利和自由所必需。

第16条

1. 儿童的隐私、家庭、住宅或通信不受任意或非法干涉，其荣誉和名誉不受非法攻击。

2. 儿童有权享受法律保护，以免受这类干涉或攻击。

第 17 条

缔约国认识到大众传播媒介的重要作用，并应确保儿童能够从不同的国家和国际渠道获得信息和资料，尤其是旨在促进其社会、精神和道德福利和身心健康的信息和资料。为此目的，缔约国应：

(a) 鼓励大众传播媒介本着第 29 条的精神传播在社会和文化方面有益于儿童的信息和资料；

(b) 鼓励在交流和传播来自不同文化、国家和国际渠道的这类信息和资料方面进行国际合作；

(c) 鼓励儿童读物的制作和发行；

(d) 鼓励根据第 13 条和第 18 条的规定制定适当的准则，保护儿童不受损害其福利的信息和资料之类。

第 18 条

1. 缔约国应尽其最大努力，确保父母双方对儿童的养育和发展负有共同责任的原则得到认可。父母或视具体情况而定的法定监护人对儿童的养育和发展负有首要责任。儿童的最大利益将是他们主要关心的事。

2. 为保证和促进本公约所列举的权利，缔约国应在父母和法定监护人履行其抚养儿童的责任方面给予适当协助，并应确保育儿机构、设施和服务的发展。

3. 缔约国应采取一切适当措施确保就业父母的子女有权享受他们有资格得到的托儿服务和设施。

第 19 条

1. 缔约国应采取一切适当的立法、行政、社会和教育措施，保护儿童在受父母、法定监护人或其他任何负责照管儿童的人的照料时，不致受到任何形式的身心摧残、伤害或凌辱，忽视或照料不周，虐待或剥削，包括性侵犯。

2. 这类保护性措施应酌情包括采取有效程序以建立社会方案，向儿童和负责照管儿童的人提供必要的支助，采取其他预防形式，查明、报告、查询、调查、处理和追究前述的虐待儿童事件，以及在适当时候进行司法干预。

第 20 条

1. 暂时或永久脱离家庭环境的儿童，或为其最大利益不得在这种环境中继续生活的儿童，应有权得到国家的特别保护和协助。

2. 缔约国应按照本国法律确保此类儿童得到其他方式的照顾。

3. 这种照顾应该包括寄养、伊斯兰法的“卡法拉”（监护）、收养或者必要时安置在适当的育儿机构中。在考虑解决办法时，应适当注意有必要使儿童的培养教育具有连续性和注意儿童的族裔、宗教、文化和语言背景。

第 21 条

凡承认和（或）允许收养制度的国家应确保以儿童的最大利益为首要考虑并应：

(a) 确保只有经主管当局按照适用的法律和程序并根据所有有关可靠的资料，判定鉴于儿童有关父母、亲属和法定监护人方面的情况可允许收养，必要时有关人士可根据已商议的结果对收养表示同意，方可批准儿童的收养；

(b) 认识到如果儿童不能安置于寄养或收养家庭，或不能以任何适当的方式在儿童原籍国加以照料，跨国收养可视为照料儿童的一个替代办法。

(c) 确保得到跨国收养的儿童享有与本国收养相当的保障和标准；

(d) 采取一切适当措施确保跨国收养的安排不致使所牵涉人士获得不正当的财务收益；

(e) 在适当时通过制定双边或多边安排或协定推进本条款的目标，并在这一范围内努力确保由主管当局或机构负责安排儿童在另一国收养的事宜。

第 22 条

1. 缔约国应采取适当措施，确保申请难民身份的儿童或按照适用的国际法或国家法及程序可视为难民的儿童，不论有无父母或其他任何人的陪同，均可得到适当的保护和人道主义援助，以享有本公约和该有关国家为其缔约国的其他国际人权或人道主义文书所规定的可适用权利。

2. 为此目的，缔约国应对联合国和与联合国合作的其他主管的政府间组织或非政府组织所做的任何努力提供其认为适当的合作，以保护和援助这类儿童，并为只身的难民儿童追寻其父母或其家庭成员，以获得必要的消息使其与家庭团聚。在寻找不到父母或其他家庭成员的情况下，也应使该儿童获得与其他由于任何原因而永久或暂时脱离家庭环境的儿童按照本公约的规定所得到的同样保护。

第 23 条

1. 缔约国认识到身心有残疾的儿童应能在确保其尊严、促进其自立、有利于其积极参与社会生活条件下享有充实而适当的生活。

2. 缔约国认识到残疾儿童有接受特别照顾的权利，应鼓励并确保在现有资源范围内，与正常儿童和其照料者的接触，依据申请，斟酌儿童及其父母或其他照料人的情况，提供援助。

3. 鉴于残疾儿童的特殊需要，考虑到儿童的父母或其他照料人的经济情况，在可能时应免费提供按照本条第 2 款给予的援助，这些援助的目的应是确保残疾儿童能有效地获得和接受教育、培训、保健、康复服务，就业准备和娱乐机会，其方式应有助于该儿童尽可能充分地参与社会，实现个人包括其文化和精神方面的发展。

4. 缔约国应本着国际合作精神，在预防保健以及残疾儿童的医疗、心理治疗和功能治疗领域促进交换适当资料，包括散发和获得有关康复教育方法和职业服务方面的资料，以期使缔约国能够在这些领域提高其能力和技术并扩大其经验。在这方面，应特别考虑到发展中国家的需要。

第 24 条

1. 缔约国认识到儿童有权享有可达到的最高标准和健康，并享有医疗和康复设施。缔约国应努力确保没有任何儿童被剥夺获得这种保健服务的权利。

2. 缔约国应致力充分实现这一权利，特别是应采取适当措施，以

(a) 降低婴幼儿死亡率；

(b) 确保向所有儿童提供必要的医疗援助和保健，强调发展初级保健；

(c) 消除疾病和营养不良现象，包括在初级保健范围内利用现有可得的技术和提供充足的营养食品和清洁饮水，要考虑到环境污染的危害；

(d) 确保母亲得到适当的产前和产后保健；

(e) 确保向社会各阶层，特别是向父母和儿童介绍有关儿童卫生保健和营养、母乳喂养的益处、个人卫生和环境卫生及防止意外事故的基本知识，使他们得到这方面的教育并帮助他们应用这种基本知识；

(f) 开展预防保健、对父母的指导及计划生育的教育和服务。

3. 缔约国应致力采取一切有效和适当的措施，废除对儿童身心健康有害的传统习俗。

4. 缔约国承担促进和鼓励国际合作，以期逐步充分实现本条所确认的权利。在这方面，应特别考虑到发展中国家的需要。

第 25 条

缔约国认识到在有关当局为照料、保护或治疗儿童身心健康的目的下受到安置的儿童，有权获得对给予的治疗以及与所受安置有关的所有其他情况进行定期审查。

第 26 条

1. 缔约国应认识到每个儿童有权受益于社会保障，包括社会保险，并应根据其国内法律采取必要措施充分实现这一权利。

2. 视情况，福利的提供应是免费的，并要考虑儿童及有赡养儿童义务的人的资源和环境，以及与儿童本人或代其提出的福利申请有关的其他因素。

第 27 条

1. 缔约国认识到每一个儿童均有权享有足以促进其生理、心理、精神、道德和社会发展的生活水平。

2. 父母或其他负责照顾儿童的人负有首要责任在其能力和经济条件许可范围内确保儿童发展所需的生活条件。

3. 缔约国按照本国条件并在其能力范围内，采取适当措施帮助父母或其他负责照顾儿童的人实现此项权利，并在需要时提供物质援助和资助方案，特别是在营养、衣着和住房方面。

4. 缔约国应采取一切适当措施，向在本国境内或境外儿童的父母或其他对儿童负有经济责任的人追索儿童的赡养费。特别是对儿童负有经济责任的人居住在与儿童不同的国家的情况时，缔约国应促进加入国际协定或缔约此类协定以及作出其他适当安排。

第 28 条

1. 缔约国认识到儿童有受教育的权利，在机会均等的基础上逐步实现此项权利，缔约国尤应：

(a) 尽力实现全面的义务免费小学教育；

(b) 鼓励发展不同形式的中学教育，包括普通和职业教育，使所有儿童均能享有和接受这种教育，并采取适当措施，诸如实行免费教育和对有需要的人提供津贴；

(c) 根据能力尽可能使所有人享受接受高等教育的机会；

(d) 使所有儿童均能得到教育和职业方面的信息和指导；

(e) 采取措施鼓励学生按时出勤和降低辍学率。

2. 缔约国应采取一切适当措施，确保学校执行纪律的方式符合儿童的人格尊严及本公约的规定。

3. 缔约国应促进和鼓励有关教育事项方面的国际合作，特别着眼于在全世界消灭愚昧与文盲，并且提供便利获得科技知识和现代教学方法。在这方面，应特别考虑到发展中国家的需要。

第 29 条

1. 缔约国一致认为教育儿童的目的应是：

(a) 最充分地发展儿童的个性、才智和身心能力；

(b) 培养对人权和基本自由以及《联合国宪章》所载各项原则的尊重；

(c) 培养对儿童的父母、其自身的文化认可、语言和价值观、儿童所居国家的民族价值观、其原籍国以及不同于其本国文明的尊重；

(d) 培养儿童本着各国人民、族裔、民族和宗教群体以及原为土著居民之间的谅解、和平、宽容、男女平等和友好的精神，在自由社会里过有责任感的生活；

(e) 培养对自然环境的尊重。

2. 对本条或第 28 条任何部分的解释均不得干涉个人和团体建立和指导教育机构的自由，但须始终遵守本条第 1 款载列的原则，并遵守在这类机构中实行的教育应符合国家可能规定的最低限度标准的要求。

第 30 条

在那些存有族裔、宗教或语言方面属于少数人或原为土著居民的国家里，不得剥夺属于这种少数人或原为土著居民的儿童与其群体的其他成员共同享有自己的文化、信奉自己的宗教并举行宗教仪式或使用自己的语言的权利。

第 31 条

1. 缔约国认识到儿童有权享有休息和闲暇，从事与儿童年龄相宜的游戏和娱乐活动，以及自由参加文化生活和艺术活动。

2. 缔约国应尊重并促进儿童充分参加文化和艺术生活的权利，并应鼓励提供从事文化、艺术、娱乐和休闲活动的适当和均等的机会。

第 32 条

1. 缔约国认识到儿童有权受到保护，以免受到经济剥削和从事任何可能障碍或影响儿童教育或有害儿童健康或身体、心理、精神、道德或社会发展的工作。

2. 缔约国应采取立法、行政、社会和教育措施确保本条得到执行。为此目的，并鉴于其他国际文书的有关规定，缔约国尤应：

(a) 规定受雇的最低年龄；

(b) 规定有关工作时间和条件的适当规则；

(c) 规定适当的惩罚或其他制裁措施以确保本条得到有效执行。

第 33 条

缔约国应采取一切适当措施，包括立法、行政、社会和教育措施，保护儿童不致非法使用有关国际条约中界定的麻醉药物和精神药物，并防止利用儿童从事非法生产和贩运此类药物。

第 34 条

缔约国承担保护儿童免遭一切形式的色情剥削和性侵犯之害，为此目的，缔约国尤应采取一切适当的国家、双边和多边措施，以防止：

(a) 引诱或强迫儿童从事任何非法的性活动；

(b) 利用儿童卖淫或从事其他非法的性行为；

(c) 利用儿童进行淫秽表演和充当淫秽题材。

第 35 条

缔约国应采取一切适当的国家、双边和多边措施，以防止为任何目的或以任何形式诱拐、买卖或贩运儿童。

第 36 条

缔约国应保护儿童免遭有损儿童福利的任何方面的一切其他形式的剥削之害。

第 37 条

缔约国应确保：

(a) 任何儿童不受酷刑或其他形式的残忍、不人道或有辱人格的待遇或处罚。对未满 18 岁人所犯罪不得判以死刑或无释放可能的无期徒刑；

(b) 不得非法或任意剥夺任何儿童的自由。对儿童的逮捕、拘留或监禁应符合法律规定并仅应作为最后手段，期限应为最短的适当时间；

(c) 所有被剥夺自由的儿童应受到人道待遇，其人格固有尊严应受尊重，并应考虑到用其年龄段所需要的方式加以对待。特别是所有被剥夺自由的儿童应同成人隔开，除非认为反之最有利于儿童，并有权通过信件和探访同家人保持联系，但特殊情况除外；

(d) 所有被剥夺自由的儿童均有权迅速获得法律及其他适当援助，并有权向法院或其他独立公正的主管当局就其被剥夺自由一事之合法性提出异议，并有权迅速就任何此类行动得到裁定。

第 38 条

1. 缔约国承担尊重并确保尊重在武装冲突中对其适用的国际人道主义法律中有关儿童的规定。

2. 缔约国应采取一切可行措施确保未满 15 岁的人不直接参加敌对行动。

3. 缔约国应避免招募任何年龄未满 15 岁的人加入武装部队。在招募已年满 15 岁但未满 18 岁的人时，缔约国应极力首先考虑年龄最大者。

4. 缔约国按照国际人道主义法律规定它们在武装冲突中保护平民人口的义务，应采取一切可行性措施确保保护和照料受武装冲突影响的儿童。

第 39 条

缔约国应采取一切适当措施，促使遭受下述情况之害的儿童身心得以康复并重返社会：任何形式的忽视、剥削或凌辱虐待；酷刑或任何其他形式的残忍、不人道或有辱人格的待遇或处罚；或武装冲突。此种康复和重返社会应在一种能促进儿童的健康、自尊和尊严的环境中进行。

第 40 条

1. 缔约国认识到被指称、指控或认为触犯刑法的儿童有权得到符合以下方式的待遇，促进其尊严和价值感并增强其对他人的人权和基本自由的尊重。这种待遇应考虑到其年龄和促进其重返社会并在社会中发挥积极作用的愿望。

2. 为此目的，并鉴于国际文书的有关规定，缔约国尤应确保：

(a) 当儿童有意或无意地做出了违犯国家或国际法所尚未禁止的行为时，不应被指控或被认为违犯了刑法；

(b) 所有被指称或指控触犯刑法的儿童至少应得到下列保证：

(ⅰ) 在依法判定有罪之前应视为无罪；

(ⅱ) 迅速直接地被告知其被控罪名，适当时应通过其父母或法定监护人告知，并获得准备和提出辩护所需的法律或其他适当协助；

(ⅲ) 要求独立公正的主管当局或司法机构在其得到法律或其他适当协助的情况下，通过依法公正审理迅速作出判决，并且须有其父母或法定监护人在场，除非认为这样做不符合儿童的最大利益，特别要考虑到其年龄或状况；

(ⅳ) 不得逼供信，当事人应检查或由其代言人盘问于本人不利的人，在不平等条件下受其委托向证人取证；

(ⅴ) 若被判定触犯刑法，有权要求高一级独立公正的主管当局或司法机构依法复查此判决及由此对之采取的任何措施；

(ⅵ) 若儿童不懂或不会说所用语言，有权免费得到口译人员的协助；

(ⅶ) 其隐私在诉讼的所有阶段均得到充分尊重。

3. 缔约国应致力于促进或建立专门适用于被指称、指控或确认为触犯刑法的儿童的法律、程序、当局和机构，尤应：

(a) 规定最低年龄，在此年龄以下的儿童应视为无触犯刑法之能力；

(b) 在适当和必要的时候，制定不对此类儿童诉诸司法程序的措施，但须充分尊重人权和法律保障。

4. 应采用多种处理办法，诸如照管、指导和监督令、辅导、察看、寄养、教育和职业培训方案及不交由机构照管的其他办法，以确保处理儿童的方式符合其福利并与其情况和违法行为相称。

第 41 条

本公约的任何规定不应影响有利于实现儿童权利且可能载于下述文件中的任何规定：

(a) 缔约国的法律；

(b) 对该国有效的国际法。

第二部分

第 42 条

缔约国承担以适当的积极手段，使成人和儿童都能普遍知晓本公约原则及规定的责任。

第 43 条

1. 为审查缔约国在履行根据本公约所承担的义务方面取得的进展，应设立儿童权利委员会，执行下文所规定的职能。

2. 委员会应由 10 名品德高尚并在本公约所涉领域具有公认能力的专家组成。委员会成员应由缔约国从其国民中选出，并应以个人身份任职，但需考虑到公平的地域分配原则及主要法律系统。

3. 委员会成员应以无记名表决方式从缔约国提名的人选名单中选举产生。每一缔约国可从其本国国民中提名一位人选。

4. 委员会的初次选举应该最迟不晚于本公约生效之日后的六个月进行，此后每两年举行一次。联合国秘书长应至少在选举之日前四个月函请缔约国在两个月内提出其提名的人选。秘书长随后应将已提名的所有人选按字母顺序编成名单，注明提名此等人选的缔约国，分送本公约缔约国。

5. 选举应在联合国总部由秘书长召开的缔约国会议上进行。在此等会议上，应以三分之二缔约国出席作为会议的法定人数，得票最多且占出席并参加表决缔约国代表绝对多数票者，当选为委员会成员。

6. 委员会成员任期四年。成员如获再次提名，应可连选连任。在第一次选举产生的成员中有 5 名成员的任期应在两年结束时届满；会议主席应在第一次选举之后立即以抽签方式选定 5 名成员。

7. 如果委员会某一成员死亡或辞职或宣称因任何其他原因不再能履行委员会的职责，提名该成员的缔约国应从其国民中指定另一名专家接替余下的任期，但需经委员会批准。

8. 委员会应自行制定其议事规则。

9. 委员会应自行选举其主席团成员，任期两年。

10. 委员会会议通常应在联合国总部或在委员会决定的任何其他方便地点举行。委员会通常应每年举行一次会议。委员会的会期应由本公约缔约国会议决定并在必要时加以审查，但需经大会核准。

11. 联合国秘书长应为委员会有效履行本公约所规定的职责提供必要的工作人员和设施。

12. 根据本公约设立的委员会的成员经大会核准，得从联合国资金中领取薪酬，其条件由大会决定。

第 44 条

1. 缔约国承担义务，按下述办法，通过联合国秘书长，向委员会提交关于它们为实现本公约确认的权利所采取的措施以及关于这些权利的享有方面的进展情况的报告：

（a）在本公约对有关缔约国生效后两年内；

（b）此后每五年一次。

2. 根据本条提交的报告应指明可能影响本公约规定的义务履行程度的任何因素和困难。报告还应载有充分的资料，以使委员会全面了解本公约在该国的实施情况。

3. 缔约国若已向委员会提交全面的初次报告，就无须在其以后按照本条款第1款第（2）项提交的报告中重复原先已提供的基本资料。

4. 委员会可要求缔约国进一步提供与本公约实施情况有关的资料。

5. 委员会将通过经济及社会理事会每两年向大会提交一次关于其活动的报告。

6. 缔约国将向其本国的广大公众提供其报告。

第45条

为促进本公约的有效实施和鼓励在本公约所涉领域进行国际合作：

（a）各专门机构、联合国儿童基金会和联合国的其他机构应有权派代表列席对本公约中属于它们职责范围内的条款的实施情况的审议。委员会可邀请各专门机构、联合国儿童基金会以及它可能认为合适的其他有关机关，就本公约在属于它们各自职责范围内的领域的实施问题提供专家意见。委员会可邀请各专门机构、联合国儿童基金会和联合国其他机构就本公约在属于它们活动范围内的领域的实施情况提交报告。

（b）委员会在其可能认为适当时应向各专门机构、联合国儿童基金会和其他有关机构转交缔约国要求，或说明需要技术咨询或援助的任何报告以及委员会就此类要求或说明提出的任何意见和建议。

（c）委员会可建议大会请秘书长代表委员会对有关儿童权利的具体问题进行研究。

（d）委员会可根据依照本公约第44和45条收到的资料提出提议和一般性建议。此类提议和一般性建议应转交有关的任何缔约国并连同缔约国作出的任何评论一并报告大会。

第三部分

第46条

本公约应向所有国家开放供签署。

第47条

本公约须经批准。批准书应交存联合国秘书长。

第 48 条

本公约应向所有国家开放供加入。加入书应交存于联合国秘书长。

第 49 条

1. 本公约自第二十份批准书或加入书交存联合国秘书长之日后的第三十天生效。

2. 本公约对于在第二十份批准书或加入书交存之后批准或加入本公约的国家，自其批准书或加入书交存之日后的第三十天生效。

第 50 条

1. 任何缔约国均可提出修正案，提交给联合国秘书长。秘书长应立即将提议的修正案通知缔约国，并请它们表明是否赞成召开缔约国会议以审议提案并进行表决。如果在此类通知发现之日后的四个月内，至少有三分之一的缔约国赞成召开这样的会议，秘书长应在联合国主持下召开会议。经出席会议并参加表决的缔约国多数通过的任何修正案应提交大会批准。

2. 根据本条第 1 款通过的修正案若获大会批准并为缔约国三分之二多数所接受，即行生效。

3. 修正案一旦生效，即应对接受该项修正案的缔约国具有约束力，其他缔约国则仍受本公约各项条款和它们已接受的任何早先的修正案的约束。

第 51 条

1. 联合国秘书长应接收各国在批准或加入时提出的保留，并分发给所有国家。

2. 不得提出内容与本公约目标和宗旨相抵触的保留。

3. 缔约国可随时向联合国秘书长提出通知，请求撤销保留，并由他将此情况通知所有国家。通知于秘书长收到当日起生效。

第 52 条

缔约国可以书面通知联合国秘书长其退出本公约。秘书长收到通知之日起一年后退约即行生效。

第 53 条

指定联合国秘书长为本公约的保管人。

第 54 条

本公约的阿拉伯文、中文、英文、法文、俄文和西班牙文文本具有同等效力，应交存联合国秘书长。

经各自政府正式授权的全权代表，在本公约上签字，以资证明。

《儿童权利公约》由联合国于 1989 年通过，是有史以来最为广泛认可的国际公约。《儿童权利公约》阐述了应赋予所有儿童的基本人权：生存的权利；充分发展其全部体能和智能的权利；保护他们不受危害自身发展影响的权利；以及参与家庭、文化和社会生活的权利。《儿童权利公约》通过确立各国政府在为本国儿童提供卫生保健、教育、法律和社会服务方面所必须达到的最低标准，从而保护这些权利。中国政府于1992年批准了《儿童权利公约》，并与各人民团体、国际组织、新闻媒体以及个人共同努力，把本公约规定的义务从单纯意向角度上的宣言转变成为改善所有中国儿童的生活的具体行动方案。

附录五　《国务院关于当前发展学前教育的若干意见》

国发〔2010〕41号

各省、自治区、直辖市人民政府，国务院各部委、各直属机构：

为贯彻落实党的十七届五中全会、全国教育工作会议精神和《国家中长期教育改革和发展规划纲要（2010—2020年）》，积极发展学前教育，着力解决当前存在的“入园难”问题，满足适龄儿童入园需求，促进学前教育事业科学发展，现提出如下意见。

一、把发展学前教育摆在更加重要的位置

学前教育是终身学习的开端，是国民教育体系的重要组成部分，是重要的社会公益事业。改革开放特别是新世纪以来，我国学前教育取得长足发展，普及程度逐步提高。但总体上看，学前教育仍是各级各类教育中的薄弱环节，主要表现为教育资源短缺、投入不足，师资队伍不健全，体制机制不完善，城乡区域发展不平衡，一些地方“入园难”问题突出。办好学前教育，关系亿万儿童的健康成长，关系千家万户的切身利益，关系国家和民族的未来。

发展学前教育，必须坚持公益性和普惠性，努力构建覆盖城乡、布局合理的学前教育公共服务体系，保障适龄儿童接受基本的、有质量的学前教育；必须坚持政府主导，社会参与，公办民办并举，落实各级政府责任，充分调动各方面积极性；必须坚持改革创新，着力破除制约学前教育科学发展的体制机制障碍；必须坚持因地制宜，从实际出发，为幼儿和家长提供方便就近、灵活多样、多种层次的学前教育服务；必须坚持科学育儿，遵循幼儿身心发展规律，促进幼儿健康快乐成长。

各级政府要充分认识发展学前教育的重要性和紧迫性，将大力发展学前教育作为贯彻落实教育规划纲要的突破口，作为推动教育事业科学发展的重要任

务，作为建设社会主义和谐社会的重大民生工程，纳入政府工作重要议事日程，切实抓紧抓好。

二、多种形式扩大学前教育资源

大力发展公办幼儿园，提供“广覆盖、保基本”的学前教育公共服务。加大政府投入，新建、改建、扩建一批安全、适用的幼儿园。不得用政府投入建设超标准、高收费的幼儿园。中小学布局调整后的富余教育资源和其他富余公共资源，优先改建成幼儿园。鼓励优质公办幼儿园举办分园或合作办园。制定优惠政策，支持街道、农村集体举办幼儿园。

鼓励社会力量以多种形式举办幼儿园。通过保证合理用地、减免税费等方式，支持社会力量办园。积极扶持民办幼儿园特别是面向大众、收费较低的普惠性民办幼儿园发展。采取政府购买服务、减免租金、以奖代补、派驻公办教师等方式，引导和支持民办幼儿园提供普惠性服务。民办幼儿园在审批登记、分类定级、评估指导、教师培训、职称评定、资格认定、表彰奖励等方面与公办幼儿园具有同等地位。

城镇小区没有配套幼儿园的，应根据居住区规划和居住人口规模，按照国家有关规定配套建设幼儿园。新建小区配套幼儿园要与小区同步规划、同步建设、同步交付使用。建设用地按国家有关规定予以保障。未按规定安排配套幼儿园建设的小区规划不予审批。城镇小区配套幼儿园作为公共教育资源由当地政府统筹安排，举办公办幼儿园或委托办成普惠性民办幼儿园。城镇幼儿园建设要充分考虑进城务工人员随迁子女接受学前教育的需求。

努力扩大农村学前教育资源。各地要把发展学前教育作为社会主义新农村建设的重要内容，将幼儿园作为新农村公共服务设施统一规划，优先建设，加快发展。各级政府要加大对农村学前教育的投入，从今年开始，国家实施推进农村学前教育项目，重点支持中西部地区；地方各级政府要安排专门资金，重点建设农村幼儿园。乡镇和大村独立建园，小村设分园或联合办园，人口分散地区举办流动幼儿园、季节班等，配备专职巡回指导教师，逐步完善县、乡、村学前教育网络。改善农村幼儿园保教条件，配备基本的保教设施、玩教具、幼儿读物等。创造更多条件，着力保障留守儿童入园。发展农村学前教育要充分考虑农村人口分布和流动趋势，合理布局，有效使用资源。

三、多种途径加强幼儿教师队伍建设

加快建设一支师德高尚、热爱儿童、业务精良、结构合理的幼儿教师队伍。各地根据国家要求，结合本地实际，合理确定生师比，核定公办幼儿园教职工编制，逐步配齐幼儿园教职工。健全幼儿教师资格准入制度，严把入口关。2010年国家颁布幼儿教师专业标准。公开招聘具备条件的毕业生充实幼儿教师队伍。中小学富余教师经培训合格后可转入学前教育。

依法落实幼儿教师地位和待遇。切实维护幼儿教师权益，完善落实幼儿园教职工工资保障办法、专业技术职称（职务）评聘机制和社会保障政策。对长期在农村基层和艰苦边远地区工作的公办幼儿教师，按国家规定实行工资倾斜政策。对优秀幼儿园园长、教师进行表彰。

完善学前教育师资培养培训体系。办好中等幼儿师范学校。办好高等师范院校学前教育专业。建设一批幼儿师范专科学校。加大面向农村的幼儿教师培养力度，扩大免费师范生学前教育专业招生规模。积极探索初中毕业起点五年制学前教育专科学历教师培养模式。重视对幼儿特教师资的培养。建立幼儿园园长和教师培训体系，满足幼儿教师多样化的学习和发展需求。创新培训模式，为有志于从事学前教育的非师范专业毕业生提供培训。三年内对1万名幼儿园园长和骨干教师进行国家级培训。各地五年内对幼儿园园长和教师进行一轮全员专业培训。

四、多种渠道加大学前教育投入

各级政府要将学前教育经费列入财政预算。新增教育经费要向学前教育倾斜。财政性学前教育经费在同级财政性教育经费中要占合理比例，未来三年要有明显提高。各地根据实际研究制定公办幼儿园生均经费标准和生均财政拨款标准。制定优惠政策，鼓励社会力量办园和捐资助园。家庭合理分担学前教育成本。建立学前教育资助制度，资助家庭经济困难儿童、孤儿和残疾儿童接受普惠性学前教育。发展残疾儿童学前康复教育。中央财政设立专项经费，支持中西部农村地区、少数民族地区和边疆地区发展学前教育和学前双语教育。地方政府要加大投入，重点支持边远贫困地区和少数民族地区发展学前教育。规范学前教育经费的使用和管理。

五、加强幼儿园准入管理

完善法律法规，规范学前教育管理。严格执行幼儿园准入制度。各地根据国家基本标准和社会对幼儿保教的不同需求，制定各种类型幼儿园的办园标准，实行分类管理、分类指导。县级教育行政部门负责审批各类幼儿园，建立幼儿园信息管理系统，对幼儿园实行动态监管。完善和落实幼儿园年检制度。未取得办园许可证和未办理登记注册手续，任何单位和个人不得举办幼儿园。对社会各类幼儿培训机构和早期教育指导机构，审批主管部门要加强监督管理。

分类治理、妥善解决无证办园问题。各地要对目前存在的无证办园进行全面排查，加强指导，督促整改。整改期间，要保证幼儿正常接受学前教育。经整改达到相应标准的，颁发办园许可证。整改后仍未达到保障幼儿安全、健康等基本要求的，当地政府要依法予以取缔，妥善分流和安置幼儿。

六、强化幼儿园安全监管

各地要高度重视幼儿园安全保障工作，加强安全设施建设，配备保安人员，健全各项安全管理制度和安全责任制，落实各项措施，严防事故发生。相关部门按职能分工，建立全覆盖的幼儿园安全防护体系，切实加大工作力度，加强监督指导。幼儿园要提高安全防范意识，加强内部安全管理。幼儿园所在街道、社区和村民委员会要共同做好幼儿园安全管理工作。

七、规范幼儿园收费管理

国家有关部门 2011 年出台幼儿园收费管理办法。省级有关部门根据城乡经济社会发展水平、办园成本和群众承受能力，按照非义务教育阶段家庭合理分担教育成本的原则，制定公办幼儿园收费标准。加强民办幼儿园收费管理，完善备案程序，加强分类指导。幼儿园实行收费公示制度，接受社会监督。加强收费监管，坚决查处乱收费。

八、坚持科学保教，促进幼儿身心健康发展

加强对幼儿园保教工作的指导，2010 年国家颁布幼儿学习与发展指南。遵循幼儿身心发展规律，面向全体幼儿，关注个体差异，坚持以游戏为基本活动，保教结合，寓教于乐，促进幼儿健康成长。加强对幼儿园玩教具、幼儿图书的配备与指导，为儿童创设丰富多彩的教育环境，防止和纠正幼儿园教育“小学化”倾向。研究制定幼儿园教师指导用书审定办法。建立幼儿园保教质量评估监管体系。健全学前教育教研指导网络。要把幼儿园教育和家庭教育紧密结合，共同为幼儿的健康成长创造良好环境。

九、完善工作机制，加强组织领导

各级政府要加强对学前教育的统筹协调，健全教育部门主管、有关部门分工负责的工作机制，形成推动学前教育发展的合力。教育部门要完善政策，制定标准，充实管理、教研力量，加强学前教育的监督管理和科学指导。机构编制部门要结合实际合理确定公办幼儿园教职工编制。发展改革部门要把学前教育纳入当地经济社会发展规划，支持幼儿园建设发展。财政部门要加大投入，

制定支持学前教育的优惠政策。城乡建设和国土资源部门要落实城镇小区和新农村配套幼儿园的规划、用地。人力资源和社会保障部门要制定幼儿园教职工的人事（劳动）、工资待遇、社会保障和技术职称（职务）评聘政策。价格、财政、教育部门要根据职责分工，加强幼儿园收费管理。综治、公安部门要加强对幼儿园安全保卫工作的监督指导，整治、净化周边环境。卫生部门要监督指导幼儿园卫生保健工作。民政、工商、质检、安全生产监管、食品药品监管等部门要根据职能分工，加强对幼儿园的指导和管理。妇联、残联等单位要积极开展对家庭教育、残疾儿童早期教育的宣传指导。充分发挥城市社区居委会和农村村民自治组织的作用，建立社区和家长参与幼儿园管理和监督的机制。

十、统筹规划，实施学前教育三年行动计划

各省（区、市）政府要深入调查，准确掌握当地学前教育基本状况和存在的突出问题，结合本区域经济社会发展状况和适龄人口分布、变化趋势，科学测算入园需求和供需缺口，确定发展目标，分解年度任务，落实经费，以县为单位编制学前教育三年行动计划，有效缓解“入园难”。2011 年 3 月底前，各省（区、市）行动计划报国家教育体制改革领导小组办公室备案。

地方政府是发展学前教育、解决“入园难”问题的责任主体。各省（区、市）要建立督促检查、考核奖惩和问责机制，确保大力发展学前教育的各项举措落到实处，取得实效。各级教育督导部门要把学前教育作为督导重点，加强对政府责任落实、教师队伍建设、经费投入、安全管理等方面的督导检查，并将结果向社会公示。教育部会同有关部门对各地学前教育三年行动计划进展情况进行专项督查，组织宣传和推广先进经验，对发展学前教育成绩突出的地区予以表彰奖励，营造全社会关心支持学前教育的良好氛围。

参考文献

[1] [美] 黄全愈：《孩子就是孩子，玩的教育在美国》，中国人民大学出版社 2012 年版。

[2] 李秉德、李定仁：《教学论》，教育出版社 2005 年版。

[3] 卜卫：《媒介与儿童教育》，新世界出版社 2002 年版。

[4] 岳生全：《幼儿园目标管理和目标教育》，教育科学出版社 2003 年版。

[5] 刘强：《学前教育城乡均衡发展的理论与实践》，南京大学出版社 2011 年版。

[6] 肖川：《科学家庭教育标准手册》，凤凰出版社 2011 年版。

[7] 刘俐敏：《幼儿发展评价研究》，人民教育出版社 2004 年版。

[8] 周采、杨汉麟：《外国学前教育史》，北京师范大学出版社 2012 年版。

[9] 蒙谨、李宗徽：《蒙台梭利教育法》，知识出版社 2013 年版。

[10] 毛振明：《体育教学论》，高等教育出版社 2012 年版。

[11] 王春燕：《中国学前课程百年发展与变革的历史研究》，教育科学出版社 2004 年版。

[12] 吴荷芬：《0～6 岁亲子游戏》，上海科学技术出版社 2004 年版。

[13] 雷湘竹、冯季林、蒋慧：《学前儿童游戏》，华东师范大学出版社 2012 年版。

[14] [美] 马克·佩斯：《游戏世纪》，世界图书出版社 2003 年版。

[15] 贾珀尔·L. 鲁普纳林、詹姆斯·E. 约翰逊：《学前教育课程》，华东师范大学出版社 2005 年版。

[16] 何晓夏：《简明中国学前教育史》，北京师范大学出版社，2009 年版。

[17] [苏] B. H. 阿瓦涅索娃：《学龄前儿童教育》，教育科学出版社 2004 年版。

[18] [美] George. S. Morrison：《当今美国儿童早期教育》，北京大学出版社 2004 年版。

[19] [英] 鲁道夫·谢弗：《儿童心理学》，电子工业出版社 2010 年版。

[20] 刘馨：《学前儿童体育》，北京师范大学出版社 1997 年版。

[21] 毛学信等：《中国团体操》，华中理工大学出版社，1988 年版。

[22] 王朝琼、冯大力：《大众团体操》，人民体育出版社 1997 年版。

[23] 夏环珍：《团体操》，知识出版社 1998 年版。

[24] 黄宽柔、周建社：《健美操 团体操》，广西师范大学出版社 2000 年版。

[25] 徐培文等：《团体操的创编与训练》，人民体育出版社 1981 年版。

[26] 曲艳丽：《团体操编排设计与游戏》，山东大学出版社 2001 年版。

[27] 黄人颂：《学前教育学》，人民教育出版社 2004 年版。

[28] 高月梅、张泓：《幼儿心理学》，浙江教育出版社 2001 年版。

[29] 阎水金：《学前教育学》，上海教育出版社 2003 年版。

[30] 朱家雄：《幼儿园课程》，华东师范大学出版社 2003 年版。

[31] 欧新明：《学前儿童健康教育》，教育科学出版社 2003 年版。

[32] 黄世勋：《幼儿园体育创新——基础理论和方法》，教育科学出版社 2003 年版。

[33] 黄世勋：《幼儿园体育活动指导》，教育科学出版社 1999 年版。

[34] 秦椿林等：《体育管理学》，高等教育出版社 2002 年版。

[35] 何幼华：《幼儿园课程》，北京师范大学出版社 2001 年版。

[36] 张秋艳：《我国表演性幼儿基本体操现状研究》，北京体育大学学位论文 2003 年。

[37] 邵小佩：《重庆市主城区幼儿园表演游戏现状研究》，西南师范大学学位论文，2004 年。

[38] 邵紫苑、熊光蓉：《幼儿团体操的创编与训练》，《中国体育科技》1985 年第 12 期。

[39] 刘建军：《幼儿团体操的编排方法》，《成才之路》2007 年第 5 期。

[40] 吴笑平：《浅谈幼儿方位知觉的发展》，《心理学谈新》1981 年第 2 期。

[41] 刘峰：《幼儿团体操的编排与训练》，《体育资料》1981 年第 1 期。

[42] 张亚彬：《创编幼儿团体操的几点体会》，《学前教育研究》2001 年第 2 期。

[43] 张晓红：《广州市幼儿体育活动现状研究与分析》，《湖北体育科技》2004 年第 4 期。

[44] 黄兆强：《广州市城区幼儿园幼儿动作发展状况的调查分析》，《广州体育学院学报》1998 年第 9 期。

[45] 张秋艳、吴晓红、解文杰：《对我国表演性幼儿基本体操开展现状的研究》，《南京体育学院学报》2002 年第 4 期。

[46] 李巧萍：《幼儿园应重视开展幼儿基本体操活动》，《现代教育论丛》2003 年第 3 期。

[47] 张健忠：《幼儿基本体操在幼儿体育活动中的运用》，《四川体育科学》

2002 第 9 期。

[48] 俞继英、张洁:《基本体操对幼儿智力发展的影响》,《体育科学》2000 年第 3 期。

[49] 李文平、袁朝霞:《基本体操锻炼对幼儿社会性发展的影响》,《浙江体育科学》2007 年第 1 期。

[50] 齐桂凤:《幼儿基本体操队形结构特征研究》,《天津体育学院学报》2000 年第 6 期。

[51] 曹文斌、张天成:《对中、小型团体操创编的探讨》,《青海师范大学学报》2000 年第 4 期。

[52] 刘春辉:《学校中小型团体操的训练方法》,《中国学校体育》2001 年第 6 期。

[53] 龙小敏:《创牌小型团体操的体会》,《广西体育科技》1986 年第 3 期。

[54] 谢文君:《高等院校开展中、小型团体操活动的探索》,《铁道师院学报》1990 年第 4 期。

[55] 陈西玲:《小型团体操于全民健身计划的实施》,《西安体育学院学报》1995 年第 2 期。

[56] 阮建华等:《大型团体操活动对少年儿童身心发展影响的调研报告》,《上海教育学院学报》1998 年第 3 期。

[57] 胡祖祥:《如何选择幼儿体育活动的教学内容》,《教育导刊》1998 年第 5 期。

[58] 王永霞、王瑾:《关于幼儿体育活动兴趣的培养》,《南京体育学院学报》2002 年第 12 期。

[59] 郁招根:《课外体育活动中的组织管理》,《上海体育学院学报》1989 年第 2 期。

[60] 林建军:《大型文体表演层级管理及训练的研究》,《体育科学》2004 年第 6 期。

[61] 严东珍:《高校学科建设层级互动管理系统模式的应用》,《江苏高教》2001 年第 6 期。

[62] 吴方宁:《加强层级管理,发挥网络功效》,《求实》2000 年第 9 期。

[63] 吴雪芹:《科学管理给幼儿园带来勃勃生机》,《教育导刊》1998 年第 3 期。

[64] 贺赛龙:《论地方社科基金层级管理的模式与构建》,《宁波大学学报》2003 年第 12 期。

[65] 杨建军:《论现代企业的层级管理》,《经济师》2002 年第 2 期。

[66] 岳生全:《尊重儿童——素质教育中不容忽视的核心问题》,《家教指南》

1999 年第 4 期。

[67] 顾树森：《中国古代教育家语录类编（上册）》，上海教育出版社 1961 年版。

[68] 张颖：《广州市幼儿团体操活动的现状分析与对策研究》，华南师范大学硕士学位论文，2007 年。

[69] 陈幸军：《幼儿教育学（新版）》，人民教育出版社，2003 年版。

[70] 欧新明：《学前儿童健康教育》，教育科学出版社 2003 年版。

[71] 刘旭东、张宁娟、马丽：《校本课程与课程资源开发》，中国人事出版社 2002 年版。

[72] 教育部基础教育司和教育部师范教育司：《课程资源的开发与利用》，高等教育出版社，2004 年版。

[73] 段兆兵：《论课程资源开发与教师专业成长》，《西北师范大学学报》2003 年第 6 期。

[74] 芦艳：《蒙古族幼儿园课程资源开发与利用研究》，内蒙古师范大学出版社，2007 年版。

[75] 胡祖祥：《如何选择幼儿体育活动的教学内容》，《教育导刊》1998 年第 5 期。

[76] 刘峰：《幼儿团体操的编排与训练》，《体育资料》1981 年第 1 期。

[77] 刘霞：《幼儿教师课程资源开发的个案研究》，东北师范大学出版社，2011 年版。

[78] 芦艳、邢利娅：《浅析幼儿园课程资源开发的策略》，《前沿》2006 年第 16 期。

[79] 童森森、唐迅、任伟：《幼儿体育课程合理化设置分析》，《成都大学学报（教育科学版）》2007 年第 5 期。

[80] 王海、林致诚：《关于提高幼儿体育课程质量的理性思考》，《贵州体育科技》2013 年第 9 期。

[81] 范兆雄：《课程资源概论》，中国社会科学出版社 2002 年版。

[82] 顾明远：《教育大辞典》，上海教育出版社，2000 年版。

[83] 江山野：《简明国际教育百科全书：课程》，教育科学出版社，1991 年版。

[84] 教育部基础教育司：《走进新课程——与课程实施者对话》，北京师范大学出版社，2002 年版。

[85] 教育部基础教育司，教育部师范教育司：《课程资源的开发和利用》，高等教育出版社，2004 年版。

[86] 余文森、吴刚平、刘良华：《关注资源、学科与课堂的统整》，华东师范大学出版社，2005 年版。

[87] 周广强：《新课程教师课程资源开发和整合能力培养与训练》，人民教育出版社 2004 年版。

[88] 鲍淼芳：《基础教育课程改革中课程资源开发研究》，陕西师范大学硕士学位论文，2007 年。

[89] 李浩泉：《乡村幼儿园课程资源开发利用现状及对策研究——以四川省 A 县育英小学幼儿园为例》，西南大学硕士学位论文，2006 年。

[90] 李应君：《幼儿园园本课程资源开发利用研究》，西南师范大学硕士学位论文，2004 年。

[91] 王牧华：《课程研究的生态主义向度》，西南师范大学博士学位论文，2004 年。

[92] 袁园：《农村幼儿园园本课程资源开发与利用——基于山西省高平市马村镇幼儿园的调查》，陕西师范大学硕士学位论文，2008 年。

[93] 段兆兵：《课程资源的内涵与有效开发》，《课程教材教法》2003 年第 3 期。

[94] 范蔚：《实施综合实践活动对课程资源的开发利用》，《教育科学研究》2002 年第 3 期。

[95] 范兆雄：《课程资源的层面与开发》，《教育评论》2002 年第 4 期。

[96] 何军华：《课程资源开发与利用中存在的问题及对策》，《当代教育科学，2003 年第 6 期。

[97] 季苹：《突出文化、人与智慧——如何理解“课程资源开发”》，《北京教育》2002 年第 10 期。

[98] 李冲锋：《教师如何开发与利用课程资源》，《教育科学研究》2006 年第 8 期。

[99] 李茂森：《课程资源的教学论意义探析》，《教育发展研究》2008 年第 12 期。

[100] 李月华：《以教师为主体的课程资源开发的策略》，《教育探索》2008 年第 8 期。

[101] 刘瑞芳：《论课程资源开发和利用的隐性功能》，《当代教育科学》2005 年第 14 期。

[102] 罗儒国：《论课程资源开发的价值取向——一种生态学视角》，《当代教育科学》2003 年第 19 期。

[103] 沈建民：《新课程背景下课程资源的新视野》，《教学月刊（中学版）》2006 年第 6 期。

[104] 孙静：《教材中课程资源开发的主要方法》，《天津市教科院学报》2006 年第 5 期。

[105] 唐建国：《转变教师的课程资源观》，《广西教育学院学报》2005年第5期。

[106] 王鉴：《课程资源开发与利用的多元化模式》，《教育评论》2003年第2期。

[107] 王君：《课程资源的开发和利用》，《辽宁教育研究》2002年第2期。

[108] 吴刚平：《课程资源的开发与利用》，《全球教育展望》2001年第8期。

[109] 吴刚平：《课程资源的理论构想》，《教育研究》2001年第9期。

[110] 邢蓉：《教师参与课程资源开发与利用的思考》，《教学与管理》2005年第10期。

[111] 徐冰鸥、杨雅琼：《学前教育课程资源的开发与利用》，《太原教育学院学报》2003年第21期。

[112] 徐继存、段兆兵、陈琼：《论课程资源及其开发与利用》，《学科教育》2002年第2期。

[113] 徐学俊：《关于地方课程资源开发与优化配置的思考》，《教育导刊》2002年第1期。

[114] 余武：《信息化教学资源的开发和建设》，《中国电化教育》2001年第7期。

[115] 张朝珍：《课程资源研究概述及发展进路的分析》，《现代教育论丛》2008年第5期。

[116] 张海红：《幼儿园园本课程资源整合利用的问题及对策》，《江西教育科研》2007年第12期。

[117] 张婷婷、杨跃：《影响课程资源开发的因素分析》，《教育学术月刊》2009年第3期。

[118] 周俏纨：《试论开发课程资源的途径》，《现代教育科学》2004年第3期。

[119]（美）小威廉姆E. 多尔：《后现代课程观》，王红宇译，教育科学出版社2000年版。

[120]（英）艾沃·F. 古德森：《环境教育的诞生》，贺晓星译，华东师范大学出版社2001年版。

[121]（美）威廉·P·坎宁安：《美国环境百科全书》，张坤民译，湖南科学技术出版社2003版。

[122] 李久生：《环境教育的理论体系与实施案例研究》，南京师范大学博士学位论文，2004年。

[123] 杨晓萍：《学前教育回归生活课程研究》，西南师范大学博士学位论文，2002年。

[124] 李应军：《幼儿园园本课程资源开发利用研究》，西北师范大学硕士学位

论文，2004年。

[125] 杨晓萍：《学前教育回归生活课程的教育理念》，《学前教育研究》2002年第4期。

[126] 康巍：《对当前幼儿园环境教育的思考》，《教育评论》2004年第2期。

[127] 姚亚萍：《幼儿园环境教育的基本原则》，《早期教育》2001年第5期。

[128] 吴荔红：《幼儿园环境教育的目标与实施》，《早期教育》1999年第1期。

[129] 刘继和、赵海涛：《论美国环境教育的价值取向》，《比较教育研究》2003年第2期。

[130] （日）欧阳蔚怡：《日本小学的环境教育》，《中小学管理》2003年第3期。

[131] Daniel Tanner，Laurel N Tanner：《Curriculum Development：Theory into Practice》，Macmillan Publishing Co Inc& London：Collier Macmillan Publishers 1980 edition。

[132] Nias J、Southworth G、Campbell P：《Whole School Curriculum Development in the Primary School》，The Falmer Press 1992 edition。

[133] Patton M Q：《Qualitative Education and Research Methods》，Sage Publication 1990 edition。

[134] Ralph W Tyler：《Basic Principles of Curriculum and Instruction》，the University of Chicago Press 1949 edition。

[135] Wright、L J M：《Practical Knowledge，Performance and Physical Education》，《QUEST》2000 52 No。

后 记

《学前体育教学研究》一书已经落笔，值此出版之际，抚卷追思，心潮澎湃，久久不能平静。拙作是笔者在硕士论文基础上修改而成的。笔者经过周密、深入、细致的调研，然后选定论著的主题，进行书稿的策划、构思、写作，直到出版，期间有很多热心人给予了无私的帮助，在此我要深深地感谢他们。

我要感谢恩师黄宽柔教授，她善良、无私、博学、智慧，成为我作为合格体育教师的领路人。在华南师范大学求学期间，黄宽柔教授为使我学业有成，倾注了无数的心血。她平素在生活上对我无微不至地关怀，在学业上悉心指导，妙手点拨，不仅教给我思考问题的方法，还教给我做人的道理。导师严谨治学的态度，渊博精深的学识，使我受益匪浅，终身难忘。

我要感谢广州市体育东路幼儿园领导和师生为我提供的调研和实践平台，广州市教育局幼教科的领导在发放问卷时给予的支持，本专业师弟、师妹在我硕士论文形成过程中给予的帮助，使我永志难忘。

我要感谢渤海大学教育与体育学院的领导，是他们的精神鼓励和资金支持，我才有勇气写作此书，没有他们的鼎力相助，此书就不会问世。同时我要感谢此书著述期间以不同形式给予支持和帮助的专家学者，感谢教育与体育学院的赵彦俊教授和艺术与传播学院的吴晓东副教授，他们在我拙作的内容选择、书稿框架结构制定、编撰技巧方面都给予了大力帮助。

我要感谢中国对外翻译出版社的同志们，他们为出版此书，付出了艰辛劳动和忘我工作热情。

最后，我更要感谢我的家人，在紧张而繁忙的著述笔耕过程中，他们给予了我莫大物质支持与精神上的鼓励，他们始终是我可靠而坚实的后盾。在本书撰写过程中，我最应该感谢的人是我的父亲，他用渊博的知识和深邃的哲学思想，引导和点拨我顺利地完成书稿的撰写。

没有继承焉有创新？本书在写作过程中参阅并引用了大量学者和专家的研究成果，在此深表谢意。由于笔者才疏学浅，时间仓促，书中难免有不足和不当之处，恳请同行、学者和专家不吝赐教，敬请海涵、批评。

张颖　2014.10.8 于锦州（渤海大学）